JN163543

万国津梁の鐘（沖縄県立博物館・美術館蔵）

銘文

琉球國者南海勝地而
鍾三韓之秀以大明為
輔車以日域為脣歯在
此二中間湧出之蓬莱
嶋也以舟楫為万國之
津梁異産至宝充満十
方刹地霊人物遠扇和
夏之仁風（省略）

書き下し文

琉球国は南海の勝地にして
三韓の秀を鍾(あつ)め、大明を以て輔車(ほしゃ)となし
日域を以て脣歯(しんし)となして、
此の二つの中間にありて湧出(ようしゅつ)せる蓬莱(ほうらい)島なり
舟楫(しゅうしゅう)を以て万国の津梁(しんりょう)となし
異産至宝は十方刹(じっぽうせつ)に充満し、
地霊人物は遠く和夏の仁風を扇ぐ。

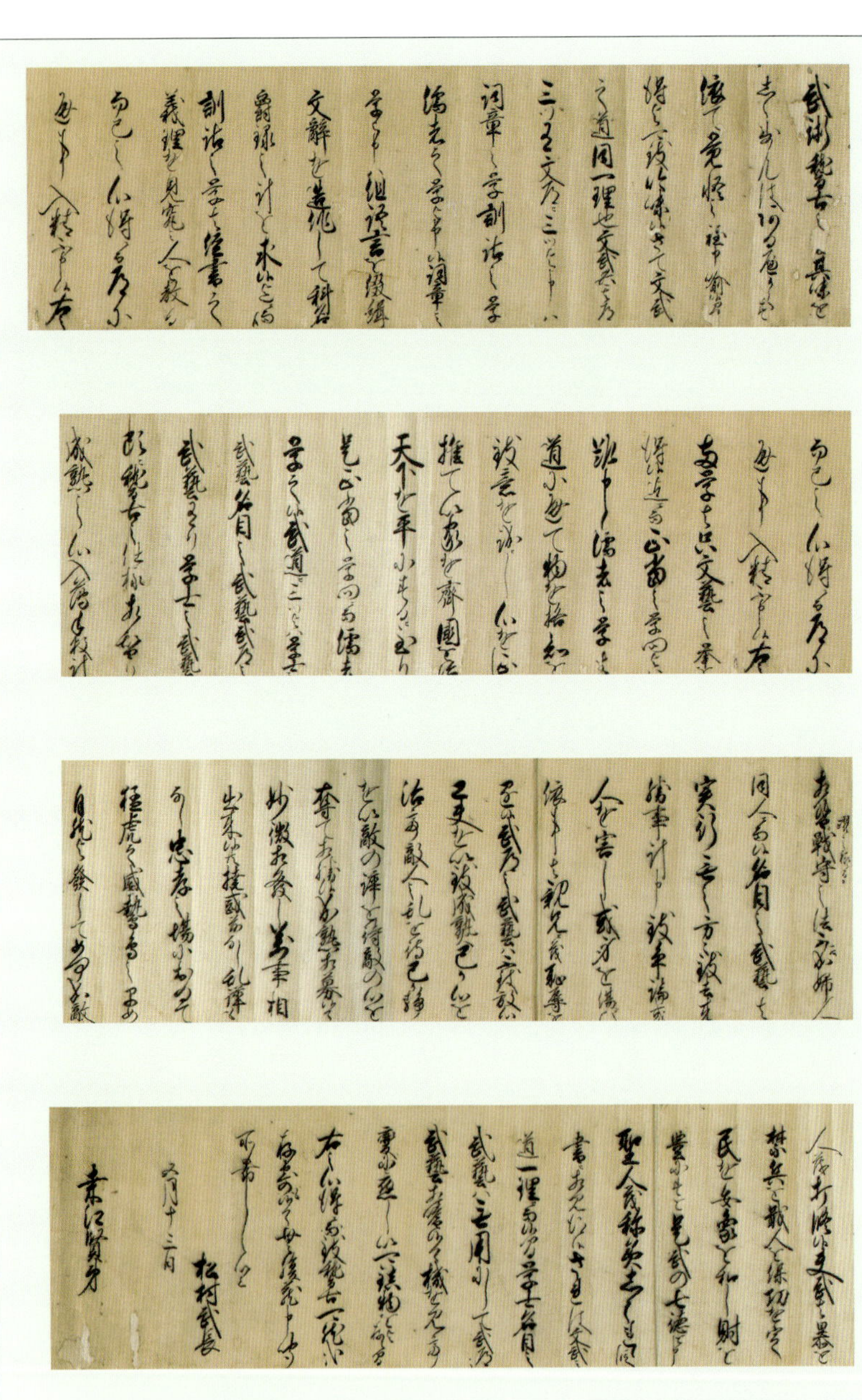

松村宗昆の直筆遺訓（個人蔵：沖縄県立博物館・美術館寄託）

検証　沖縄武術史

沖縄武技――空手

勝連盛豊

沖縄文化社

●表紙の写真

上　沖縄空手会館 特別道場（守禮之館）

下　沖縄空手会館

まえがき

一八一六年、琉球にやって来た英国艦隊の艦長バジル・ホールが、帰航の途中、セントヘレナ島に幽閉されているナポレオンに「武器のない琉球」を紹介し、ナポレオンを驚かせた有名な話がある。

しかし彼の書「大琉球島探検航海記」を読んで、琉球にやって来た黒船のペリー提督は「なーんだ、琉球には城跡もあるのではないか、しかも見事な堅牢な城壁ではないか」と感嘆して、昔は武器をもって戦争していることを見抜いている。

各地に按司と称する首領が台頭してからは城を構え、勢力争いが起こるのは世の常、兵乱は絶えることはなかった。歴代の琉球王は、北は奄美大島の島々を制圧し、南は台湾近くの与那国の島々まで制圧している。また倭寇の襲来に備えて那覇の港口の屋良座森グスク（城）には砲台を備えているのである。

ところが、一六〇九年に薩摩の三〇〇〇名の兵が琉球に攻めてくると、あっけなく無条件降伏をする。何たることか。

武備や武事は、外敵からの侵入や圧力により発生するものであるが、薩摩の支配下に入ってからは、琉球は、明治までの三〇〇年間、武備や武事が発達する環境はなくなる。

しかも敗戦後、疲弊しきった琉球国の立て直しを図った摂政羽地朝秀は「大和芸能奨励令」を発し、学問の事、筆法の事、医道の事、容職方の事、唐楽の事、茶道の事、算勘の事、謡の事、庖丁の事、馬乗の事、筆道の事、立花の事のうち、一芸でも修得しない者は、いかなる門閥の子弟でも、役人に採用しないということを徹底した。つまり大和芸能を身につけることが立身出世の道としたのである。

この政策は、明治まで続き「御冠船踊り」の役者となる事が出世の近道であったわけだから、何も武事を身につける必要はなかったのである。

では何故、琉球に古武術や空手が発祥し、発展したのであろうか。

近年、空手は琉球古来の武術「手（ティ）」と中国から伝わった「拳法」が融合して発展したというのが通説になっているが、沖縄にはもともと武術「手（ティ）」があったのか。

二〇一七年八月十日

勝連 盛豊

検証　沖縄武術史

沖縄武技—空手

目次

第一章　沖縄の武備史

古琉球時代に、各地にアジ（按司）と称する首領が現れると、勢力争いは世の常、グスク（城）を築き、争い事が絶えなかった時代もあった。その時代には甲冑をつけ弓矢を放ち、刀剣を振り回し、倭寇の外敵に対しては鉄砲や大砲の備えもしているのである。

武備や武術の発生は、外敵からの侵入や外圧によって起こるものであるが、外から見た琉球の武備の実態はどのようなものであったのか。

1　冊封使が見た琉球の武備

冊封使とは中国皇帝から国王の任命のために来流する一行の事を言う。冊封は中山王武寧（一四〇四年）にはじまり、最後の国王尚泰（一八六六年）まで四六二年間、二三回にわたってとりおこなわれた。その冊封使の任務遂行に関する記録として琉球の実像を記したのが「冊封使録」である。「冊封使録」は、陳侃の「使琉球録」（一五三四年）から趙新「続琉球国志略」（一八六六年）に至るまで一四冊刊行されている。その「冊封使録」から琉球の武備、武事に関することを取り出してみると。

夏子陽（かしよう）

一六〇六年に来流した尚寧王の冊封使夏子陽著「使琉球録」によれば、「琉球はひとつの単なる弱国にしかすぎない。その地には、城も壕もなく、そこの人は戦いに慣れていない。また武具もなまくらで古く、数がそろっているだけである。書はあるが、五経はない。書を教え、武芸を教えるのはすべて倭人である。利口さ、素早さ、雄々しさは、倭人に及ばない。いやしくも険と中国朝廷の神霊とを頼みにしなければ倭のために、いいようにされて、久しかったはずである。日本はもともと、強くて狡猾といわれる。その日本と隣りあって、しばしば、脅かされようとしているのに、まるで眼中にないかのようなのである。山海を誇りにして、平然として代々伝えてきている。

倭人は一〇〇〇人近くが、刀を抜き身にして交易している。琉球は、やがて日本に屈服するだろうと、近づく日本からの脅威に対して、備えが必要であると進言をして、兵器の製造もさせたが、どうして国を守る気かとたずねると、天険と神とをたのみにいたしております」との言葉に嘆いて帰国する。

※薩摩軍が琉球侵攻する三年前の話である。夏子陽が見た琉球は、尚真王が各地の按司を首里に住まわせ、武事を止めた一〇〇年後の姿は、国内から城はなくなり、無防備であったのである。ただ、倭寇を防ぐ目的で那覇港口の屋良座森グスク、三重グスクに砲台を築いてあったが、内陸から攻めてきた薩摩軍には機能しなかったのである。

汪楫（おうしゅう）

一六八三年、尚貞王の冊封使汪楫著「冊封琉球使録」によれば「国内に兵がいるのは見たことがない。冊封の日に、王廟から首里まで約数十歩ずつ、向かい合って二人が立っていた。長い竿の鑓のようなものを手にしており、その先に短い鞘がかぶせてあったが、よく見ると鞘の中には寸鉄すらなかった。また弓矢、火器もない。この国には、城郭がなく、戦いの装備も少ないのだが、何によって外国からの侵略を防御なさるのかと尋ねた。王はくわしく女神の霊力を述べ、女神にたのみすれば、おそれありますまい」と答えた。

使臣が「神がよりたまわず、たまたま霊力がなかったときは、一体、何をたのみになさろうとするのですか、その後、日本が突然この国に大いに進攻し、人々を殺し、物を奪い、はなはだ無残なことになった。王と王相とは捕虜として連れ去り、長らくとどめた後、やっと釈放したのではないか」と言ったら、王は、「神の霊は、遂に天使の一言によって、破られてしまったのか」と言い、その後、二度と辨戈天（ベンクワンテン）（琉球国の守護神弁財天の事）を口にしなかった。

琉球の歴代の王は、外敵の侵入に対して尚寧王と同じく「女神に神頼みすれば事足れる」と言うのだから、なんとまあ、あきれた話である。

徐葆光（じょほこう）

一七一九年、尚敬王の冊封使徐葆光著「中山傳信録」によれば蔡温や程順則が提出した琉球の管制の報告書を見て「国を運営し、官庁を運営する場合、文武の両系統が共に尊重されねばならない。ところが、よくみると儀衛使と武備使の外に、武官系の役職はほとんど省略されている。軍制と兵仗がくわしく書かれていないから後の人々は、その点を考察して、管制を十分書いてほしいとの記録があるが、軍制、兵仗は省略されているのではなく、実際にはなかったのである。

2　外国人が見た琉球の武備

十九世紀に入ると沖縄近海に、異国船がしきりに姿を見せるようになる。一八一六年に英国軍艦ライラ号とアルセスト号が来航。そして一八五三年には、あの黒船ペリーが来航する。彼らは島内探険を行い、欧米諸国に琉球を紹介している。

バジル・ホール

一八一六年に来流したバジル・ホールの「大琉球島航海探検記」によれば、帰国の途中セント・ヘレナ島に寄り、ナポレオンに南海の琉球が、何の武器を持たないことを紹介して驚かせた有名な話は、「何の武器もない？大砲も、小銃もない、少なくても槍か弓くらいはあるだろう？」「なにそれもない？」と合点がいかない様子で「では武器がなければ何で戦争するのだ。全く信じられない事だ」「太陽の輝くこの地上で、戦争を知らない国があるとは、さても不思議なことだ。それこそ真のパラダイスであろう」と、ナポレオンは叫んだ。（神山政良訳）

こうして「武器のない平和な島、琉球」は、ナポレオンをはじめヨーロッパの人々に紹介され、ヨーロッパ人たちにとってあこがれのまとになったと言うのであるが、ただバジル・ホールが、薩摩の支配下にあった琉球の内情を知らなかっただけの話である。

ペリー

琉球にやって来た黒船のペリーは「琉球人は戦争を知らないと述べて、あの有名なナポレオンを驚かせている。琉球には一見、あらゆる武器爆弾がなく、また弓矢のような最も原始的な武器すらないので、ホールの報告は事実のように思われているが、しかし島内に見る城郭の遺跡や首里の石垣の素晴らしさからすれば、かつての琉球は、古代の内乱や外国との戦争があったことの歴史を持つ証拠である。しかし、彼らは無知であり、長い間、弱者という武器に頼らざるをえなかった。それ故に彼らは狡猾で、不誠実であった。適当な扱いを受けていたら、彼らは何か別なものになっているかも知れないが、しかし、現在では彼らは、自尊心という最も大事な要素に欠けている。彼らの進歩を邪魔するもう一つの障害は、土地所有の確定した権利を得ることが全く不可能であることだ」。

（『ペリー提督沖縄訪問記』外間政章訳）

ペリーは琉球の城郭の遺跡を見てその素晴らしさに驚き、かつては内乱や外国との戦争があったことや、長い間、琉球が薩摩の支配下にあることをわかっていたのである。

3　大和人が見た琉球の武備

笹森儀助の「南嶋探検」

一八九三年（明治二十六年）に来琉した笹森儀助は、「沖縄の武具と称するものは概ね玩具に等しく、ほとんど実用に適するものはない。沖縄県編纂担当主任親泊朝敬が言うには、むかしは刀、弓、剣、鑓等を用いていたが、もともと鉄が少なく、骨角を以て代用にしていた。また兜、鎧は、むかしは獣皮や樹皮を用いていたが、その後は他府県人に習い鉄製にしたとの報告であった」「武器は、刀、鑓、長刀、弓矢、石矢、鉄砲・火焔筒、十手、捕縛、棒、柔術などあるが、皆他府県に同じである。行列の際には、王子、按司は槍を持ち、三司官は長刀を持つが、すべての槍刀は儀式用である」「むかしより武を廃したために文弱に導かれ、相手に対する闘争心や士気に乏しく、柔順なることを政略教化されたために、習い性となり、名は士族であるけれども士族の気概はない。士族と称しているが幕府の武士とは大いに異なる」と、これまた辛辣な報告である。

4　蔡温（さいおん）が語る琉球の武備事情

尚敬王の国師、蔡温（一六八二〜一七六二）は「御教条」に「我が国は天孫氏の開国の頃は、政事や礼式などない時代であった。その時代の終わりの頃、海外へ出て貿易するようになり、なんとか国を維持するようになった。ところが各地において按司が台頭し城を構え、勢力争いが起こるようになり、年々兵乱が絶えなかった。その頃、中国皇帝の冊封を受けるようになり、礼法などある程度整備されるようになったが、しかし兵乱は以前と変わらず、国中の混乱は言語道断の極みであった。その後、兵乱は何とか静まったけれども、政事や風俗は乱れる一方であった。しかし薩摩の世になってからは、政事や風俗もよくなり、国中は何でも思いのまま達せられ目出度い世の中になったのは、つまるところ薩摩の御蔭であり、実にありがたいことである」というのである。

また、蔡温は「独物語」に、「琉球はいたって静穏な国なので、武道を決して必要としない。しかし、毎年の渡唐で海賊船に遭遇した場合は、槍・薙刀・弓・鉄砲などで応戦しなければならない。そう考えると平時から槍・長刀・弓を嗜んでおくことも、また国に仕える者の義務であろう。渡唐する役目に選ばれると潮の崎で三日間にわたる鉄砲の稽古を命じられるが、この程度の稽古では役に立たないから、平時における鉄砲の稽古さえも命じていただきたいと思う」と述べている。

つまり琉球王府の武器類は、薩摩の琉球在番奉行の下に、管理され、渡唐の際には武器類を借りて、倭寇の襲撃に備えると言うのである。ところが鉄砲の練習はわずか三日間程度では、どう考えても役に立つはずがなく、実際に倭寇の襲撃に遭うと、無残にもやられ、武器を貸した薩摩から叱責を受けたというから、当時の琉球の姿は、実に情けない話である。

また蔡温は、「国内は泰平にして武道は決して必要としない」とあるが、ではなぜ琉球に「空手」の武技が起こったのであろうか？

※蔡温（一六八二〜一七六二）

具志頭親方文若、尚敬王の国師、三司官。薩摩の支配下にあって、窮乏した財政を立て直し、士族から百姓に至るまでの人の守るべき心得を説き、後世に多大な影響を及ぼした琉球史上もっとも優れた政治家。著書に『御教条』『独物語』『家内物語』『林政八書』『農務帳』『自叙伝』などがある。

第二章　諸説紛々たる空手の起こり

琉球王府武道検察官、安里安恒の「沖縄の武技―唐手に就いて」によれば「唐手の起源については、巷説紛々で自分もよく質問受けるが、思うには沖縄固有の武芸にして田舎の舞方なるものが、唐手がまだ発達しない前のものだと思う。また子どもの喧嘩を見よ、鉄拳を振り回している如きは、皆沖縄開祖以来の遺伝性によるもので、本県人は生まれながらにしてその性質があるのではないか」。また剛柔流祖宮城長順は「唐手なる名称は琉球における特称にして、その淵源を訪ねると遠く支那の拳法に発す。翻ってその琉球渡来については、一定の歴史的根拠はなく諸説紛々としている。そのうち主な三説あって、「閩人三十六姓輸入説、大島筆記説、慶長輸入説がある」と次のように紹介している。

1　閩人（びんじん）三十六姓輸入説

宮城長順は、一三九二年に閩人三十六姓渡琉の際に、伝来したものであろうと言われている。……のみ述べて、閩人三十六姓輸入説については何の説明もしていない。

閩人三十六姓とは、一三九二年に福建省から久米村に帰化した中国人をいう。東恩納寛淳によれば「水先案内として渡航した者が、下船してそのまま定住したり、あるいは次の渡航までの逗留中、かんたんな商売をすることから始まって、ぜんじ聚落をなすに至ったもので、大部分は船工と称して海上労務者で、あまり学問もなかったらしいが、中には学識経験者もあって、それらの人々は、最初から政治の顧問にも重用されている」と述べている。

その人たちが初めて中国武術を持ち込んだということだが、しかしその頃の明国は「文を尊び、武をさげすむ風潮」となり、中国武術は衰退の時期を迎えている。また、夏子陽が言うには、閩人三十六姓は没落してわずか六家が残っているだけで一族ははなはだ繁栄していない。昔、住んでいるところは、現在その大半は廃墟になっているとある。

2　大島筆記説

大島筆記によれば「先年組合術（良熙謂、武備志載する所の拳の法と聞こゆ）の手として、本唐より公相君（こうしゃんきん）（是は稱美の號なる由）弟子を数々つれ渡れりる。其のわざ左右の手の内、何分一つは乳の方を押さえ、片手にてわざをし、つぎつぎと足をよくきかする術也。そのやせた弱々としたる人でありしが、大力の者無理に取りつけたら、そのまま倒したる事など有し也」とある。これ唐手に関する最も確実なる文献なりと宮城長順は述べている。

大島筆記とは、一七六二年四月二十六日、琉球の船が土佐の大島に漂着した時、土佐藩の戸部良熙が潮平親雲上盛成に琉球の事情を聞いて書きとめたものである。公相君が尚穆王の冊封使として来流したのは一七五六年の事だから六年前の出来事を述べていることになる。

私は空手がいつ頃から起こり、発達したかを目安にしているのは、公相君が来琉した一七五六年を常に念頭に入れてやっている。「空手」が来流以前の事物であるか、その後ものであるかを選り分けることによって空手の起こりが容易になるからである。

「空手」がハッキリして来るのは、公相君一行が来流してからである。そして、公相君の流儀は「北谷屋良の公相君」「松村の公相君」「糸洲の四方公相君（大小）」「知花の公相君」「役者儀保松男の泊公相君」「本部朝勇の大君」など複数の大家によって伝承されている。

伝える人によって型が多少異なっているが、最も古流とされ今日まで脈々と伝わっているのである。また公相君の来流以降に、著名な空手家が次々と現れている事から見ても、空手の起こりは公相君からとするのが妥当であろう。

公相君を武官とする説もあるが、冊封使の乗組員は、正使、副使の補佐役、召使の外、護送の兵員をはじめ、通訳、医師、料理人、菓子職人、表具師、鍛冶屋、楽師、道士、裁縫師、床屋に至るまでの構成になっている。これらの乗組員の大半は、福建省福州において琉球行きに応募した人たちである。琉球行きは、台風による遭難や倭寇の襲撃があり、常に危険を伴う渡海であったために、嫌がる正副使もいたと言う。

それでも募集に応じて、琉球にやって来たのは各自、中国のいろいろな品物を仕入れ、それを琉球で、高い値段で売りさばき一儲けができる役得があった。副使以下、品物を持ってきたと言うから、公相君も数名の弟子を引き連れてきたのは、そうした役得のために琉球にやってきたのであろう。つまり公相君は武官ではなく、福州において琉球行きに応募した福州の商人であると思われる。

3　慶長輸入説

宮城長順は「慶長十四年島津氏の琉球入り後、薩摩の禁武政策の暴圧により自然発生的に空手の術を創造した説と創造にあらず輸入説があるけれども、この時代の客観的状勢が、すでに輸入された外来の拳法が、在来の「手」と合流して異常な発達を遂げ、尚現在までさらに合理的に、改善進展してきたものと云うのが妥当である」と述べ、薩摩の禁武政策によって空手が発達したと言うのである。

しかし、薩摩は私闘の禁止や夜中に棒や武器を持ち歩くことを禁じてはいるが、何も武芸の鍛錬まで禁じているわけではない。実際に士族子弟の間では、トリテ（組合術）、ヰアイ（居合抜き）長刀、示現流剣術などの稽古が行われている。以上が宮城長順の述べる空手の起こりの諸説である。また、近年になって次の説も出てきている。

4　京阿波根実基（きょうあはごんじっき）の空手説

京阿波根実基は、尚真王の命により一五二四年、宝剣治金丸を研がしに京都に赴き持ち帰った。ところが、それが偽物と知り、王は京阿波根に命じ、再び京都へ治金丸を取り返しに行かせる。逗留する事三年、遂に治金丸を取り戻したという話である。

その話は続きがあって、球陽によれば、王は褒賞として京阿波根に采地を与えるが、それを妬んだ者が現れて王に讒言し、謀殺される。「童子ニ令シヒ首ヲ以テ之ヲ刺シム、虞建極（京阿波根）手ニ寸鉄ナク、只空手ヲ以テ童子ノ両股ヲ折破シ」城門を走り出て中山坊外において斃れたとある。

京阿波根は「空手」で童子の両脚をへし折ったとあることから「ホレ空手があるさ」と言う事だが、そうではなく京阿波根は手に武器を持っていなかったので「素手」で童子の両股をへし折ったのであり、「空手」の意味ではない。

5　名護親方の「琉球いろは歌」手墨説

「琉球いろは歌」に手墨が見えることから「手」つまり空手があるとする説である。「琉球いろは歌」は、程順則名護親方寵文が一七〇〇年代に、人間として生きていく上で不可欠な「心のあり方」を人々にわかりやすく「琉歌」で著わした教訓歌である。

【て】

手墨勝りても　　知能才勝りても
肝ど肝さらみ　　世界の習れや

歌意は「どんなに学問や、いかに知能や才能が勝れていても、最も大切なことは心であり、世の中のならわしである」ここでの手墨は学問のことである。

【き】

肝の根の責縄　そさうに　しちからや
手墨学問も　仇どなゆる

歌意は「人間が心を引き締める縄を粗末にすると、どんなに学問を積んでも何の役にも立たず、かえって仇となることから常に謙虚な心を持ちなさい」という意味である。ここでの手墨は学問・芸事のことである。文献に「手」が見えたら、なんでもかんでも「空手」に結び付けるのはいかがなものか。ましてや名護親方（一六六三〜一七三四）は一八世紀、琉球初の公立学校明倫堂を設立し、教育と道徳の向上に尽力した教育者である。また同時代の摂政蔡温は「国内は泰平にして武道は決して必要としない」と述べるぐらいだから、武事を奨励する環境ではない。

6　舞方（メーカタ）説

沖縄固有の「手」があったとする根拠に「舞方」説がある。

オモロ伝承者山内盛彬（一八九〇～一九八六）によれば、舞方は空手の基本型、即興型のいずれでも自由で「舞方御前風」といえば、「御前風の曲」にのせて空手舞をやることで

カギヤディ風節（御前風）の

出でよ　出でよ　舞方　今出でよ　舞方

二才（青年）がする舞方　見欲しゃばかり

の歌が始まったら舞方に決まっていると述べている。

その舞方踊りが沖縄古来の「手」の源流というのである。また伊波普猷は、「からて」の型を示すことを「手使ゆん」というが、これから「舞い方」といふ相舞も始まった。「手を使う」の舞い方をしながら、すきを見て相手を倒す踊りで、今では多く田舎で行われて「サーサー手」と言う。

婚礼酒宴之図

この「婚礼酒宴之図」は、宴もたけなわ、酔いつぶれている者、ブーサー（ジャンケンポン）をして酒の飲み競いしている者、中央で新婚さんらしき男女が踊っている。遊女がサンシンを弾き、小太鼓をたたき、周囲は手拍子を打っているのでカチャーシー踊りであろうか。そのテンポの速いカチャーシー踊りの音曲に合わせて、肌もあらわに空手の所作をしている若者がいる。この絵を見て「ホラ、沖縄には手（てぃ）があっ

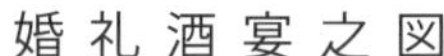

婚礼酒宴之図

司馬江漢（1747 ～ 1818）筆？　沖縄県立博物館・美術館蔵

たさー」と言う事になるが、しかし若者の腹のたるみから見ても、空手ができるわけではなく、即興で身振り、手振りの空手踊りをしているだけに過ぎない。

この絵からは当時、「からて」が流行していることは分かるが、沖縄古来の「手」があったと言う証拠にはなるまい。問題は、いつ頃の絵であるかである。

この絵には司馬江漢のサインが見えるが、司馬江漢（一七四七〜一八一八）は江戸時代の絵師で、沖縄に来た形跡はない。司馬江漢が沖縄に来てこの「婚礼酒宴之図」を描いたかは疑わしい。この絵にはローソクが燈り、サンシンを弾いている遊女からして辻遊郭の明治頃のものと思われる。

7　唐手佐久川説

安里安恒は「沖縄の武技—唐手に就いて」の中で、唐手（からて）という名が判然世の中に知れ渡るようになったのは、「赤田の唐手佐久川」からであると述べていることから、この説を真境名安興が「沖縄一千年史」に引用し、さらに伊波普猷や近年の空手の本に孫引きされ、やがて「唐手佐久川」は、佐久川寛賀となり一人歩きをして、ついに拳聖松村宗昆の師は、佐久川寛賀であると言う説まで出てくる。

安恒の言う「赤田の唐手佐久川」は、いつの頃の人物なのか、どのような唐手の型を伝えたのか、また佐久川寛賀なのかは述べていない。

佐久川寛賀（一七八二〜一八六三）

沖縄大百科事典によれば、易姓九世佐久川親雲上寛賀（一七八二頃〜一八六三頃の人）首里鳥小堀生まれ、尚育王代に在番として三年間（一八三五〜一八三八）八重山に派遣される。その時の身分は筑登之親雲上。帰任後、その功績を認められ中城間切佐久川の名島を授かり、照屋姓から佐久川姓に改姓。中国で武術を修めた先駆者として知られているが、武歴については不明。佐久川の棍で高名な「棒の佐久川」と同一人物とみなす説と、別人としている説があるが、いずれも確証はないとある。

佐久川寛賀について確証なるものは、八重山在番等王府派遣役人一覧に、道光十五年（一八三五年）五三歳、首里東氏知念里之子親雲上政行と筆者首里易氏照屋筑登之親雲上寛賀の名が見え、在任は一年、八重山在番書記官として赴任しているのみである。

在番とは、首里王府により主に宮古、八重山、久米島などの先島に派遣された常駐官で、当地の役人を指導・監督して首里王府の統治意図を現地で実現する重大な任務を与えられた。当初は一員制で任期は一年であったが、後に三員制・任期二年と強化され、明治十二年まで続いている。

佐久川寛賀が「唐手佐久川」であれば、在番中に八重山の若者たちに棒技や唐手を残したはずだが、その形跡はない。また唐手の先駆者として名を馳せたからには、佐久川の棍に代表される棒技ではなく、唐手の型があるべきだが、その型も定かではなく武歴については、何一つ確証なるものはない。

長嶺将真著「史実と口伝による沖縄の空手・角力名人伝」によれば、佐久川寛賀は北京郊外で客死し、その遺骨を一八三七年に松村宗昆が持ち帰ったとあるが、在藩期間中と重なり、佐久川寛賀を「唐手佐久川」とするのは無理がある。

実際の「唐手佐久川」は、佐久川寛賀ではなく別人ではなかろうか。そこに浮かび上がってきたのが佐久川春郷である。

佐久川春郷（一七三三〜一八一五）

佐久川春郷を「唐手佐久川」であるとしたのは、琉球古武道保存振興会人脈系統図に、公相君を祖として

琉球古武道保存振興会人脈系統図

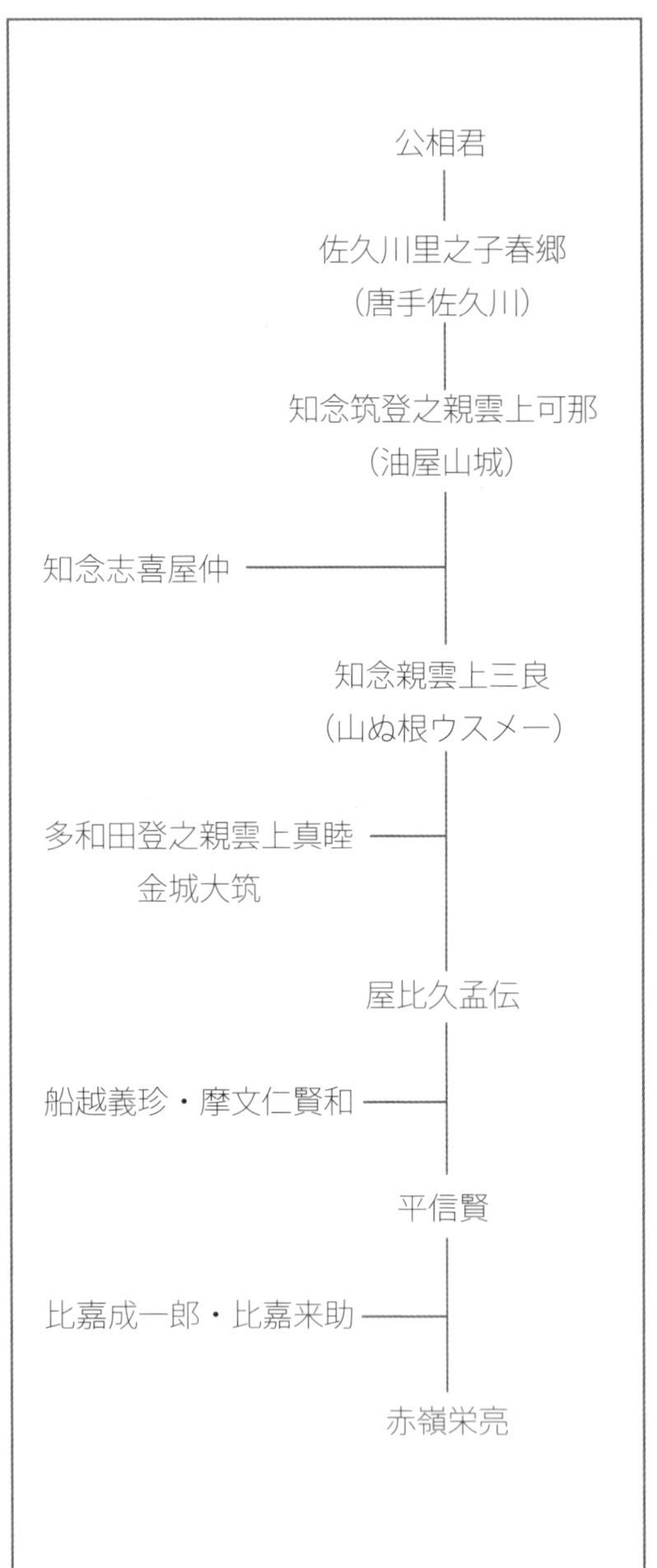

佐久川里之子春郷（唐手佐久川）・知念筑登親雲上可那・知念親雲上三良・屋比久孟伝・平信賢・赤嶺栄亮と明記されている。また唐手佐久川の棒とされる「佐久川の棍（大）」「佐久川の棍（小）」と「周氏の棍（大）」「周氏の棍（小）」を伝承しているのである。

石川文一著「琉球の空手物語」には、唐手佐久川を佐久川里之子春郷、生没年を一七三三年～一八一五年とあり、佐久田繁著「空手名人列伝」には、公相君の来る前の一七三五年頃、首里の赤田町の佐久川春郷という「手」の達人が、中国から「唐手」を学んできて一般に広めたので、この手を俗に「唐手佐久川」という異名で呼ぶようになったとしている。しかし両著とも何をもって春郷としたかは示していない。

8　伊波普猷（いはふゆう）の「からて」考

沖縄学の父、伊波普猷は「古琉球の武備を考察して空手の発達に及ぶ」の中で、私の推測はあるいは誤っているかも知れないが、と断りを入れて、琉球の「からて」の発達について次のように述べている。

支那伝来の拳法

「からて」は武備の衰退と逆比例して発達したに違いない。「からて」はその名称の示しているように、支那伝来の拳法で、一時代前までは「たうで」（一般にはただ「手」）と言っていたが、「無手唐手」（てぶらの義）から推測して、新しくこの同義語が出来た。

商人たちの護身術

身に寸鉄を帯びなくなった琉球人が、福建の琉球館に滞在して貿易に従事した連中が、護身術として学んで帰ったとみるのが妥当であろう。私の祖父もこうして数回も福建に渡って、これを学んだ人だが、それは護身術に過ぎないとその話はおくびにも出さなかった。また古老によれば、支那では武官にはその達人が少なく、達人はむしろ商人に多いとのことだが、なるほどこれは常住武器を携帯している人には、さほど必要がなく、身に寸鉄を帯びない商人には必要であったのであろう。多くは空拳で各地を旅行する商人等が護身術として学び、彼らの間で発達を遂げたと伝えられている。これが武器を取り上げられた琉球に入って大いに流行したのも偶然ではない。

これを裏付ける話が島袋光裕著「石扇回想録」に「父光輝は、若いころ中国へ行ったりして、ずい分いろいろなことを体験したようだ。頑固党義村按司に連れられて中国へ渡り琉球救国運動に加担したり、トーイチベー（唐一倍）商人としてずい分儲けたようである。また父は中国で空手を学んだと言って、よくワイシンザンという人から教わったと話しながら、型を私に見せたものである。」と述べている。

いろいろな流派

現今いろいろな流派があり、大まかに支那の拳法そのままのものと、琉球化したものと二種に分けることが出来るが、前者は多く那覇で行われ、後者は主に首里で栄えている。二者の間には甚だしき相違があるが、どちらが良いか判断を下すことが出来ないとしても、後者が琉球人の体格に合うように造りかえたものであることだけは、いえるような気がする。

9　奄美大島の拳法術（ツクネス）

幕末の薩摩藩士、名越左源太が一八五〇年から一八五五年までの奄美大島での生活を記録した「南島雑話」によれば、拳法術（ツクネス）として巻き藁を突く図に、拳（トツクヲ）は琉球より法を伝え、トツクヲの強きものありと紹介している。

また昇曙夢著「奄美史」によれば、奄美大島では空手の事を「テッコ」と呼び、手甲（拳）または手衝きから出た語であろうと言い、奄美方言では「ムナデ」と言った。

伊波普猷は「古琉球の武備を考察して空手の発達に及ぶ」の中で、奄美大島諸島には「からて」はないとして、島人の喧嘩をする時には、沖縄人がやるような拳固の使い方をしない。拳固の下側面をもってやるのであって、沖縄人のように拳固の指関節の突起面をもって突くことを知らない。彼らの喧嘩の仕方は、まったく内地式であると述べているが、実際には「空手」は琉球より奄美大島に伝わっているのである。

10　手（ティ）説

沖縄には、もともと「手（ティ）」があったとする説である。「手」について歴代の空手家は次のように述べている。

宮城長順は、昭和十一年の琉球新報主催「沖縄空手道大家の座談会」において、「本県には以前から固有な「手」があったのか?」の問いに、「本県では手である。柔道、剣道、ボクシングと同様に進歩改善されてきた。私のところに手を教えてくれと来るのがほとんどである」と答えている。

摩文仁賢和は自著に「支那拳法をトーディ(唐手)と称し、沖縄拳法を『ティー(手)』と称して区別したことは非常に重大な意義がある事と思います」と述べ、喜屋武朝徳は「当時は空手とは言わず、ただ単に手といふて居り、例えば抜塞(ばっさい)の手とか、鎮闘(ちんとう)の手とかいう風に言われていた」と語る。また船越義珍は「空手は沖縄固有の武術である。従来は『唐手』の字を用いたために、どうもすると支那拳法と混同されがちであったが、沖縄に培われること一千年、その間幾多の名人によって研究され、幾多の達人によって琢磨され、ついに今日の如き渾然たる一大武術となるまでに発達したのであるから、立派な沖縄固有の武術であるべきと言うべきであろう」「しかし、今まで何故唐手の字を当ててきたか。思うに近世、支那崇拝の高い時代に、数多くの武人が支那と往来して支那拳法を稽古し、沖縄拳法いわゆる沖縄手にこれを加味して研究し、短を捨て、長をとり、それぞれに精妙を加えたが、そのころの人が術に箔をつけるために唐手の字を用い始めたのではなかろうか」と三者三様の答えである。

現在では、彼らの「手説」を借りて、空手は沖縄固有の「手(ティーー)」と中国から伝わった「拳法」が融合し発展したと言うのが通説になっている。

だとしたら型の名称が中国系に由来するものばかりであるのはどうしてか。また琉球にもともと古来の「手

（ティ）」があったとするならば、いかなる流儀か、またどのような術（型）がなのかを示さない事には、沖縄固有の「手（ティ）」説は無理がある。

　喜屋武朝徳の言うように、「唐手」のことをただ単に「手」と言い、琉球語で「手」と称したのに過ぎない。明治期の県紙は空手に関する記事はすべて「唐手」または「拳法」で表記しており「手」の用語は見えない。また、初めて空手に関する歴史を著した琉球王府武道検察官安里安恒の表題は「沖縄武技─唐手に就いて」である。

第三章　沖縄武術の種類

1　沖縄武術の種類

沖縄の武術は武器を持って行う「古武術」と、素手で行う「空手」に大別される。

琉球古武術

琉球古武術は、身辺の物すべてを武器として、棒、櫂（ウェーク）、鎌、鍬、刀、槍、長刀、ヌンチャク、トゥンファアー、サイ等の特徴がある。

空手

空手は、文字通り徒手空拳、拳、肘、足その他の身体各部を使って突き、打ち、蹴る、当てなどがあり、古くからいろいろな名称で呼ばれている。尚穆王代（一七五六年）には

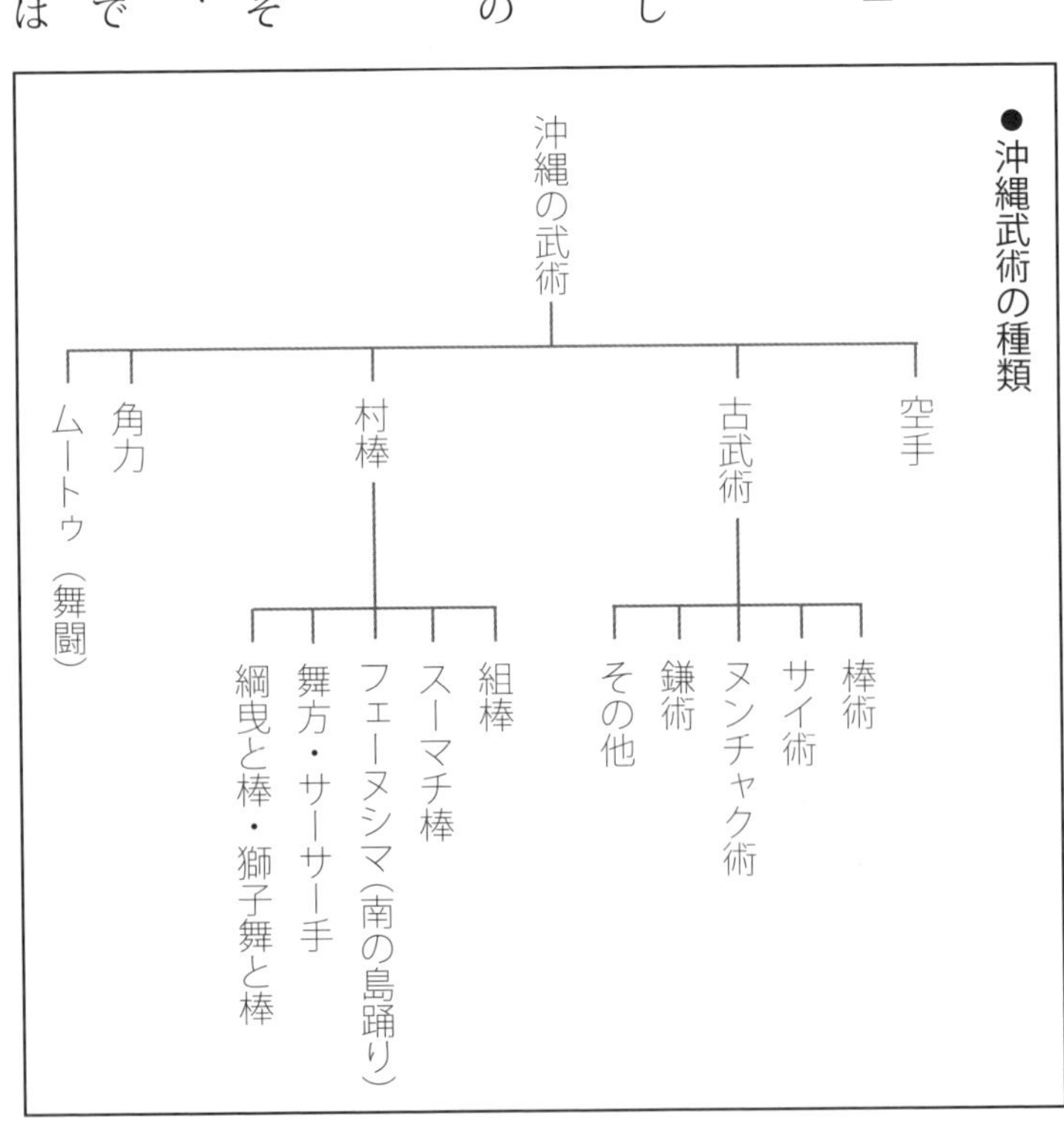

「新奇の組合術」「からむとう」と称し、明治に入ると「拳法」「唐手（トウディ）」「唐手（カラテ）」「手（ティ）」と称した。そして昭和に入って「空手」と称するようになる。この他にも「沖縄手」「島手」「百姓手」「支那流の柔術」などの名称があり、いずれも随時に使用されている。また所変われば一八〇一年、薩摩藩在番所の役人は「手ツクミ」と称し、奄美大島では「テッコ」あるいは「ムナデ」と称している。

村棒

村棒は六尺棒を主として、一人棒、二人棒、三人棒、四人棒、五人棒そして尺小（三尺棒）その他の武器を組み合わせた数種類の組棒がある。

スーマチ棒

スーマチ棒は、数十名から数百名の六尺棒を持った男衆の二組からなり、一列縦隊になって大巻の渦を巻いたり、解いたりしながら二手に分かれていき、さらに二つの小巻の渦を巻いたり、解いたりして集団演技を行う。

角力（すもう）

角力は大和相撲とは異なり、常設された土俵はなく、原っぱや砂浜で行われる。取り組み方法は、最初から四つに組んで、しっかり相手の帯をつかまえて行い、帯から手を放して技をかけてはならない。かけ技は「小内刈り」、「大内刈り」、「足払い」、「腰車」など、ほとんど柔道と同じであるが、勝ち負けは、必ず相手の背を仰向けに、地面につけなければならない。類似した競技に韓国相撲がある。

ムートゥ

ムートゥは、主に子供の遊びで、適当な原っぱや広場で行われ、拳で突く、足で蹴ることは禁じ、数人が取っ組み合いを行う。その由来は、琉球古典音楽中興の祖山内盛彬によると「舞方（メーカタ）」からきていると言う。「舞方」とは「かぎやでぃ風節」が弾かれると空手とも舞ともつかぬ勇ましい振りに、どしんどしんと足音を立てての演舞である。演者が二人になると、そこに舞闘（ムートゥ）が始まる。拳は危ないから、必ず押し合い倒しあいに止まる。

フェーヌシマ

フェーヌシマは、「南の島踊り」の漢字を当てた棒踊りの一種である。茶褐色のザンバラ髪に、黒の上衣、あるいは黒のウッチャキー（陣羽織）をつけ、黒ズボンに黒の脚半を巻き、地下足袋か、ワラジを履く異様な出で立ちで、片手には錫杖を持ち、「ハウッ、ハウッ……」の気勢を発しながら入場し、三線、銅鑼、法螺貝、鉦に合わせて、意味不明な歌をもって跳ねたり、転がったり組み合ったりしながら、棒をリズミカルに打ち合う。人数は四人がらみで演じ、通常八人、一二人程度で行うが、六〇人近くの集団で演じる地域もある。

綱曳と棒

綱曳と棒は、現在では世界一のギネス綱として那覇大綱曳を見るが、むかし各村で行われ雄綱と雌綱の二筋からなり、一人で持てない大きい綱は、大勢が六尺棒で小輪の雄綱と大輪の雌綱を突き上げて差し込むと、カニチ棒という丸太棒をねじ込んで、鐘や太鼓の合図で「サー」という掛け声もろともに曳く。カニチ継ぎは、継ぎ損なってはさまれて命を失う場合もある事から、強力の空手家が担当であった。また灯篭持ちも、太い竹竿の先に大灯篭をつけ、上下に打ち振り、周囲を鼓舞することから、有名な空手家の役割であった。類似した綱曳には、韓国の綱曳がある

獅子舞と棒

他府県の獅子は布きれで覆うだけであるが、沖縄の獅子は芭蕉のちぢれ繊維を七、八寸に切って、茶色に染めて植え付けて百獣の王のぬいぐるみをつくる。獅子舞は二人で組んで演じる。前の人は立ち、後の人は中腰となり、二人の足は、獅子の四つの足となる。前の人の両手は獅子の口の開閉をする。後の人は左手で前の人の腰帯をにぎり、右手は尾を振る技をする。

獅子舞の所作は、徐葆光著「中山傳信録」によれば、二つの青い獅子を若者がマリをあやつって獅子を誘うと、獅子はマリとじゃれる場面がある。初めはマリであったのが、今日では、マリのかわりに六尺棒で誘う地域もある。獅子舞は中国にも見えるが、類似している点では韓国の獅子舞に近い。

第四章　沖縄武術の源流

1　沖縄武術の流れ

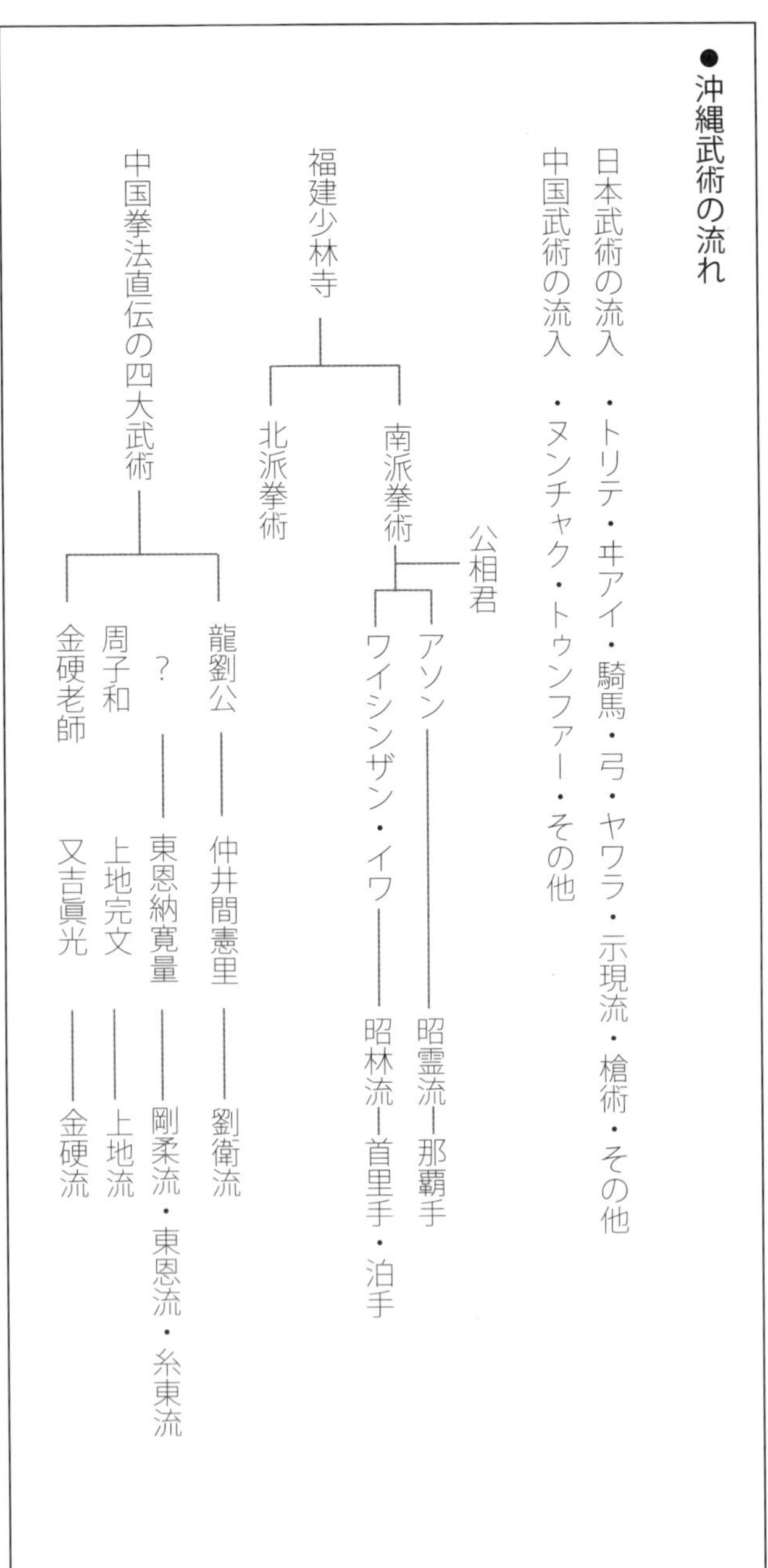

(1) 日本武術の流入

尚寧王（一六〇六年）の冊封使夏子陽が言うには「この国の書や武芸を教えているのはすべて倭人である」というのであるが、このことからすれば、慶長前から日本武術がすでに琉球に入っていることになる。

眞境名安興著「沖縄一千年史」によれば、慶長の頃にはトリテ（ヤワラ）、ヰアイ（居合い）など流行していることや琉球国旧記巻四には、津堅親方盛則が一六〇九年頃に島津公の肝いりで鹿児島において騎馬法を修得していること、尚穆王代（一七五六年）には、国吉親雲上良林が渡嘉敷筑登之親雲上と共に、奈良原左衛門殿より槍術を習い、東苑（御茶屋御殿）において天覧試合をして賞賜されている事などを見れば、士族子弟の間では、日本武術の稽古は盛んに行われているのである。

また一七七八年、阿嘉親雲上直識が子息直秀一一歳に残した遺言書によれば、「示現流においては当地では何の役にも立たないけれども、我が家は先祖より武芸の家柄なので、ケガしない程度に稽古に励みなさい。また『からむとう』や『やはら』などは稽古する必要はありません、示現流など少々稽古をしたから言って、仲間などと言い争い、打ち合いなどをしたらかえって身を滅ぼし、大きな傷を負い、後悔しても何の益もないので、慎んで稽古しなさい。私は示現流を久場親雲上知途について長年稽古に励んできたが、我が家は先祖より武士の家柄であるから諸稽古においては、耐え忍んで怠けないようにしなさい」とある。

この遺言書から当時の士族子弟の間で、日本武術が広く行われていることや武事の背景を幾つか知ることが出来る。一つは、「示現流は当地では、何の役に立たないけれども」という記述である。そのことは、薩摩が日常の帯刀を許可していない事から何の役にも立たないと言っているのである。二つ目は、空手の歴史を知る上で最も重要な言葉を残している。「からむとう」という武術である。「から」とは「唐」の事であり、「むとう」とは「ムートゥ（舞闘）」のことで、つまり「唐舞闘」と称し「空手」のこと事を言っている。当時は中国拳法を人によって「新奇の組合術」あるいは、「からむとう（唐舞闘）」と称したのであり、公相君の来流から二二年後のことであるから「公相君」の流儀は琉球側に脈々と伝わっている証拠になる。

(2) 中国武術の流入

中国武術は、いろいろな経路で、また複数の人たちを介して琉球に流入している。

冊封使による武術の流入

冊封使来流の官兵は、辻原の演武場において射撃、騎馬、槍の試合を行い、那覇の人々にとって格好の見物であった。

一六六三年、尚質王の冊封使張学礼著「使琉球紀・中山紀略」によれば「天妃廟の東に演武場あり」。一六八三年尚貞王の冊封使汪楫著「使琉球雑録」には「青芝山（辻）と臨海寺とは港をへだて向かい合っている。平らな岡が一里ほどあって演武場がある。もっぱら天使の率いるところの官兵の演武をする。そして馬場や射撃場を設けている。島民は、遠近から集まってきて見物をする」。一七五六年尚穆王の冊封使周煌著「琉球国志略」には「演武場は辻山のかたわらにあり」。一八〇〇年尚温王の冊封使李鼎元著「使琉球記」には「九月二日辛巳。晴。この日、兵を集め、槍の試合をさせた」とある。

歴代の冊封使官兵の演武場での中国武術の披露は、琉球人にどのような影響を及ぼしたのであろうか。

来流し中国拳法を伝えた武術家

琉球に直接来て中国拳法を伝授した武術家には、公相君、ワイシンザン、アソン、イワー、泉州南安の人、そして近年になって呉賢貴がいる。彼らは沖縄空手の発達に大きく関わった中国人である。

公相君

一七五六年尚穆王の冊封使として弟子数名を連れて来流し、はじめて中国拳法を伝える。

ワイシンザン、アソン、イワー

一八六六年に尚泰王の冊封使として来流したワイシンザン、アソン、イワーらが昭林流と昭霊流を伝える。体力貧弱にして術に重きをおき、やせ方の男が多くやるワイシンザンの昭林流は首里手の源となり、体躯肥満にして体力豊富なる偉大な男がやるアソンの昭霊流は那覇手の源となる。

「アソン」の弟子には、泉崎の崎山（喜徳、豊見城親方の師匠）、長濱友寄具志親雲上。「イワー」の弟子には首里の松村親雲上（宗昆）、久米の前里湖城小。「ワイシンザン」の弟子には東の右衛門殿の島袋、九年母屋の比嘉、西の東恩納小。漂着した泉州南安の人から稽古した泊の城間と金城は「チントー」、松村（松茂良興作）と親泊（興寛）は「チンテー」、山里は「ヂーン」、仲里は「ヂッテ」と「手配り」を習う。

ただ残念なことに、ワイシンザン、イワー、アソンらがどのような型を伝えたかは見えない。反対に泊の「チントー」「チンテー」「ヂーン」「ヂッテ」の型は、師は漂着した福州安南人（実際は泉州の南安人）とあるだけで名前が定かではない。

ともあれ、この頃から師匠、型名、弟子の名前が次第に明らかになり、沖縄空手が確立されてきて形も整えられていく。

中国に渡り武者修業した人たち

幕末から明治にかけて中国に渡り武術を修業した人たちには、仲井間憲里、崎山喜徳、東恩納寛量、マチャー文徳（金城松）、上地完文、又吉眞光等がいる。

彼らはいわゆる唐手（トウディ）と言われた人たちで、首里手、那覇手を主流とする沖縄手と区分された。

商人の護身術とハンチディー武士

その他に、明治に入ると琉球処分により脱清人や徴兵忌避者、唐一倍商人などが絡み合いながら数多くの琉球人が、福州へ渡り護身術として唐手を身につけて帰国する者もいた。その中には本場の武術を習って故郷に錦を飾ろうと帰国する者もいたが、ただ短期間の滞在で技を修得できるはずがなく、要領よく月謝をはずんで一通りの型を習ってきて、格好ばかりで中味のともなわない者が少なくない。こうした生かじりの人を「ハンチディー武士」と陰口した。

呉賢貴

大正元年に白鶴拳の達人、呉賢貴（一八八六〜一九四〇）が来流し、那覇で「永光茶行」を経営しながら、宮城長順、摩文仁賢和、又吉眞光ら多くの武術家と交流し、中国へ渡ることを進めるなど中国武術界との橋渡しの役割を果たしている。

中国拳法の広がり

空手の広がりを網羅すると、一七五六年（尚穆王代）冊封使公相君が弟子数人を連れて中国拳法をはじめて伝える。「新奇の組合術」と称した。（戸部良熙著「大島筆記」）

一七七八年（尚穆王代）には「からむとう（唐舞闘）」と称し、士族子弟の間に広まる。（「阿嘉親雲上直識の遺言書」）

一八〇一年（尚温王代）に薩摩に旅をした熊本藩士の「薩遊紀行」見聞録によれば、琉球の薩摩那覇奉行所に勤務した水原熊次郎から琉球事情を聞いた話として「琉球においては剣術、ヤワラの稽古は手ぬるいものである。ただ突手に優れ、その仕方は拳でもって何でも突き破り、あるいは突き殺す。名付けて「手ツクミ」という。その技をなす者を薩摩那覇奉行所に招いて、瓦七枚を重ねて突かせたら六枚まで突き砕いたと言う。人の顔を突けば切れたようにそぎ落とし、上手になると指を伸ばして突くなり」とある。

この「薩遊紀行」は拳聖松村宗昆が誕生する以前の話である。私は空手を検証する上で松村宗昆の以前の空手はどのようなものであったかを知ることで、空手の歴史の筋道を立てることが出来ると思っている。と言うのは、空手家として確証ある事物がハッキリして来るのは松村宗昆からである。この「薩遊紀行」には宗昆が生まれる以前に、すでに瓦割りが行われていることや手刀が見られることは、空手は一般化し、士族の子弟関係なく、力自慢の若者の間で流行していたと考えられる。

一八四五年（尚育王代）になると仲井間憲里が中国拳法直伝「サンチン・セーサン」「ニセーシー」「サンセールー」「セーユンチン」「オーハン」「パーチュー」「アーナン」「パイクー」「ヘイクー」「パイホー」の型を伝える。後に劉衛流と称する。しかし、一子相伝のために、劉衛流が世に出るのは近年のことであるから、当時の武術家にどこまで影響を与えたかは定かではない。

一八五〇年（尚泰王代）頃には、琉球から奄美大島へ「空手」が伝わり、拳法術「ツクネス」と称した。

（名越左源太著「南島雑話」）

一八六六年（尚泰王代）には、ワイシンザン、アソン、イワーらが琉球へやって来て、昭林流、昭霊流を伝える。また泉州南安人によって泊に、「チントー」「チンテー」「ヂーン」「ヂッテ」の型が伝わり、この頃から首里手、那覇手、泊手が確立されてきて形があらわれてくる。

一八六七年（慶応三年）尚泰の冊封使一行が帰国した翌年に崎山の御茶屋御殿において三六九（学芸会）が開催される。真栄里親雲上が「籐牌」、真栄里親雲上と新垣通事が「鉄尺並びに棒」、新垣通事が「十三歩（セーサン）」、眞栄田筑登之と新垣通事親雲上が「棒並びに唐手」及び「交手（組手）」、新垣通事親雲上が「ちしゃうきん（シソーチン）」、富村筑登之親雲上と新垣通事親雲上が「籐牌と棒」、眞栄田筑登之が「鉄尺」、池宮城秀才が「車棒」、富村筑登之親雲上が「壱百〇八歩（スーパーリンペー）」を演武。演武者と型名が初めて公の場に登場する。

（島袋全発遺稿刊行会編「島袋全発著作集」）

明治に入ると武の検察官であった安里安恒が、首里を回り文武の道を奨励した。その頃は非常に武道が盛んで、青年子弟ばかりではなく、時の大家先生までも出て唐手を実演した。

（屋部憲通手記「糸洲武勇伝」）

一八七七年（明治十年）東恩納寛量が中国拳法直伝「サンチン」「ペッチュウリン」「セーサン」の型を伝える。寛量は門戸を開き、教えを乞う人には「技」や「術理」を伝授した。上地完文の中国拳法直伝「サンチン」「セーサン」「サンセーリュウ」が沖縄の地で世に知られるのは戦後のことである。

第五章　近代空手の黎明

1　黎明期の空手家たち

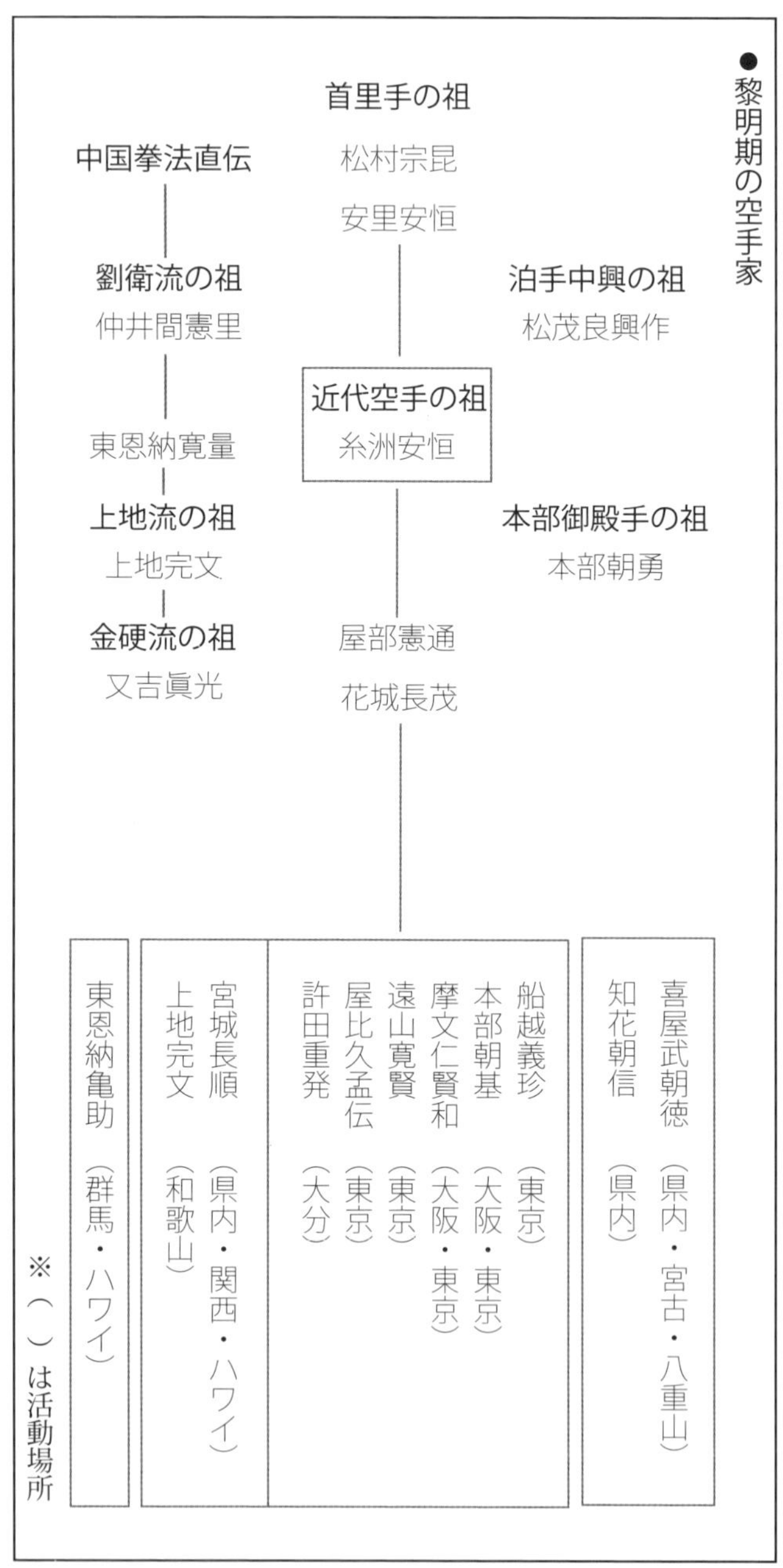

一八七九年（明治十二年）琉球処分。明治新政府の圧力に屈して四五〇年に及ぶ「琉球王国」は滅亡し、国内には日本への従属を拒む「親清派・頑固党」と日本への従属は時代の流れだとする「親日派・開化党」の二大潮流が生まれ、路線対立が起こった。

頑固党が圧倒的多数を占める中、脱清人、琉球救国運動、公同会運動（琉球復藩運動）、志願兵、徴兵忌避、唐一倍商人などと様々な行動を見せる。

親清派・頑固党のメンバーには、湖城一族の湖城以正・以恭や知花公相君の知花朝章、義村一族の義村朝明、朝真、朝義親子そして東恩納寛量やマチャー文徳・金城松がいた。彼らは福州へ往来し、福州の琉球館を拠点に各地で琉球救国運動をくりひろげて行った。

一方、親日派・開化党のメンバーには、徴兵令が布かれる前に沖縄からはじめて陸軍教導団に志願入団した一〇人の青年たちがいた。屋部憲通、花城長茂、久手堅憲由らである。彼らの行動は、ごう然たる世間の非難を受けての志願兵であった。

リーダーである屋部憲通の言い分は、「兵役、教育、納税」という国民の三大義務を果たすことにより、差別的な蔑視を払拭するための行動であったというのである。

そして一八九八年（明治三十一年）、沖縄に徴兵令が布かれると徴兵忌避者が大量に生まれるようになり、再び清国へ密航する若者たちがいた。それらの中には、その年にちょうど二〇歳になる上地完文や松田徳三郎等がいる。彼らは福州の琉球館を拠点とし始めた。

首里手の祖　松村宗昆（まつむらそうこん）（一八〇四〜一八九二）

首里山川生れ、武成達松村筑登之親雲上宗昆、号は武長。
尚灝王、尚育王、尚泰王の三代に渡る御附武官。
師は屋比久、イワー。得意技は五十四歩、示現流免許皆伝。

足跡（満年齢、生没年は数説ある。口伝によるものは？とした）

一八〇四年（文化元年）
・生まれ。

一八二一年（文政4年）17歳
・尚灝王即位。
・女武士与那嶺ツルと対決？

一八二二年（文政5年）18歳
・9月に与那嶺ツルと結婚？

一八二四年（文政7年）20歳
・科挙に合格？
・尚灝王の御附武官カミジャー。
・牛と戦う？

一八二八年（文政11年）24歳
・尚育王即位　御附武官。

一八二九年（文政12年）25歳
・薩摩へ渡る。
・天真正自源流の印可免許を得る。

一八三七年（天保8年）33歳
・唐手佐久川・佐久川寛賀の遺骨を北京より持ち帰る？

一八三八年（天保9年）34歳
・尚育王の冊封使来流。

一八四六年（弘化3年）42歳
・糸洲安恒（15歳）と安里安恒（18歳）が松村家で早朝稽古に励む。

一八五六年（安政3年）52歳
・進貢使として中国へ渡る？

一八六六年（慶応2年）62歳
・尚泰王の冊封使ワイシンザン、イワー、アソン来流？　その時にイワーから唐手を習う。

一八六七年（慶応3年）63歳
・崎山の御茶屋御殿三六九会（学芸会）において新垣世璋が十三歩、ちしゃうきん、富村筑登之親雲上が壱百零八歩を演武。

一八七三年（明治6年）69歳
・桑江良正（17歳）が師事。

一八七五年（明治8年）71歳
・桑江良正（19歳）へ「武術稽古の儀」遺訓を残す。

一八七七年（明治10年）73歳
・会葬礼状を出す。

一八七九年（明治12年）75歳
・琉球処分。

一八八〇年（明治13年）77歳
・「人常敬恭則心常光明也　七十六庚　宗昆筆」書を表す。

一八八三年（明治16年）79歳
・義村朝義入門（17歳）。「五十四歩」、「クウサンクウ」を学ぶ。
・この頃、南苑（識名園）の御番となる。

一八八四年（明治17年）80歳
・喜屋武朝徳（満15歳）が2年間師事し、「五十四歩」学ぶ。

一八九二年（明治25年）88歳
・逝去。

(1) 弟子が語る師松村宗昆

空手の歴史は口伝、伝説などで語られ、推測の多い中で、空手の事蹟がハッキリして来るのは松村宗昆からである。

安里安恒談

尚灝王が古謝按司に「私のカミジヤー（松村の童名）と試合をしたらどちらが勝つか」の問いに、古謝按司曰く「大儀のある者が勝ちます」との逸話があることから、松村は尚灝王の御附武官であった。支那に行き、あるいは本県にて直接支那人より伝授を受けた人は多数いるが、イワーの弟子には、首里の松村親雲上（宗昆）、久米の前里湖城小がいる。（「沖縄の武技―唐手に就いて」）

屋部憲通談

「師松村は、生まれながらの武道者で、もっぱら実戦の経験から積み上げてきた天才であった。しかし松村翁如きも、壮年時代までは専ら実戦経験ばかりして、古流の唐手に通じていなかったため、後に松村翁よりもはるかに先輩で、古流の達人「屋比久の主」を訪ねて、ようやく教えを乞うほどであった。松村翁の得意技は五十四歩。これは支那人直伝の手で最も得意とした。（屋部憲通手記「拳法大家逝く」）

喜屋武朝徳談

私が十六歳（満一五歳）の春、父親と共に識名園に行き、沖縄空手中興の師松村宗昆先生から、ご指導を受けることが出来ました。先生は当時八〇歳と覚えていますが、教わった空手の型は五十四歩でありました。八〇歳の高齢にかかわらず、毎朝巻藁を突かれ矍鑠（かくしゃく）として若者をしのぐ御容体、眼光人を射し、腕骨の堅き事、鉄石の如き感がありました。先生は口癖のように「武は平和の道である。平和は武によって保たれる」と言われました。

私は二年間、松村宗昆先生のご指導を受け、次第に武に対して興味が湧いてきました。私が上京した五年後に先生は八八歳の高齢をもって永眠されました。忠孝両全とは全く先生に当てはまる言葉だと思います。先生より直接指導を受けた人は現在、書家及び画家である義村朝義翁と私と二人しか残っていないと思います。

（「空手の思い出」）

義村朝義談

私は、一七、八歳の時に、武士松村に就いて本腰を入れて武芸を学んだ。当時、松村翁はすでに古希を越え、南苑（識名園）の御番を勤められて、月に五、六回、兄の朝眞と玉城の三名で通い「五十四歩」が主で「クウサンクウ」を併せて学んだ。また、木刀で剣道の型を学んだ。翁の剣道の師は、伊集院と言う鹿児島の剣客で、示現流の名手だった。そして空手の外に棍、すなわち六尺棒と木刀すなわち尺棒を習った。また、どういう根拠があって、そう言い出したか知らないが、世間の人は、松村は「沖縄手」と言い、東恩納は「唐手」と言っていた。それから松村は「生まれ武士」、石嶺は「型」と言いはやされていた。松村翁は豪力で敏捷で典型的武士気質であった。それでよく「武士は神速を尊ぶ」と訓えていた。また彼が尚灝王の御側仕をやっていた二〇歳の頃、王命により猛牛と立ち合い一撃のもとに倒したと言うことであるが真偽のほどは保証のかぎりではない。彼は武人にして書を嗜み、書を能くした。

（義村朝義仁斎「自伝武道記」）

(2) 宗昆の遺訓

宗昆は数点の直筆の書を残している。ところが宗昆の書には、意図的に変えたのか、間違って書いたのかわからないが不可思議な個所が二、三ある。

その一つに、晩年の弟子桑江良正（一八五六～一九二六）へ授けた「武術稽古の儀」の巻物がある（口絵参照）。縦三〇センチ、横二メートル三〇センチにおよぶ長いものであるので、問題の箇所だけ指摘すると。

武の七徳

文道の学には「詞章の学」「訓詁の学」「儒者の学」がある。また武道には「学士の武芸」「名目の武芸」「武道の武芸」がある。そして「武の七徳」と言って「暴を禁じ」「兵を治め」「人を保ち」「功を定め」「民を安んじ」「衆を和し」「財を豊かにする」ものなり。松村武長　五月十三日　桑江賢弟」とある。

ところが、出典の「春秋左氏伝」によれば武の七徳の「人を保ち」のところは「大を保ち」となっている。意味は「そもそも武というものは、暴力を禁圧し、戦争をしない、政権（天下）を保ち、功績を成し遂げ、人々を安心させ、みんな仲良くして、生活を豊かにする」ことで、周の武王が殷に勝った時の言葉だと言われている。この「武の七徳」を「天下布武」の旗印に掲げたのが戦国武将の織田信長である。

つまり宗昆は、弟子の桑江良正に、天下を治めることは畏れ多いことから「大を保ち」を「人を保ち」へ意図的に変え、「人を治める」にしたと思われる。

人常敬恭則心常光明也

二つ目の書は「人常敬恭則心常光明也　七十六更　宗昆筆」である。出典の欽定四庫全書「朱子語類巻第十二」によれば「人常恭敬、則心常光明。道夫。」とあり「敬恭」は「恭敬」となっている。

宗昆は、なぜ「「恭敬」を「敬恭」に置き換えたのであろうか？　意味は同じく「つつしみ敬う」事で、「人は常に心を静かにつつしみ整えておけば、常に晴れやかで争い事もない」となる。またこの書には「七十六更　宗昆筆」とあるので、宗昆七六歳の書になる。更は十干の「かのえ」の事で逆算すると、生まれは一八〇四年になる。

また宗昆の名を棍や混をあてた空手書をよく見受けるが、この書には宗昆筆と明記している。ちなみに当時の人名を調べると佐久川家系譜に佐久川親雲上宗昆、板良敷朝忠の父は外間朝昆、尚泰王の謝恩使大宜見親雲上朝昆、歌人の渡嘉敷通昆、仲尾次政昆が見え、すべて昆の字をあてている。それからすれば松村の名は宗昆が正しいことは明白である。

会葬礼状？

三つ目の書は、御葬送とあるから会葬の御礼状であろうか、書状内容はともかく、書状には「山川村嫡子松村筑登之雲上丑七月」とある。宗昆は首里山川出身、嫡子（長男）で、位階は筑登之親雲上であることから下級士族である。

(3) 示現流と宗昆

天真自源流上野景範の手記「琉球のサムライ」によれば、宗昆は薩摩藩琉球在番の渋沢三左衛門貫通を訪ね、その信認を得て徹底的に「立木打」をはじめとする東郷示現流刀法を修行した。再び薩摩へ派遣された時には、古自源流の伊集院矢七郎の道場で修行した後、島津藩陰流の天真正自源流兵法宗家、溝口源信斎の下で修業。後に宗家直門の印可免許を一八二九年に得るとあり、宗昆二五歳の時である。

長嶺将真著「史実と口伝による沖縄の空手・角力名人伝」によれば、松村家には薩摩の剣豪伊集院矢七郎師に授けられた示現流奥義書の巻物一巻と色紙一葉が残っているとあるが、示現流と自源流とは流儀は異なり、示現流は一刀一撃の剣であり、自源流の特徴は流れるような円運動で瞬時にして、相手を両断して納刀する居合術である。

宗昆の抜刀術を裏付ける記録に、支那拳法の八卦掌の門派に伝える「系譜雑記」によれば「かつて北京にやってきた琉球人の中にチゲンルという日本剣術を使うソーコンという者がおり、誰一人として及ぶ者はいなかった。日本剣術は静止して動かず、電光石火のごとく一寸にして勝負を決する恐ろしい刀法である」との記述が見える。

※チンゲルは自源流、ソーコンは宗昆の事であろう。また宗昆が確かに北京まで渡ったことも明らかになる。

(4) 宗昆の弟子たち

宗昆は明治期の空手家たちに多大な影響を与えている。宗昆の流儀に最も近いとされる安里安恒はじめ、糸洲安恒、本部朝勇、屋部憲通、本部朝基、喜屋武朝徳、義村朝義等に主に「五十四歩」「クーサンクー」「ナイファンチ」を伝授している。

(5) 宗昆の逸話

①女武士ツルとの対決?

一八二一年に宗昆(一七歳)は、与那原村の運玉森近くの亀甲墓広場で、女武士与那嶺ツルと二度対戦して初戦は負け、二度目の対戦で勝ち、一八二二年の九月、松村宗昆が一八歳の時に嫁にした。

与那嶺ツルについては、船越義珍によれば「人もうらやむ絶世の美人」となっている。美人が故に、常に男たちに狙われるため、護身のために空手を習い始めたと言うのである。偉丈夫な女性に成長し、外へ出て婿選びの試合をするが相手になる者はいない。そこへ現れたのが松村宗昆である。私は松村先生の嫡孫の亀ヤッチー(兄の意)にあい、お婆さんの武勇伝を聞いたことがある。亀ヤッチーは「醸造業をやっていたので、お婆さんはこの五斗俵を左手でヒョイと吊り上げて、その下に箒を入れて掃くのを見ることがあった」と言われた。この一言でお婆さんが如何に武術の達人であったかと言う事がわかるであろう。

(月刊「文化沖縄」四月号「空手物語」)

②猛牛と立ち合い

宗昆が尚灝王の御側仕をやっていた頃という言うから二〇歳前後であろう。王命により猛牛と立ち合い、一拳の下に突き据えた事であるが、真偽のほどは保証の限りではない。

（義村仁斎〈朝義〉義村武道記）

③韓信の股くぐり？

ある晩、遊廓辻街の夜を宗昆が二人の弟子を連れて夜道を歩いていると、数名の男達に絡まれて、宗昆が酔漢の股をくぐろうとする師のぶざまな姿を見た弟子たちが、その真意を理解出来ずに怒って師のもとを去る話である。

（佐久田繁著「空手名人列伝」）

語録　「武士は神速を尊ぶ」

「武は平和の道である。平和は武によって保たれる」

※生没年は多説あるが、直弟子の安里、糸洲、屋部、義村、喜屋武の入門時期や稽古年、遺訓にある年齢から足跡年譜を埋めていくと、生まれは一八〇四年、没年は一八九二年の八八歳がほぼ合致する。没年を八八歳としたのは喜屋武朝徳の「空手の思い出」による。

参考文献

欽定四庫全書「朱子語類巻第十二」

春秋左氏伝「伝習録」
義村仁斎「自伝武道記」
天真自源流上野景範の手記「琉球のサムライ」
安里安恒手記「沖縄の武技—唐手に就いて」　琉球新報　大正三年一月十七～十九日
屋部憲通手記「拳法大家逝く」　琉球新報　大正四年三月十三日
喜屋武朝徳手記「空手の思い出」　沖縄新報　昭和十七年五月七日
長嶺将真著「史実と口伝による沖縄空手・角力名人伝」　新人物往来社
佐久田繁著「空手名人列伝」　月刊沖縄社

泊手中興の祖　松茂良興作（まつもらこうさく）（一八二九～一八九八）

那覇泊生まれ、松茂良興典の長男、唐名は雍唯寛。
師は宇久嘉隆、照屋規箴。

足跡（満年齢）

一八二九年（文政12年）　・3月18日生まれ。
一八三八年（天保9年）9歳　・尚育王の冊封使来流。

一八四四年（弘化元年）15歳　・宇久嘉隆（44歳）と照屋規箴（40歳）に師事？
一八五〇年（嘉永3年）21歳　・師、宇久嘉隆死去（50歳）
一八五二年（嘉永5年）23歳　・泊前道の路上で薩摩武士と対決？
　　　　　　　　　　　　　　・名護の阿楚原に身を隠す？
一八五九年（安政6年）30歳　・名護阿楚原から泊に帰る？
　　　　　　　　　　　　　　・北谷屋良から示現流の杖術を伝授される？
一八六三年（文久3年）34歳　・泊学校広場で棒の達人渡口青年と掛け試しを行う？

一八六四年（文久4年）35歳　・師、照屋規箴死去（60歳）

一八六六年（慶応2年）37歳　・尚泰王の冊封使ワイシンザン、イワー、アソン来流？

一八六七年（慶応3年）38歳　・久米三六九（学芸会）において新垣世璋等がちしゃうきん、スーパーリンペー、十三歩を演武。

一八七二年（明治5年）43歳　・頑固党の中心的指導者となる？

一八七九年（明治12年）50歳　・琉球処分。

一八八九年（明治22年）60歳　・本部朝勇（32歳）、朝基（19歳）、屋部憲通（23歳）等が教えを乞う。

一八九四年（明治27年）65歳　・日清戦争始まる。

一八九六年（明治29年）67歳　・喜屋武朝徳（26歳）が師事。

一八九八年（明治31年）69歳　・11月7日死去。

芝居劇「武士松茂良」

泊手中興の祖とされる松茂良興作は逸話が数多く、松茂良をモデルにした沖縄芝居や連鎖劇「武士松茂良」が何度か上演されている。その芝居のあらすじは、海岸の洞窟に住む謎の老人から数か月の厳しい指導を受けて免許皆伝となった松茂良は、多くの弟子に武術を教え、またハーリー（爬竜船競争）の舵取りとして活躍する。そして乱暴者の平安山次良と対決するという内容である。

(1)　弟子が語る松茂良興作

本部朝基談

泊の松茂良は、月夜に潟原に出て、足腰の立たなくなるまで稽古し、夜の明ける頃に家に帰るや、家へ上がることが出来ぬぐらい猛烈に修練したもので、修行は型も組手も同時にやったものだ。

私は首里の松村宗昆、糸洲安恒、佐久間や時々泊の松茂良（興作）、国頭親雲上、久茂地の山原国吉（真吉）などから稽古したが、私が心から気持ちがあったのは松茂良と佐久間であった。松茂良は私より一寸くらい高く、五尺四寸くらいで体重も一二〇斤くらいあって、まったく甕のようであった。糸洲安恒の手とはまったく異なっていた。力のあることで本当の武士であった。

また私が二〇歳の頃、兄の朝勇、屋部憲通、亀谷らと松茂良先生に教えを乞うた時に、先生から「受け手について」質問された。三人は分からなかったので、自分はできると兄朝勇と一〇円を賭けることになり、松茂良先生の型を受けた手で、同時にパッと攻撃に変じて軽く受けたところ、松茂良先生はびっくりして「この手は誰にも教えなかったが、どうしてわかったか、君の先生は誰か」と言われたので、私は「糸洲です」と答えた。そこで糸洲先生を松茂良先生のところへ案内することになり「これは将来見込みがあるから一緒に仕込んでやろう」と話をされ、その後、私はいろいろ教えを受けた。糸洲先生は「松茂良ほどの武士が真実の武士だ」と口癖のように褒められていた。

（「武士・本部朝基翁に実戦談聴く」）

屋部憲通談

泊は当時、非常に武道が盛んなところで、有名なる松茂良興作は首里の松村と相匹敵するぐらいの大家である。

（「糸州武勇伝・照霊流名人」）

喜屋武朝徳談

二六歳の時に東京生活から帰京し、泊の松茂良興作先生や親泊親雲上（興寛）先生などに師事しました。当時の先生方は互いに敬愛し合って自分の特技の手以外は弟子に教えませんでした。松茂良先生からチントウの型を伝授されました。

（喜屋武朝徳手記「空手の思い出」）

(2) なぜ泊村に泊手が生まれたか

安里安恒「沖縄の武技—唐手について」によれば、泊村に比較的武術家が多いのは、王府時代には首里への御奉公が許されていたが、泊から首里までは遠く、帰りの遅い夕暮れときには物騒なので、護身のために首里王府の承認を得て、公然武術の稽古を許されたのが起因するのであろう。と述べているが、泊誌によれば泊はどの家でも巻き藁が庭にあって、大抵の青年は空手の練習をした。空手が盛んになったのは那覇ハーリー競漕が起因されるのではないかとある。那覇ハーリーは、泊、久米、那覇の三隻で競漕するが、明治のハーリー競漕は対抗意識が尋常ではなく、死傷者が出るほどであった。久米や那覇の漕ぎ手は、すべて近隣の漁師を雇い対抗したが、地元から選抜された屈強な若者の泊には常に勝てず、時には、ウェーク（櫂）や旗竿は武器にとって代わり大乱闘なるのが常であったと言う。そのことから日頃から若者を鍛えておく環境にあったのである。

泊の三傑

松茂良興作、親泊興寛、山田義恵が泊の三傑と言われている。松茂良は突き、親泊は足技、山田は身体を固めるのを得意とした。

興作の弟子たち

本部朝勇、朝基兄弟、屋部憲通、喜屋武朝徳、伊波康達、山田義輝、久場興保がいる。伊波康達から仲宗根正侑へ伝達され今日の泊手の流れとなる。

逸話

松茂良興作は、生い立ちや修行時代、師匠、流儀、どの型を修得したのかなど確証なる事績が少なく、である。

武歴の筋道が立てにくい。師とする宇久嘉隆、照屋規箴にしても武歴は確証なるものはなく口伝の域は出ない。ただ確かなことは本部朝基や喜屋武朝徳、屋部憲通が断片的に武術の高さを述べているのみである。

①フルヘーリン洞窟の謎の老人

松茂良がいつものように「フルヘーリン」洞窟の近くの墓地で稽古していると、その洞窟に住みついていた隠者が尋常な人ではないことを知った松茂良は、武術の教えを乞うたところ、その老人から「武心術也。心磨以心。然而義重泰山。是武真髄也」の書を渡された話である。

泊誌には「ふるふぇーりん（古拝殿）」は、聖現寺の西方に洞窟があり、多分聖現寺境内に移る前の最初のお宮であっただろうと言われている。

②薩摩役人との対決

ある日、泊高橋のところで、怒鳴りながら白刃をふりかざしている薩摩役人と出くわした松茂良が石をくくった濡れ手拭いで、相手の振り下ろした刀を巻き上げて、海に投げ込んだ。その時、松茂良の右手小指は切り落とされ、興作は薩摩役人の追跡を逃れて名護の阿楚原に身を隠した話である。

③杖術の伝授

牧原の馬場管理人「北谷屋良」から示現流の杖術を伝授された。

④棒の達人との立ち合い

松茂良が三四歳の時に、杖を以て棒の達人兼久の渡口某との立ち合いをして勝敗を決した話である。

⑤親清派・頑固党の指導者となる

親清派・頑固党と親日派・開化党の対立が激化している時に、松茂良は親清派・頑固党の指導者となり、決死隊を組織し、この琉球を守らなければならないと決意して、泊の青年たちを集めて武術鍛錬し、泊村全体の団結を固くした話である。

⑥騒乱を鎮める

松茂良が那覇、久米、泊の三隻で行われるハーリー（爬竜船競争）の舵取りで統率力を発揮して、毎年、死傷者の出るほどの騒乱を鎮めた話である。

⑦鍛え抜かれた体

若き日の本部朝勇と屋部憲通が武士松茂良の力を知るために訪ねた時に「私が縁側の敷居に両足を当てて座るから、二人して私の体を持ち上げてみよ」と言われ、二人は腕を抱えて待ちあげようとしたが微動だにしなかったと言う。

参考文献

「泊誌」　とまり會編

安里安恒手記「沖縄の武技―唐手に就いて」　琉球新報　大正三年一月十七日

「武士・本部朝基翁に聴く」　琉球新報　昭和十一年十一月九、十、十一日
喜屋武朝徳手記「空手の思い出」　沖縄新報　昭和十七年五月十七日
長嶺将真著「史実と口伝による沖縄の空手・角力名人伝」　新人物往来社
新垣清著「沖縄空手道の歴史」　原書房
松茂良興勝著「泊松茂良興作略伝」　昭和四十五年八月二十六日発行

中国拳法直伝の四大武術家

幕末から明治にかけて中国に渡り中国拳法を長年、修業した若者四人がいた。仲井間憲里、東恩納寛量、上地完文、又吉眞光である。

劉衛流の祖　仲井間憲里（なかいまのりさと）（一八一九〜一八九五）

那覇久米村生まれ、仲井間筑登之親雲上憲里。

師は劉龍公。

足跡（満年齢）

一八一九年（文政2年）　・12月11日生まれ。

一八二二年（文政10年）　5歳　・盟友崎山騎喜徳生まれる。

一八三八年（天保9年）　19歳　・尚育王の冊封使来流。

一八三九年（天保10年）　20歳　・湧田の崎山喜徳（18歳）と福州に留学。
　　　　　　　　　　　　　　　・冊封使護衛武官某の紹介で劉龍公に入門し、内弟子となる。
一八四四年（弘化元年）　25歳　・劉龍公より武備志、評論志、養生法、刻付、拳勇心法などの伝書を伝授される。

一八四五年（弘化2年）　26歳　・帰国。

一八五六年（安政3年）　37歳　・8月10日、三代仲井間憲忠生まれる。

一八六六年（慶応2年）　47歳　・尚泰王の冊封使ワイシンザン、イワー、アソン来流？

一八六七年（慶応3年）　48歳　・久米三六九（学芸会）において新垣世璋等がちしゃうきん、スーパーリンペー、十三歩を演武。

一八七九年（明治12年）　60歳　・琉球処分。

一八九四年（明治27年）　75歳　・日清戦争始まる。

一八九五年（明治28年）　76歳　・3月14日死去。

三代仲井間憲忠（一八五六～一九五三）

一九〇四年（明治37年）　48歳　・崎山喜徳死去（83歳）

・劉龍公来流？

一九一一年（明治44年）55歳　・12月23日憲孝生まれる。

一九三四年（昭和9年）78歳　・憲孝の長男憲児生まれる。

一九四八年（昭和23年）92歳　・四代憲孝（37歳）劉衛流免許皆伝許可される。

一九五三年（昭和28年）97歳　・死去。

一九七〇年（昭和45年）　・四代憲孝は59歳にして門戸を開き、劉衛流を名乗る。

一九八八年（昭和63年）　・四代仲井間憲孝死去（78歳）

由来

仲井間筑登之親雲上憲里は一九歳で福州へ留学した時に、かつての冊封使武官某の紹介で劉龍公に入門した。二五歳で武備志、評論志、養生法、刻付、拳勇心法などの伝書を授けられ法伝の印可を許される。帰国の前年は、武者修業を兼ねて福建、広東、北京方面まで旅し、帰国の際に各種の古武器を持ち帰る。

（仲井間憲孝談）

仲井間家は劉龍公を尊崇して道統の始祖、初代と崇め、二代憲里、三代憲忠、四代憲孝と代々伝わり門外不出、血統三代一子相伝。道統を守り今日に至っている。始祖・劉龍公の「劉」と二代目憲里の唐名、衛克達の「衛」をとって「劉衛流」と命名し、世に門戸を開いたのは四代目憲孝である。

※留学生とは

琉球王府は中国のすぐれた制度や学芸を学ばせるために多くの留学生を派遣している。留学生には国費による官生と私費による勤学があった。官生国費留学生は、中国の最高学府国子監で三年間学ぶことが出来た。一方の勤学私費留学生は、福州の柔遠駅（琉球館）に三年間滞在して師を求めて学ぶことであった。憲里は、中国滞在中に現在の一億円近く費やしたと言うから、勤学私費留学生として中国へ渡ったに違いない。

師、始祖劉龍公（ルールーコー）

当時の武官候補生養成所の主席師範及び武官科挙場主査。崎山喜徳が危篤の際に来流し「脈あれば生かす」と見舞ったが、すでに遅く望みは叶わなかったと言う。

（憲忠談）

二代仲井間憲里（一八一九年一二月一一日～一八九五年三月一四日）

憲里は一八〇センチ余りの男で、綾門綱引きの六〇kgもある幟旗を軽々と振りかざし、また雌綱と雄綱を継ぐときにカニチ棒（貫棒）を一人で貫いた強力の武人であったと言うが、中国での修行時代や帰国してからの武歴については定かではない。憲里が残した家訓には「武力は心の支え、身を守り、みだりに発動すべきものでもなく、軽々しく人に伝授してよいものでもない。門外不出、一子相伝にせよ」のみである。

三代仲井間憲忠

体格は一六〇センチに満たなかったが、気性が激しく津嘉山の鎌の名手（チカザン・イラナー小）から挑戦を受けて、棒に鉄板を巻いて勝負に挑んだ武勇伝を残している。

憲忠が言うには、

・サンチンとセーサンは歌の上の句と下の句のようなもの。

・サンチンは筋骨を締めこむのに不可欠である。

・セーサンは実戦的に体をこなす役割を果たす。

・サンセールー（三十六）は様々な技が含んでいるからこの技をないがしろにしては、いくら手数を覚えても実戦には役に立たない。

・セーユンチンはムチミの味を覚えさせてくれる。

・安南はチンクチのかからぬ稽古をしている者には教えてはならない（貫手、甲受け、甲打ち、蹴りなど）。

四代仲井間憲孝（一九一一年一二月二三日〜一九八八年九月二一日）

高校教師・高校校長。幼少のころより父憲忠から劉衛流を仕込まれ、三七歳にして免許皆伝を許される。沖縄県師範学校在学中は富川盛武、石原弘に剣道を学び教士七段。一九七〇年（昭和四十五年）に、門戸を開き劉衛流を名乗る。

憲孝が言うには、

・パーチュー、オーハンは「相打ちの先」をどのように取るかが主眼である。

・「空手に先手なし」は武道家の精神を問う言葉である。いざ立ち合いになったら、どうすれば先手を取るかを忘れると、そこで勝負は決まってしまう。

・パイクーとヘイクーはいわゆる虎拳であり、指の鍛錬が行き届いていない者には無理な技である。

・安南2は、寸膝（近間の鋭角な蹴り）なる難し技で実戦的である。安南1は、華やかな見栄えのある技である。

相伝について

白鶴（パイホー）は、形而上の内面性が出せないと味もそっけもない技で、武道の型もこの域まで達すれば芸術的ですらある。

劉衛流の内容

・拳法（無手の法）

・兵法（兵器の法……中国古武道）

・拳勇心法、その他（忍法的な動作）

・養生法

中国拳法直伝の流儀

段の物（今日の形）

拳法の種類

①サンチン・セーサン　②ニセーシー　③サンセールー　④セーユンチン　⑤オーハン

⑥パーチュー　⑦アーナン　⑧パイクー　⑨ヘイクー　⑩パイホー

兵法の部（武器）

①サイ　②カマ（鎌）　③ティンベー　④コン（棍）　⑤ヤリ（槍）　⑥タンコン

⑦スルチン　⑧ヌンチャク　⑨グサン（杖）　⑩レンクワン　⑪ゲキグワン

⑫ビセントウ　⑬タオファー　⑭ダジョー

むすび

一八四五年にサンチン、セーサン、ニセーシー、サンセールーの型は、仲井間憲里によってすでに沖縄に流入している。このことは、一八六七年（慶応三年）、久米三六九（学芸会）において新垣世璋等がちしゃうきん、スーパーリンペー、十三歩を演武する二二年前の事であり、また東恩納寛量（一八五三年生）が生まれる前にすでに沖縄に存在していることになる。

参考文献

二〇〇二年月刊「空手道」一月号別冊空手道大全

二〇〇三年月刊「空手道」七月号

上地完英監修「精鋭沖縄空手道―その歴史と技法」

劉衛流空手道・古武道保存会

東恩納寛量（一八五三〜一九一五）

那覇西村生まれ。父寛用、母真蒲戸の七男一女の四男、唐名慎宣政、童名思亀、長男寛扶、二男寛昌、三男寛政、四男寛量、五男寛修、六男寛栄、七男寛長。山原船で薪商営む。

※東恩納家譜の新参七世寛量、童名思亀、唐名は慎宣政とある。

足跡（満年齢）

一八五三年（嘉永6年）　・3月10日生まれ。

一八六六年（慶応2年）13歳　・尚泰王の冊封使ワイシンザン、アソン、イワー来流？　その時、ワイシンザンより唐手を習う？

一八六七年（慶応3年）14歳　・師とされる新垣世璋が久米村三六九学芸会において唐手演武。
・久米の大綱曳の時、東の東恩納と言われた東恩納寛裕（17歳）と新垣世璋（27歳）は若狭町の綱曳において旗頭として勇名を轟かす。
一八七三年（明治6年）20歳　・新垣世璋（33歳）に師事？

一八七五年（明治8年）22歳　・家業の山原船薪運搬業を弟寛修（五男）、寛栄（六男）と共に手伝う。

一八七七年（明治10年）24歳　・山原船により三人で福州へ渡る？
・漂流難民船で福州から帰国。
一八七九年（明治12年）26歳　・琉球処分。

・湖城以正渡清（琉球救国運動）

一八八二年（明治15年）29歳
・5月15日、長男寛仁が生まれる。

一八八八年（明治21年）35歳
・義村朝義（22歳）、サンチン、ペッチュウリンを寛量から習う。

一八八九年（明治22年）36歳
・伊平屋島の女との間に松助が8月10日に生まれる。
・沖縄で初めての道場設立？

一八九〇年（明治23年）37歳
・湖城大禎（53歳）とサンチン論争？

一八九二年（明治25年）39歳
・マチャー文徳（金城松25歳）、赤嶺ウメーと福州へ渡る。
・琉球救国運動の知花朝章が渡清。

一八九三年（明治26年）40歳
・帰国？

一八九四年（明治27年）41歳
・日清戦争始まる。

一八九六年（明治29年）43歳
・11月に頑固党の・義村一族と福州へ渡る。

一八九七年（明治30年）44歳
・辻において佐久間カンターの掛け試しに逢う？

一八九八年（明治31年）45歳
・沖縄に徴兵令。その時、上地完文が徴兵忌避して渡清。
・頑固党の首領義村朝明が福建省で客死。

一九〇一年（明治34年）48歳
・照屋亀助（14歳）入門？

一九〇二年（明治35年）49歳
・許田重発（14歳）、宮城長順（14歳）入門。

一九〇四年（明治37年）51歳　・日露戦争始まる。

一九〇五年（明治38年）52歳　・師範学校、一中に唐手が採用される。

一九〇六年（明治39年）53歳　・水産、商業高等学校において嘱託唐手教師となる。
　　　　　　　　　　　　　　・頑固党の長男義村朝眞（44歳）が福州で客死。
一九〇九年（明治42年）56歳　・摩文仁賢和（20歳）入門。

一九一一年（明治44年）58歳　・徳田安貞師範学校生徒等が寛量宅に通ってサンチンを習う。
　　　　　　　　　　　　　　・比嘉世幸（13歳）入門。
一九一二年（明治45年）59歳　・健康がすぐれず、道場を閉める。

一九一四年（大正3年）61歳　・病気療養する。

一九一五年（大正4年）62歳　・5月宮城長順中国へ渡る？
　　　　　　　　　　　　　　・10月死去。（12月死去、長嶺将真説）

東恩納寛量は、口伝が多く足跡は曖昧で定かではない。例えば師は新垣世璋であるとか、福州へ渡る年齢は二〇歳説（長嶺将真説）、二四歳説（宮里栄一説）。渡る回数もさまざまである。渡清した理由には拳法修行説、出稼ぎ説、密使説。また滞在期間は三年説（宮城長順）、五年説（長嶺将真）、一一年説（許田重発）、三〇年説（渡口政吉）まである。さらに中国においての師匠についても、宮城長順は梁某左官屋の棟梁と言い、許田重発はルールーと言う。また宮城長順の弟子宮里栄一は劉良興や苑振山と言う。

最近では謝宗祥（如如哥）だと言い、いや鄭礼公だと言う。そして命日までも大正四年十二月（長嶺将真説）、大正六年十月（渡口誠吉説）とあり、どちらも肝心な逝去した日付がない。寛量については何一つ確証を得るものがないのである。

生い立ち

寛量は慎姓家譜支流の九世寛用の四男、童名真牛（モウシー）、唐名慎善熙、一八五三年那覇の西村に生まれる。家業は山原船で慶良間から薪を運搬して卸売りを営み、幼少の頃から父親の家業を手伝う。明治六年、寛量二〇歳頃に久米の新垣世璋に唐手を習う。（長嶺将真著「沖縄の空手・角力名人伝」）

八世寛文／寛淳共著編「万水一源一慎氏東恩納家譜―」によれば、吾等の門派は慎氏である。慎氏を称する家には寛、政、崇などの名乗頭を有するものであるが、吾等の血統は寛を号するのである。氏が慎であり名乗頭が寛であれば、われらの門中である。明治期、空手家として那覇東町の東恩納寛裕（寛文、寛淳の父）と西町の東恩納寛量は著名である。

また東恩納家譜によれば新参七世寛量、童名思亀、唐名は慎宣政とある。そして福州の琉球館では慎寛量と名乗っている。

師について

長嶺将真は寛量が初めて空手を教わったのは、新垣世璋であると述べているが、新垣世璋とはいかなる武士か？

新垣世璋（一八四〇～一九二〇）

逸話1　大正三年一月二十四日、琉球新報の「沖縄の武術家・新垣小と東恩納」によれば「当時の那覇綱曳は実に騒々しいものであった。その旗頭役が久茂地の新垣親雲上（世璋）と東の東恩納（寛裕）であった。東の東恩納は久米の大綱引きの時に「ティンベー」を以て大門前に立ちはだかり幾千の敵を一人で引き受けた。その時一七歳で体重百三〇斤という強力の武士である。一方の新垣は若狭騒動において六尺棒を以て雨のごとく降り来る槍、長刀、尺棒を縦横自在に受け流して泰然とした武士であった。尚武生」とある。

誇張された記事であるが、新垣親雲上世璋と東の東恩納と称した寛裕の名がみえ、両氏が当時、相当な武士であったことが伺える。

逸話2　千歳強直によれば「私は七歳の時に祖父（松村宗昆？）の遺言により、当時沖縄では最高の武人として評された新垣（世璋）翁に弟子入りした。ある日、新垣翁の家に東恩納翁、国吉（真吉）翁、湖城翁、糸洲（安恒）翁、安里（安恒）翁の名人たちが、唐手談義をされていた時、新垣翁にタバコ盆を持ってこいと言われ、タバコ盆を持って部屋に入った刹那、新垣翁が背後から「カーッ」と鋭い気合を発せられ六尺棒でしたたか足元を打たれ、前方に「ドーッ」と倒れた。振り向くと新垣翁がかすかに笑っている姿を見て、私は「カアーッ」となり、「トーディ（唐手）なんかやめてやる」とタバコ盆を投げつけて、戸を蹴って逃げ出したことがある。このことは新垣翁が、私の成長を各先生方に見せるための行為だったのであるが、私は家出をして外で「手」をやっていそうな者を見つけて手当り次第勝負を挑み暴れまわった。

※千歳流祖千歳強直（一八九八〜一九八四）那覇久茂地生まれ。

逸話3　琉球王尚泰の冊封使一行が帰国した翌年、一八六七年（慶応三年）三月二十四日に慰労を兼ねた祝賀行事が行われた時、崎山の御茶御殿において、三六九（学芸会）が開催されたプログラムに、唐手の演目と演武者が記載され、新垣通事親雲上の名前が見える。

・鉄尺並棒を真栄里筑登之親雲上対新垣通事。
・十三歩を新垣通事。
・棒並唐手を真栄田筑登之親雲上対新垣通事親雲上。
・ちしゃうきんを新垣通事親雲上。
・籐牌並棒を富村筑登之親雲上対新垣通事親雲上。
・交手を真栄田筑登之対新垣通事親雲上。
・壹百〇八歩（スーパーリンペイ）を富村筑登上親雲上とある。

（島袋全発遺稿刊行会編「島袋全発著作集」）

プログラムには新垣通事と新垣通事親雲上とあるのは、おそらく新垣世璋の事であろう。この時、彼は二七歳、役職は通事（通訳）である。

以上の逸話から新垣世璋は、相当の武人であったことが伺える。しかし新垣は首里王府の通訳官である公職のある身で、一介の若者、東恩納寛量に唐手を教える時間があったのだろうかと言う事である。また寛量が新垣世璋を師とする根拠は見当たらない。寛量には門中にもっとも身近な武人がいるのではないか、久米村大綱引の時に弱冠一七歳にして名を馳せた東恩納寛裕である。

東の東恩納寛裕（一八四九年三月一七日〜一九二二年三月二八日）

寛裕は教育者寛文と文学博士の寛淳の父親で、寛量とは親戚関係にあたる。武歴については、創立七〇年記念誌「沖縄県立那覇商業高等学校」によれば、明治二十五年、屋内スポーツの空手と剣道は相当盛んで、一週間の内二回は正午から空手部は小野先生の監督で、他に空手の師範である東町の東恩納翁（寛祐）が嘱託で南陽館二階の中央広場で稽古したとある。

また寛量の直弟子である許田重発は、寛裕から「重発には私のセイサンを教えよう」と寛量の許可を得て指導を受けたことや中国に渡りサンチンとセイサンを修得した人であると述べていることからすると、寛量に唐手の影響を与えたのは新垣世璋ではなく、身近にいる七歳上の兄貴分の寛祐から唐手を教わり、また中国の拳法事情を聴き、寛量は中国拳法に興味を持ったに違いないとするのが妥当であろう。

渡清複数説

一回目の渡清、明治八年二二歳？

中国第一檔案館編、清代中琉関係檔案館選編によれば、一八七七年（明治十年）に大城等漂流民一〇名と福州に留まっていた慎寛量、加納城、山内、上里らが漂流難民船で帰国したとある。寛量二四歳の時である。それからすると初めて福州へ渡ったのは、足跡年譜から推して明治八年の二二歳頃と考えられる。

と言うのは、明治八年に松田道之琉球処分官が中国への進貢と冊封の禁止などの琉球処分方針を伝えたことから、国内は騒然となる。中国との関係が途絶えることは、山原船で生業としている寛量にとっては死活問題で大打撃である。そこで寛量は四名の仲間と、交易を廃絶される前に中国へ向かったに違いない。つまりトーイチベー（唐一倍）である。

トーイチベーとは、当時は一度中国へ行って中国の品物を持って来て、それを何倍かに売りさばけば一生食べる分はあると言われる御時世で、各地にはこれで裕福になった人たちは随分いたと言うから、山原船で生業としている寛量等はトーイチベーを目的に福州に向かったと考えられる。ところが第一回目は、台風の遭難にあったのか明治一〇年の漂流難民船で帰国していることから失敗に終わっている。

二回目の渡清、明治二十五年三九歳

一八九二年（明治二五年）には、マチャー文徳（金城松）、赤嶺ウメーとともに福州へ渡る。

（上地完英監修「精鋭沖縄空手道―その歴史と技法」）

二回目の渡清は、なんとマチャー文徳こと金城松（二五歳）が同道している。マチャー文徳・金城松とは糸満出身で、後に福建省界隈では「大勇」と知られた武人である。

二回目は、日清戦争が勃発する二年前の事である。これまた戦争が起こる前に、再び福州へ向かっていることは、目的はやはり「トーイチベー」であったに違いない。

三回目の渡清、明治二十九年四三歳

三回目の渡清は、琉球救国運動の首領義村朝明と渡る。

尚姓家譜（義村家）によれば、明治二十九年（一八九六年）十一月に、朝明が陳情書を持って午後九時蓬船に乗って小湾海岸を出発。四昼夜で清国温州に到着。そこで二人の福州府官遺兵に護送され、福州にある柔達駅（琉球館）に到着した。その時の随員の中に小城按司明良、明通、浦添朝品、東恩納氏、良峯筑登上の五人が同船とある。

義村朝明とは、明治二十九年に琉球救国陳情のため中国福州に渡り、最後まで日本統合に反対し、流球王府の存続を求める親清派の「頑固党」の中でも強硬派の一人である。

そこで同道した寛量の役目は何であったのであろうか。義村親子は、琉球救国運動の途中、福州において客死していることから、共に琉球救国運動に行動した形跡は見られない。つまり寛量の役目は、義村一行を山原船で中国に運ぶ事であったと思われる。そのことは、沖縄県警察史によれば、琉球救国運動は、上級士族から下級士族、平民（船頭、従僕）を含む広範に構成され、士族階級を除く平民の多く

は、この運動に積極的に加担したと言うよりは、多くの場合、職業上の立場から士族の脱清行動を側面的に幇助したビジネスとした事例が多いとある。つまり山原船で生業としている寛量はビジネスで同道したのである。

※山原船（ヤンバルセン）　寛量が生業とした山原船は明治から昭和にかけて島と島、地域と地域をむすぶ海上交通として、薪や日用雑貨などを載せて、奄美諸島や宮古、八重山はては東南アジアまで遠海航路を広げて縦横無尽に四海を駆けめぐっている。山原船は、マーラン船（馬艦船）を小型にしたもので、昭和十三年における与那原、那覇、渡久地、平良、石垣へ入港した山原船の数は、延べ四〇〇〇隻以上というから相当な数である。

福州での修業時代

寛量は結局二二歳、三九歳、四三歳の時に三回も福州へ渡っていることになるが、寛量の子供の誕生や義村朝義との稽古年から考えれば、中国においての修業は二二歳の時で、滞在期間はせいぜい二、三年である。中国での修業時代の足取りが定かではないのは、肝心な中国拳法の師匠が今日まで曖昧で確定できないことにある。

逸話1

宮城長順説の左官屋の棟梁の道場は、十坪程度のもので入門にあたっては、「恭順・不戦」の誓いのために小指を噛んで血を盃にそそぎ、師や兄弟子たちに回して子弟の義を結んだ。寛量は内弟子として住み込み、竹細工で生活費を稼ぎながら修業を始めた。

二年目になると日常的な会話も不自由なくでき、幹部クラスになった。三年目には中師匠（師範代）の充許を与えられ、福州の一〇近い道場の間でも武名が知られるようになる。

福州に梁師の同系統の黄某道場に身の丈六尺、三〇貫の大男陳某なる者がいて、身の丈五尺一寸の寛量と対決したが、寛量の技量が高いと見た陳の黄師が勝ちを譲ることを進言して、寛量の勝ちとなる。

（佐久田繁著「空手名人列伝」）

逸話2

入門当初は一日四、五時間ほど足さばきと呼吸法だけの単調な稽古のみであった。やがて基本の「サンチン」や開手型の「セイユンチン」「シソウチン」等の稽古に移ると足腰が立たなくなるまで鍛えられた。血尿もたびたびあったと言う。さらに「十三（セーサン）」や「ペッチュウリン」も修得した。

（長嶺将真談）

逸話3

サンチン裁判。サンチン裁判とは、寛量と久米村の湖城某とのサンチンの基本姿勢についての論争の事で、寛量は「左右の両骨盤で脊髄を押しはさむようにして、腰部付近の肉を締め、次に一旦へそに入れた力を腹の中で逆転させる」ことに対し、湖城は「提灯をゆっくりたたむようなつもりで、下腹に力を入れる」ということであった。

そのサンチン裁判を担当した岡松外科医の判定は「提燈をすぼめたような力の入れ方では、外部からの打撃に対しては抵抗力に弱く、耐久力にも乏しい」と寛量のサンチンの基本姿勢が理にかなっていることを証明した。

（佐久田繁著「空手名人列伝」）

逸話4

ニワトリを捕獲。西の本願寺（真教寺）裏に空手の達人・東恩納寛量先生が住んでいて、じかに稽古を見たこともある。ある日一羽のニワトリが井戸に飛び込んだのを見て、一足跳びに井戸に飛び込むや、井戸の内側に両足を踏ん張ってニワトリを取り上げた。子供心に空手の達人は、すごいと感心したものだ。

（船越尚友「私の戦後史」）

逸話5

国吉真吉が寛量に「君の足に蹴られたら折れる」と言うと寛量は「いいや、君の拳に当たると砕ける」と語り、武士東恩納の拳は中国直伝の拳法で、身が軽く足技は特に勝れていた。

（仲井間憲忠談）

弟子が語る師東恩納寛量

義村朝義が語る

義村朝義（仁斎）「自伝武道記」によれば、当時那覇には長濱という空手の名人がいたし、東恩納（寛量）もすでに頭角を現していた。首里には、松村翁の外に糸洲（安恒）がいて、松村門下の逸材として安里（安恒）、多和田（眞睦）がいた。それから護得久御殿の「長小樽」という強豪がいた。

二二、三歳の頃に月三回ほど首里から本願寺（眞教寺）の浜辺近くで薪商を営んでいた東恩納家に通い、師からサンシン（サンチン？）を基本にペッチュウリンを習う。そのうち師から一年ほど家まで出張してもらい、一日も欠かさず夕方の六時から一〇時まで稽古した。それからどういう根拠があって言い出したかはわからないが世間では、松村（宗昆）は「沖縄手」、東恩納（寛量）は「唐手」と言っていた。東恩納翁は嘖々（さくさく）たる名声と共につとめて「実戦」を戒め、やるなら私とやれと言われた。師の高潔なる武道精神がそこにあった。

許田重発が語る

許田は「東恩納のタンメー（翁）はペッチューリンとして指導されたのだ。剛柔流のスーパーリンペーがどうであれ、それはスーパーリンペーであってペッチューリンはペッチューリンなのだ」と弟子に「ペッチューリン」と「スーパーリンペー」の型は異なることを語り、また「セイサン」には「寛量先生のセイサン」と「寛祐先生のセイサン」がある。その他にいろいろなセイサンがある。

寛量は許田重発のみに「サンセールー」を伝授しているが、その理由は、許田は軍隊の身体検査で身長が足りずに不合格となり、宮城長順が入隊中に伝授されたためである。

晩年

寛量は喘息もちであったらしく、晩年は宮城長順や弟子たちの世話により六二歳の生涯を終えている。ところが命日は曖昧で、大正四年（一九一五年）十二月、数多くの門人から慈父のごとく慕われて他界された（長嶺将真説）とあるが、渡口誠吉は大正六年十月死亡として、どちらも何日に亡くなったのかの記述がない。

寛量が弟子に伝えた型

義村朝義：サンチン、ペッチュウリン

許田重発：サンチン、ペッチューリン、サンセールー、セイサン

宮城長順：サンチン、セイサン

鍛錬用器具

寛量が中国から持ち帰ったとする数々の鍛錬用器具。

・吊り巻き藁・石亜鈴・握瓶・砂箱・鉄下駄・石下駄・錠前石・鉄輪・力石などである。

（仲宗根源和著「空手道大観」）

むすび

寛量は二二歳、三九歳、四三歳の時に三度渡清しているが、中国拳法を修業したのは最初の二二歳の時である。なぜならば三五歳には「東恩納は唐手」として巷では、すでに名を馳せていることや義村朝義にサンチンとペッチュウリンを教えている事実である。また中国での滞在期間は、二四歳の時に漂流難民船で帰国していることから、せいぜい三年足らずで、長期滞在はあり得ない。滞在期間を曖昧にしているのは三度の渡清を混同しているからである。

さて渡清目的であるが、表向きは中国拳法の修行としながらも。寛量は山原船で、沖縄近海で薪運搬の生業としていることから、ある時はトーイチベー（唐一倍）商人、ある時は脱清人の渡航を側面的に幇助としたビジネスであったに違いない。

寛量の青年期は琉球処分という琉球王府が崩壊し、職を失った士族が路頭に迷い、明日の生活をどうしようかという時にノホホンと中国で長期にわたり中国拳法を修行する環境ではなく、しかも東恩納家は七男一女の大家族であり、寛量には大家族を養っていく責務がある身である。

参考文献
上地完英監修「精説沖縄空手道—その歴史と技法」
船越尚友「私の戦後史」　沖縄タイムス社
佐久田繁著「空手名人列伝」　月刊沖縄社
「沖縄県警察史」
義村朝義（仁斎）「自伝武道記」
「尚姓家譜義村家」
八世寛文／寛淳共著編「万水一源一慎氏東恩納家譜」
創立七〇年記念誌「沖縄県立那覇商業高等学校」

「沖縄の武術家・新垣小と東恩納」　琉球新報　大正三年一月二十四日
長嶺将真著「口伝と史実による沖縄の空手・角力名人伝」　新人物往来社
仲宗根源和著「空手道大観」　榕樹書林
島袋全発遺稿刊行会編「島袋全発著作集」
「義村朝義小伝」
摩文仁賢和、仲宗根源和共著「攻防拳法空手道入門」　榕樹書林

上地流祖　上地完文（一八七八～一九四八）

本部間切伊豆味村二一七番地。父完得、母ツル。長男、弟完草。

師は周子和（一八七四～一九二六）福建省。

足跡（満年齢）

一八七八年（明治11年）　　　・7月6日生まれ。

一八七九年（明治12年）　1歳　・琉球処分。

一八九〇年（明治23年）　11歳　・屋部憲通、花城長茂等10名が沖縄から初の志願兵となる。

一八九四年（明治27年）　16歳　・日清戦争始まる。

一八九五年（明治28年）17歳
・伊豆味村に本部小学校の分教場設置。

一八九八年（明治31年）20歳
・沖縄に徴兵令施行。
・5月9日、完文ら4名が福州へ密航。

一八九九年（明治32年）21歳
・奈良原繁県知事は桂太郎陸軍大臣へ「徴兵忌避清国へ脱走者処分の義に付け上申」。

一九〇〇年（明治33年）22歳
・明治33年11月24日官報43（奈良原上申資料）の「琉球館での滞在が確認された徴兵忌避者」名簿に上地完文記載報道される。

一九〇一年（明治34年）23歳
・松田徳三郎が福州から帰国。徴兵忌避者として捕縛される。

一九〇四年（明治37年）26歳
・福州において薬売り大道商人となり生計を立てる。
・プアンゲヌン拳法（パンガヰヌーン）の免許皆伝。
・日露戦争始まる。

一九〇五年（明治38年）27歳
・沖縄では師範学校、一中に唐手が採用される。

一九〇六年（明治39年）28歳
・師、周子和のすすめにより福建省南靖で「パンガヰヌーン拳法所」を開設。
・この頃から白鶴拳の呉賢貴（20歳））と交流？

一九〇八年（明治41年）30歳
・弟子の不祥事のため2年で道場を閉じる。

一九〇九年（明治42年）31歳
・帰国。

一九一〇年（明治43年）32歳
・当山ゴゼイと結婚。
・伊豆味で農業に従事し、武術の事は黙して語らず。
・本部地域に徴兵検査騒動事件起こる。

一九一一年（明治44年）33歳
・6月26日長男完英生まれる。

一九一二年（大正元年）34歳
・拳友呉賢貴（26歳）が来流し、那覇で「永光茶行」を経営。

一九一三年（大正2年）35歳
・父完得死去。

一九二二年（大正11年）44歳
・7月25日次男完清生まれる。

一九二四年（大正13年）46歳
・和歌山県に渡る。
・本部御殿手上原清吉（20歳）を相手に一週間ほど稽古する。

一九二六年（昭和元年）48歳
・3月、和歌山市手平町の社宅に道場開設。友寄隆優、上原三郎入門。
・師、周子和（52歳）死去。

一九二七年（昭和2年）49歳
・長男完英（16歳）が入門。

一九三一年（昭和6年）53歳
・盟友松田徳三郎（53歳）死去。

一九三二年（昭和7年）54歳
・和歌山市に「パンガヰヌーン流空手術研究所」道場開設。
・この頃から空手表記と成す。

一九三三年（昭和8年）55歳　・修武会結成し、会則制定。
一九三四年（昭和9年）56歳　・摩文仁賢和と親交を深める。
一九三六年（昭和11年）58歳　・第三回修武会総会。
一九三七年（昭和12年）59歳　・日中戦争。
　・長子上地完英（26歳）へ免許皆伝伝授。大阪市西成区鶴見橋通りに「パンガヰヌーン流空手術研究所」大阪支部道場開設。
一九三九年（昭和14年）61歳　・10月18日完英（28歳）仲原シゲと結婚。
一九四〇年（昭和15年）62歳　・「上地流空手術研究所」を改め上地流を名乗る。
　・完英（29歳）兵庫県尼崎市へ道場移設。
　・拳友呉賢貴（54歳）死去。
一九四一年（昭和16年）63歳　・完英（30歳）へ五段位授与。
　・太平洋戦争始まる。
　・三代宗家完明誕生。
一九四二年（昭和17年）64歳　・完英（31歳）帰郷。名護宮里に道場開設。
　・上地流が沖縄の地ではじめて活動開始。
一九四五年（昭和20年）67歳　・終戦

一九四六年（昭和21年）68歳　・友寄隆優へ範士の最高位を授与。
一九四七年（昭和22年）69歳　・10月完文帰郷、伊江島で生活。
　　　　　　　　　　　　　　　・6月本部町浜崎での演武大会において上地流招待、完文出席。
一九四八年（昭和23年）70歳　・1月1日今帰仁村大井川の消防隊結成式に上地完文一行招待。
　　　　　　　　　　　　　　　・11月25日死去。

※上地完文の生年月日は、上地完英監修『精鋭沖縄空手道―その歴史と技法』によれば明治十年（一八七七年）五月一日や明治十年五月五日とあるが、琉球館徴兵忌避者名簿には明治十一年（一八七八年）七月六日生とあることからそれに準じて足跡年譜を作成した。

少年期

上地完文は地方から誕生した稀代な武人である。兼次佐一著『伊豆味誌』によれば、「一八七七年伊豆味の大根作に生まれ、その後岳之当に引っ越し、二〇歳まで農業生活をした。彼は生まれつきおとなしく、まじめな性格であったが、力が強く一五、六歳の頃には大人たちもびっくりするほどの働き者だった。体もがっちりして、人の倍ほどの荷物も、平気で運ぶぐらいの頑丈な男だった。完文が幼少の頃は、村祭りの演目に棒術、唐手、サイ、鎌の手や組棒・スーマチ棒などが盛んに行われていることから、完文の武術修行への志を触発したことは確かであろう」と述べている。しかし完文が誰それに師事して唐手を習った形跡はなく武芸に励む姿はない。弟完草とともに両親の農作業を手伝う普通の若者だった。

徴兵忌避

完文が二〇歳になった明治三十一年に、人生を左右する出来事が起こる。沖縄に徴兵令が施行されたのである。沖縄各地で騒然となり、徴兵適齢者の若者たちはあらゆる手段を使って、徴兵を忌避する者が続出した。清国へ密航する者、合法的に移民で海外へ渡る者、沖縄に残った者は、指を切断したり、目をつぶしたり様々な自傷行為をもって抵抗した。

徴兵忌避は日本各地で起こっているが、沖縄では、親清派・頑固党と親日派・開化党が対立抗争の最中で、親清派・頑固党からすれば「徴兵されることは、日本兵になる事であり、日本への従属を意味する」ことから各地で徴兵忌避運動や騒乱が起こる。

大正四年四月八日、琉球新報によると「本部間切桃原は、山原第一の頑固党の巣窟であるのは世人の知る通りであるが、同村の徴兵忌避者は、皆清国に逃れて福州に至り住む由にて、その父兄は時々福州に渡り、茶を買い込んできては近村の人々に売渡して、莫大の利を取得しつつある。すでに去る旧盆の頃は幾多の茶行商が出来た。この有様なれば、同村の徴兵適齢者は喜んで脱清を企てる次第である。」と徴兵忌避者名を連日報道している。

特に本部地域は徴兵忌避者が多く、完文はその渦中にいたのである。

渡清

明治三十三年十一月二十四日官報四三（奈良原上申資料）の「琉球館での滞在が確認された徴兵忌避

者」名簿によれば、二〇歳になる若者が渡清した人数は四二名。その内、本部間切出身は二四名、その外は那覇、首里、久米島、大宜味、西原、真和志、北谷出身となっている。この名簿に氏名、上地完文。住所・族籍、本部間切伊豆味村二一七番地。渡清日、明治三十一年五月九日。生年、明治十一年七月六日とある。また完文と一緒に渡った上運天英堅、荻堂盛著、徳村政思、當間清寿や福州で完文と「湖城道場」に入門したとされる松田徳三郎の名も見える。

ところが、松田徳三郎、上運天、荻堂、徳村、當間らは三年後の明治三十五年七月二十二日に帰国。捕縛され重禁固八月罰金四円を科されている。徴兵忌避と絡んでのトーイチベー(唐一倍)の目的があったと考えられる。

しかし仲間が次々と帰国する中、完文は一一年もの間、福州に留まり中国拳法の修行に励み、帰国するのは明治四十二年の事である。

福州時代

琉球館を出た完文の足どりは定かではない。兼次佐一著「伊豆味誌」によれば、福建省中央仏教寺の住職藩凱入雲の高弟周佐武(周子和)道場に入門。周道場で修練すること一〇年「バンガイニュウン」の免許皆伝を得て、明治三十九年に南せんの町で道場を開いたとある。

弟子赤嶺嘉栄によれば「師完文は、幾度となく、この流派は福建省、福州の大きな寺院内だけに伝わる門外不出の由緒ある優れた武術であり、これを修得したことは誇りに思う」と述べられていた。また最近では平成二十七年浦添市「空手のルーツを探るシンポジウム」において国際南少林五祖拳連誼総会首席周焜民は、一八九七年に上地完文が福州南嶼柴日村の虎尊拳の師周子和の門下で武芸を修得。福建南少林拳夷の系統で、鶴拳は泉州府永春県で成立したとの報告がある。

街頭で薬売り

一九〇四年（明治三十七年）二六歳。プアンゲヌン拳法（パンガヰヌーン）の免許皆伝修得。この頃から街頭に立ち薬売りを始める。

大勇マチャー文徳こと金城松（一八六七〜一九四五）は、上地完文が街頭で薬売りをしたことを耳にして「上地完文は支那で薬売りをするほどだから大変な武人だ」と極めて高く評価している。

そのわけは、路上で物売りすることとは、武芸者が一人で今まで稽古をした拳法の型を演武して見せる。そして通行人に拳法の大家がいたら、教えを乞い、また、挑戦を受けることであったからである。

この話は完文自身も摩文仁賢和との対談で次のように語っている。

賢和「支那は今でも拳法は盛んですか？」

完文「私が行った時代は非常に盛んでしたが、今でも所によっては盛んでしょう。」

賢和「支那人は拳法を教えてくれと頼んだら、すぐ教えてくれますか」

完文「子弟の誓いをすんでから二、三日後でないと教えません。拳法を稽古したい思う連中が、拳法の大家の御宅へ行って頼み、承諾すると、一つの道場を設け、神様を祀り、いろいろな御馳走をあげ、そこで子弟の誓いをする。初めは精神の訓練をなし、そして型を教える。その時、一年間、二年間、三年間、五年間と言うように師匠と契約して稽古する。立派な先生になると一五年間も稽古するが、弱い先生になると一年間か六か月くらいで終了する。道場を出して一番心配なことは、時々道場破りに合うことです。先生が道場破りに負けると、その月の月謝は道場破りの人が貰って帰る。だからよほど腕に自信がないと道場を出せない。また一つ面白いのは、一人前になると、道路や人の集まる所で、一人で今まで稽古をした拳法の型を演武して見せる。そして通行人に拳法の大家がいたら、その人から欠点をいちいち指導してもらう方法をとる人もいる。」

賢和「支那人は拳と指先とどちらが強いですか。」

完文「日本人は拳が強いが、支那人は指先が強い。」

賢和「指先を鍛える方法はどのようにしますか。」

完文「初めは箱の中に砂を入れて指先で突く練習をする。次第に強くなると、豆の大きい物を入れて突く練習して初めて指先を強くする。支那では拳でやる型を太祖と言い、指先でやることを羅漢という。」

道場開設

一九〇六年（明治三十九年）二八歳の時に、福建省南靖で「パンガヰヌーン拳法所」道場を開設する。

道場を開設する事も大変なことで、絶えず道場破りと対決しなければ道場を維持できなかったわけだから、完文は相当な技量を持った武人であったことがわかる。ところがわずか二年で道場を閉める事件が起こる。

一九〇八年（明治四十一年）三〇歳の時に、弟子の一人が田んぼの水争いに巻き込まれ、相手を死亡させる事件を起こしたために、完文は道場を閉じて帰国する。

帰国

一九〇九年（明治四十二年）三二歳、一一年ぶりに帰国。完文は再び伊豆味岳之当で農業生活に入るわけだが、ただ福州での修行時代のことは一切黙して語らなかったと言う。沈黙の理由は、福建省南靖において弟子が犯した不祥事への懺悔の念が強くあったと言われているが、その外に彼の名は当時の新聞に徴兵忌避者として掲載されていることから、公には活動が出来なかったと思われる。

ところが一九一二年（大正元年）に、福建省から兄弟弟子の呉賢貴が来沖し、彼から完文の存在が知られるようになると、師範学校や一中あたりから、わざわざ伊豆味村まで尋ね、指導を乞うがいかなる人の要望にも応じることはなかったと言う。

しかし、完文の卓越した技は沖縄県知事の知ることになり、知事から直に師範学校での空手指導を要請され、もはやこれ以上断ることが出来ないと判断した完文は、和歌山へ渡る決心をしたと言うのである。

和歌山時代

上地流が誕生するのは和歌山である。完文は大正十三年に和歌山に渡る。奇しくもこの年に若き上原清吉（二〇歳、後の本部御殿手第十二代宗家）が訪ねてきて一週間ほど稽古している。上原清吉は、大正十三年に師本部朝勇より二通の手紙を託され和歌山に渡る。一通は、師朝勇の子息朝茂氏へ本部御殿の武術を伝承するためのもの、もう一通は上地完文氏へのもの。一週間ほど滞在して、完文氏の練習相手を務めることになった。

完文氏は私の使う手を何とか知ろうと思ったらしく、必ず稽古場の砂を箒できれいに掃いてから稽古に臨んだ。私は常々師から「武術家は相手の動きが分からない時は、足跡を見て動きを読もうとするものだと言われていたので、砂立ちと呼ばれる御殿手独特の立ち方をつかって、足跡から足さばきを読むことが出来ないようにして稽古相手を務めました」と述べている。

和歌山には沖縄県人も多く、完文が中国拳法の達人である事はすでに知れ渡り、教えを乞う者も多かったと言うが、頑なに断り続けていたと言うから二人の稽古は貴重な場面である。

しかし完文の卓越した武術の失伝を惜しんだ同胞の仲村文五郎、友寄隆優両氏の熱心な説得により、完文は一七年間の沈黙を破って、遂に立ち上がったのが大正十五年のことである。初めは勤務する社宅を道場として、友寄隆優、上原三郎、上里玄明らが道場の戸を閉め切って、パンツか半ズボンのみで上半身裸で稽古を始めた。同門の人以外には稽古風景を見せない完全秘密主義の稽古であった。

昭和七年四月になると和歌山市手平に「パンガヰヌーン流空手術研究所」を開設して、今までの秘密主義をやめ、門戸を開き一般大衆に開放した。空手はその頃になると船越義珍や本部朝基等の活躍で関東や関西で広がりを見せていたわけだから、空手がもはや一部の人のものから一般大衆のものになっていることを完文や門弟が知らないはずはない。従来の武術空手から体育空手へ大転換したのである。

それでも入門者は沖縄県出身、特に伊江村出身者が多く地縁関係者がほとんどであった。昭和十年頃になると和歌山の若者が入門するようになり、門下生の数は日々増え、昭和十六年頃には、門下生が三〇〇人近くとなる。上地流は画期的に普及発展し、その後隆盛を極めたのである。

帰郷

上地流が沖縄の地で、世に知られるようになるのは戦後のことである。

完文は、上地流二代宗家完英を昭和十七年に一足早く帰郷させ、名護宮里に「上地流空手研究所」を開設させる。昭和二十一年終戦。和歌山道場のすべてを高弟友寄隆優に託し、沖縄へ帰った。また師完文と相前後するようにして門下生の上原三郎、伊良波幸徳、糸数盛喜、当山清徳らも次々と帰郷した。帰郷後の完文は、長男完英にすべてを任せ、自らは、伊江島で農業にいそしみ、昭和二十三年七〇歳で生涯を終えた。

むすび

宗家二世上地完英は、戦ですべてが灰に帰してしまった沖縄で、名護道場を再開し、失われたものを取り戻すかのように猛烈な稽古を復活した。完文の「三戦」「十三」「三十六」を主軸としながらも、完英が創作した「完子和」「十六」「完戦」と糸数盛喜の創作「完周」、上原三郎の創作「十戦」の五つの型と「準備運動」「補助運動」「約束組手第一・第二」が加わり稽古法を確立した。それに従前からあった「自由攻防」を技術的深化発展させた「無防具自由空手」によって上地流空手道の技法上の近代化を図り、上地流の黄金期を迎えるのである。

遺訓

「武や義の輔　義や武の輔」

参考文献

上地完英監修「精説沖縄空手道―その歴史と技法」
兼次佐一著「伊豆味誌」
上原清吉著「武の舞　琉球王家秘伝武術　本部御殿手」　ＢＡＢ出版局
後田多敦著「琉球救国運動・抗日の思想と行動」　出版舎Ｍｕｇｅｎ
官報四三・奈良原上申資料
仲宗根源和著「空手研究」　榕樹書林

金硬流宗家　又吉眞光（またよししんこう）（一八八八～一九四七）

那覇市垣花町生まれ、北谷村千原で育つ。

師金硬老師（周子和の兄弟子）。

足跡（満年齢）

一八八八年（明治21年）　・5月18日生まれ。

一八九四年（明治27年）6歳　・日清戦争。

一八九八年（明治31年）10歳　・徴兵令施行。

一九〇四年（明治37年）16歳　・この頃、樺太、満州、上海、福州、南安を回り武者修行。

一九一五年（大正4年）27歳　・一時帰国。
　・東京・御大典記念祝賀演武会でトゥンクワー術、鎌術を演武、空手の演武を船越義珍が行う。
一九一六年（大正5年）28歳　・京都武徳殿でトゥンクワー術を演武、船越義珍がクーサンクーを演武。

一九二一年（大正10年）33歳　・三月六日皇太子殿下（昭和天皇）が来沖。御前演武記念において古武術を演武。空手を宮城長順が行い、船越義珍が師範学校学生一〇名の集団演武を指揮する。

一九二二年（大正11年）34歳　・1月16日長男眞豊生まれる。
一九二八年（昭和3年）40歳　・明治神宮大礼祭において模範演武を行う。
・福州に渡る。
一九三四年（昭和9年）46歳　・帰国。
一九三五年（昭和10年）47歳　・日中戦争。
・長男眞豊（12歳）が師事。
一九四一年（昭和16年）53歳　・太平洋戦争。
一九四七年（昭和22年）59歳　・死去。

幼少の頃

眞光は、幼少の頃から又吉家に伝わる拳法と武器術を祖父眞得と父眞珍に手ほどきを受ける。父眞珍からは「昆布の棍」（うるま市の昆布の地名）、与根川の棍（首里与根川の地名）、屋良の棍を学んだ。また津堅赤人の櫂術は、又吉家の代表的な技法として引き継いだと言われる。後に祖父眞得の武友である具志川村（現うるま市）の安慶名直方（具志川照屋小）から棒術、櫂術、鎌術、サイ術を修得。北谷村野里の伊禮翁（通称、地頭代真牛）からトゥンクワー術、双節棍術（ヌンチャク）を学ぶ。

中国へ武者修行

眞光は明治の末頃、北海道を経て樺太、上海、福州、安南（南安）などを回り、武者修行を行う。

満州においては、馬賊と生活をともにしながら、馬術、手裏剣術、投げ縄術を修得。上海ではティンベー術、スルチン術、ヌンティ術と漢方薬、鍼灸を学ぶ。福州では呉賢貴の父呉光貴から福建少林拳を学ぶ。呉光貴の紹介で生涯の師となる金硬老師（周子和の兄弟子）に師事し、虎鶴像形と三戦（サンチン）の拳法を中心に、福建少林拳の十三歩（セーサン）、五十四歩（ウーセーシー）、五十七歩（ウーセーチー）などの型と分解動作の方法、そして老師の教えの中での極意の一つ「打人法」を修得する。

昭和三年に再び福州に渡り、金硬老師から武器術としての貫手（ヌンティー）、藤牌（ティンベー）、流星（スルチン）などを学び、金硬流の武神である「光明大元帥」の掛け軸天地二巻を授けられる。昭和九年に帰国。帰国後は、那覇に住居を構え、当時の武人たちと交流を図り、「鎌の手マテーシ」または「千原マテーシ」と称され、一世を風靡し、武人として社会的に評価された。

中国拳法直伝の流儀を伝える

・三戦（サンチン）、十三歩（セーサン）、五十四歩（ウーセーシー）、五十七歩（ウーセーチー）、
「打人法」

・武器術…貫手（ヌンティー）、藤牌（ティンベー）、流星（スルチン）

参考文献

上地完英監修「精鋭沖縄空手道—その歴史と技法」

「沖縄空手古武道大辞典」　柏書房
「日本古武道協会」

琉球王家秘伝武術本部御殿手宗家　本部朝勇（一八五七～一九二八）

首里赤平生まれ。本部御殿当主本部按司朝真の長男、三男は本部サールこと朝基。本部御殿手十一代宗家。明治黎明期の沖縄武術界の重鎮。

足跡（満年齢）

一八五七年（安政4年）　・生まれ。

一八六三年（文久3年）6歳　・一子相伝本部御殿手武術の修行に入る。

一八六六年（慶応2年）9歳　・尚泰王冊封使ワイシンザン、イワー、アソン来流？

一八六七年（慶応3年）10歳　・久米三六九学芸会において新垣世璋らがスーパーリンペー、シソーチン、十三歩を演武。

一八六八年（明治元年）11歳　・本部御殿手武術を元服までにすべて体得。

一八六九年（明治2年）12歳　・その頃、松村宗昆（65歳）から唐手を学ぶ？

一八七〇年（明治3年）13歳　・弟朝基が誕生。

一八七九年（明治12年）22歳　・琉球処分。

一八八一年（明治14年）24歳　・糸洲安恒（50歳）から唐手を学ぶ？

一八八五年（明治18年）28歳　・長男、朝明誕生。

一八九〇年（明治23年）33歳　・次男朝茂誕生。
・朝勇、朝基、屋部憲通、亀谷と共に松茂良興作（61歳）から指導を受ける。
・この年に屋部、花城等10名が志願兵となる。
一八九二年（明治25年）35歳　・松村宗昆（88歳）死去。

一八九四年（明治27年）37歳　・日清戦争起こる。

一八九六年（明治29年）39歳　・屋部、花城等が凱旋帰国。

一八九七年（明治30年）40歳　・松茂良興作死去。

一八九八年（明治31年）41歳　・徴兵令施行。

一九〇四年（明治37年）47歳　・日露戦争起こる。

一九〇五年（明治38年）48歳　・師範学校、一中に唐手が採用される。

一九一〇年（明治43年）53歳　・その頃、旅券を得て福州へ渡る？

一九一六年（大正５年）59歳　・7月13日上原清吉（12歳）が弟子入り。

一九一八年（大正７年）61歳　・沖縄新公論社記念において弟朝基、喜屋武朝徳らと演武。

一九二三年（大正12年）66歳

・師範学校武術研究会において朝勇はショーチン、喜友名翁はパッサイ、山根知念三良翁は棒、屋部憲通は五十四歩を演武。
・この年、屋部憲通渡米。
・首里城南殿において弟子上原清吉（19歳）と大君（ウフクン・公相君大）を演武。
・上原清吉を相手に朝基（53歳）へ取手を三か月間指導。
・上原清吉（19歳）にマチャー文徳（金城松）との出稽古させる。

一九二四年（大正13年）67歳

・那覇大正劇場演武大会において上原清吉（20歳）と大君（公相君大）を演武。
・上原清吉を和歌山在住の子息朝茂へ本部御殿手の伝授のため派遣。この時、和歌山在住の上地完文と上原清吉との実戦稽古を行わせる。

一九二六年（昭和元年）69歳

・沖縄唐手倶楽部が設立され、会長に推される。
・12月24日上原清吉（22歳）をフィリピンへ送り出す。この時、上原清吉へ印可証明二巻授与、本部御殿手十二代宗家に任命。

一九二八年（昭和3年）71歳

・3月21日、弟朝基と共に久米島演武大会の帰り、体調を崩し死去。

本部御殿手

沖縄の武術史を語る時、どうしても避けては通れないと思うのが「本部御殿手」武術の存在である。本部家には、琉球王家の秘伝武術御殿手（うどぅんでぃ）が、一子相伝代々の長男だけに伝えられている。本部御殿手は型や構えがなく、空手とは異質の武技で、六尺棒、短棒、錫杖、杖、槍、薙刀、剣、両刃の剣（二刀）、両刃の短刀、山刀、磨き石、サイ、ヌゥチク、トゥンファー、鳥刺し、ほうき、鍬、鎌、ウェーク（櫂）など二〇種類以上の武器術や関節技、投げ技、固め技を複合的に使用する取手（投げ技）と無刀術までの、剣技を含む琉球固有の総合武術である。

本部御殿手第十二代宗家上原清吉によれば「唐手や日本古武道とはいろいろな点で異なり、類似なものは見られない。琉球王朝に伝承されてきた『手』を集大成して、生み出された琉球固有の武術であると思う。本部御殿の武術として三百数十年の歴史を持ち、朝勇先生は『御主加那志前（琉球国王）の技であり、喧嘩の手ではなく、琉球国王が戦場で使う戦の手である。闘いと言うのは琉球国として国王を先頭に出陣していく国対国の戦争の事を言う』と常々話されていたが、どのような経緯で代々、本部家に伝えられるようになったのかはわからない」と述べている。

本部御殿手十一代宗家本部朝勇

本部朝勇は「本部のヒサ（足）」「本部御前のキリチ（蹴り）」と呼んで、その蹴り技は高く評価され、当時の武術界において本部御殿王家からして重鎮的な立場にあった。

朝勇は、満六歳になると先祖代々伝わる本部御殿手を元服までには、すべてを体得し、また武芸の幅を広げるために、当時の武術の大家、松村宗昆や糸洲安恒を招き唐手を学んだ。その他の諸大家との交流により修得した唐手の型の数は三〇以上あったと言う。

夜になると兼島信助（後の渡山流祖）千歳強直（後の千唐流祖）等の門弟たちには、唐手の型を中心に教えたが、のちに本部御殿手十二代宗家となる上原清吉には唐手の型は教えず、一切の型の稽古を禁じた。大正十二年の首里城南殿や十三年の那覇大正劇場演武大会においては、愛弟子の上原清吉とともに大君（公相君大）を演武する。しかし「御殿手」の技を人に教えることはもちろんのこと、公の場では見せなかったと言う。

大正十五年に宮城長順や摩文仁賢和等が中心となって沖縄唐手倶楽部（別称沖縄若狭クラブ）が設立されると、朝勇は会長に推され唐手の術理から、すべてを教えた。摩文仁賢和には捕縛術を、喜屋武朝徳には小柄な体格を補うための拳の握り方を、宮城長順には取手（投げ技）を指導する。

渡清？

後田多敦著「琉球救国運動・抗日の思想と行動」によれば、本部朝勇は一九一〇年（明治四十三年）五三歳の頃に、旅券を得て福州へ渡る？とある。渡清目的や詳細のことは、今のところ分からないが、これが事実であれば、本部御殿手は中国拳法の影響もあったと思われる。

むすび

本部御殿手の由来について疑問に思うところは、「本部御殿手は、御主加那志前（琉球国王）の技であり、喧嘩の手ではなく戦いの手である。琉球国王が戦場で使う手で、国王を先頭に出陣して、国対国の戦争の事を言うのである」とあるが、しかし琉球の歴史を見れば、尚真王が「武事を止めて」からは、武は廃れ、さらに薩摩の支配に入ると明治まで戦争らしい戦争は一切ないことから、琉球国王が戦場で使う手とは無理がある。

参考文献

上原清吉著「武の舞　琉球王家秘伝武術　本部御殿手」　ＢＡＢ出版局
後田多敦著「琉球救国運動・抗日の思想と行動」　出版舎Ｍｕｇｅｎ
「唐手の達人達」　琉球新報　大正七年三月二十一日
上地完英監修「精説沖縄空手道―その歴史と技法」

近代空手の礎を築いた二人の安恒

近代空手の礎を築いた二人の安恒がいる。安里安恒と糸洲安恒である。安里安恒は、はじめて空手の歴史「沖縄の武技―唐手に就いて」を著す。糸洲安恒は、糸洲十訓「唐手心得十ケ条」を著し、空手が学校教育に採用されると指導教員を養成し、空手の近代化を推進した最大の功労者である。

武道検察官　安里安恒（あさとあんこう）（一八二八〜一九〇六）

首里桃原生まれ、安里親雲上安恒、号は麟角斉、上級士族。師は松村宗昆、流儀は首里手。琉球王府の武道検察官。

足跡（満年齢）

一八二八年（文政11年）　・生まれ。

一八三八年（天保9年）10歳　・尚育王の冊封使来流。

一八四六年（弘化3年）18歳　・糸洲安恒（15歳）と共に松村宗昆家で早朝稽古に励む。

一八六六年（慶応2年）38歳　・尚泰王冊封使ワイシンザン、イワー、アソン来流？

一八六七年（慶応3年）39歳　・久米三六九（学芸会）において、新垣世璋らがちしゃうきん、スーパーリンペー、十三歩を演武。

一八七二年（明治5年）44歳　・琉球王府の武道検察官として首里近郊村々の演武大会を視察。

一八七六年（明治9年）48歳　・自宅に蓋世社倶楽部を開き、約30名の小中学生に学習指導を行う。

一八七八年（明治11年）50歳　・船越義珍（11歳）が師事？

一八七九年（明治12年）51歳　・琉球処分。尚泰王が上京の際に随行する。

一八九〇年（明治23年）62歳　・屋部憲通、花城長茂等10名が志願兵となる。

一八九二年（明治25年）64歳　・師の松村宗昆（88歳）死去。

一八九四年（明治27年）66歳　・東京生活から帰郷。

一八九六年（明治29年）68歳　・日清戦争始まる。

一八九八年（明治31年）70歳　・公同会趣意書（琉球復藩運動）に連名で内閣総理大臣松方正義へ提出。沖縄県首里区字桃原80番地士族雑業。

一九〇四年（明治37年）76歳　・徴兵令施行。

一九〇五年（明治38年）77歳　・「沖縄の武技―唐手に就いて」を船越義珍（37歳）へ口述。

一九〇六年（明治39年）78歳　・日露戦争起こる。

一九一四年（大正３年）　・沖縄県師範学校・一中へ唐手が採用される。
　・死去。
　・「沖縄の武技―唐手に就いて」を船越義珍が号松濤の名で、琉球新報大正３年１月17〜19日に掲載。

屋部憲通談

琉球王府の武道検察官

屋部憲通の手記「糸洲武勇傳」によれば「廃藩以前首里の各村で諸芸と言って文武の道を奨励した時があったがその頃、武道の検察官であった安里翁が各村青年の武道を巡視した。この時代は非常に武道が盛んであったので、青年子弟ばかりでなく時の大家先生までも出て唐手を実演した。また安里一八歳、糸州一五歳の頃は、毎朝未明に師松村の元に通い、稽古を行い、日の出前には帰宅し、各々学校に行き、帰ると勉強と武を講ずる具合であった。

唐手を大別すると昭霊流と昭林流に帰するが、昭霊流の開祖は大兵肥満の人で、重厚で確実、守るに堅くして攻めるに厳なりという方だが、欠点は活動の遅鈍にあった。肥満であった糸洲翁はこの流儀であった。昭林流の開祖はやせ形の人であったために、機敏にして敏捷で、守りも攻めも迅速であるが、欠点は軽いことであった。やせ形の安里翁はこの流儀であった。

相手の突き、蹴りを少しでも身体で受けてはならない。常にこれをはずすことに努めるとともに、敵に向かっては素早く突入し進撃して、その戦闘力を失わせることが大事であると、安里翁はしきりに『用』の重要性を説いた。『人の手足は剣と思え』というぐらいに、その流儀は、師松村にいちばん近かった」。

船越義珍談

安里先生は背が高く、肩幅広く、眼光爛々としていかにも古武士の風格があった。安里先生は「人の手足は剣と思え」と言われたのに対し、糸洲先生は「人が突いてきても、痛くなければいいではないか」と言われ、両先生の空手道をよく表現している言葉だと思う。安里先生は示現流にも長じ「真剣の勝負なら、誰に仕合を申し込まれても、いつでも応じられる」と言うぐらい実力は素晴らしいものであった。

（船越義珍著「空手道一路」）

沖縄の武技―唐手に就いて（上）　安里安恒談

大正三年一月十七日、琉球新報に「沖縄の武技―唐手に就いて」という題で、安里安恒の口述を船越義珍が号松濤の名で掲載している。長文なので要点のみを記すと。

唐手の起原

唐手の起源については巷説紛々で、思うに沖縄固有の武芸にして田舎の舞方なるものが、いわゆる唐手のまだ発達しない前の時代のものであろう。見よ、女子の喧嘩の時につかみ合いをなし子供の争闘の時に、鉄拳を振り回すごときこれらは、皆沖縄開祖以来の遺伝性に基づくもので、本県人は生まれながらにして、その性質があるのではないか。大昔は京阿波根親方とか浦添真山戸とか謝濵親方とかいうような、歴々たる武士が出られてその範を示されたが、唐手という名が判然と世の中に知れ渡るようになったのは赤田の唐手佐久川からである。

歴代の武術家

年号の順序は少し狂うが口碑に伝えるところによれば、赤田の奥田山川の松元、アザータンメー目小松村親雲上（宗昆の事か?）、弟松村富蔵（宗昆の弟?）、大村赤平の石嶺、儀保の石嶺（真智の事か?）、金城、徳嶺今帰仁小、金城の大田、外間親雲上、豊見城親方、久場川の大城、親泊、仲宗根浦崎、鳥小堀の鉄拳金城、多和田（真睦の事か）、大中の漢那、豊見山真和志の上原口小、汀志良次の屋嘉比小添石、泉崎の崎山（喜徳の事か?）、具志親雲上、上里、阿波連、宮里小、東の右衛門殿の嶋袋、九年母屋の比嘉、桑江小（良正の事か?）、西の長濱、久米の湖城小（以正の事か?）、前里、泊の城間、金城、山里、仲里、伊波、親泊（興寛の事か?）、松茂良（興作の事か?）、前田、山田（義恵の事か?）、知念志喜屋仲、津堅ハンタ小、古波蔵宮平、佐敷の屋嘉比主などは何れも皆知名の武術家である。

鉄拳宮城は尚敬王の御附武官、松村親雲上は尚灝王の侍徒武官であった。ある日、尚灝王が古謝按司に私のカミジャー（松村の童名）と相手になる者がいるかと問うと古謝按司曰く「松村と私等はあまり甲乙ありませんが、大義を得た者が勝ちであります」と答えると、尚灝王は流石に武士であると大いに褒められたと言う。その他にも、現在生存している中では、糸洲親雲上安恒（師範中学の唐手教師）、西の東恩納寛量（水産、商校の唐手教師）、東の東恩納寛裕、湧田の安謝間嶋袋、久茂地の新垣小、泊の安里山田、大中の喜友名豊見山、桃原の東風平親方、鳥小堀の桑江（良正の事か?）、金城の山口、山根の知念、屋部憲通（師範校武術教師）、花城長茂（一中校武術教師）である。

教育的に系統だって唐手を研究しているのは屋部と花城である。以前にはほとんどいないし、この二人は今後唐手界のオーソリティーとして名を轟かすであろう。

沖縄の武技―唐手に就いて（中）

唐手の流儀には

昭霊流と昭林流の二通りあるが、昭霊流は体躯肥満にして体力豊富なる偉大の男がやるもので、アソンはこれに属し、昭林流は体力貧弱にして術に重きをおき、やせ方の男が多くやるべきもので、ワイシンザンはこの流儀であった。

現在、わが沖縄で中等学校の生徒等が稽古やるのを見ると那覇は昭霊流で、首里は昭林流である。なぜこのような傾向になったかと言うと、那覇は体力に重きをおき、首里は主に術に偏したからであろう。どれが良いか、悪いかは言うことが出来ない。一言注意することは、被教育者の体力と気質を見て指導する事。もし教材の選択を誤れば、労多くして益はなく、かえって身体をそこなうことになる。

唐手の種類

型は数えれば数十種類あるが、その中から五、六種目選択してよく練習すればそれで十分である。

・身体を固める向きには「ナイハンチ」と「セーサン」がよい。
・棒を受けるものは「パッサイ」に限る。
・早きをとるには「クンサンクン」がよい。
・上段、中段、下段の区別をはっきりしたのが「ヂッテ」である。
・実戦向きには「セーサン」と泊の「パッサイ」がよい。

むやみに生噛りをして、数多く知っているのを得意がるのは心得違いである。

直接伝授を受けた人

支那に行き、あるいは本県にて直接支那人より伝授を受けた人は多数いる。

・アソンの弟子には、泉崎の崎山（喜徳）、長濱友寄具志親雲上。
・イワーの弟子には、首里の松村親雲上（宗昆）、久米の前里湖城小。
・ワイシンザンの弟子には、東の右衛門殿島袋、九年母屋の比嘉、西の東恩納小（寛量）。
・漂着した福州安南の人より稽古したのが、泊の城間と金城が「チントー」、松村（松茂良興作）と親泊（興寛）は「チンテー」、山里は「ヂーン」、仲里は「ヂッテ」と手配りを習った。

泊に比較的武術家が多いのは地形上那覇に属するが、首里からは遠いのでご奉公から帰宅途中に不時の用に備え、首里王府の承認を得て、公然武術の稽古を許されたのに起因するのであろう。

※福州安南の人は泉州南安の間違い。

組手

世の中には組手なるものが特別に存在すると迷う人がいるが、組手はすべて唐手の活用に過ぎないのである。例えば珠算の段のものを習って乗除を行うようなもので、算段九九を用いないで計算ができる道理があろうはずがない。単に段のもののみ覚えてその意味を咀嚼しないものには、往々にしてこのように疑念を抱くものが多いけれども、論より証拠あらかじめ相手を立てて試合を極めておく必要は認める。

段のもの組織分解

唐手の段（型）のものを一通り覚えたならば、必ずその性質の上から組織分解をしてみなくてはならない。はたしてこれは何に属し、何に属すと判然したならば、初めてその向きに修練しておくのである。そして練習するにも、はじめは力を入れずに手数を覚えることに留意し、機械的に覚えるようになったら、七、八分の力を入れてなるべく打ち広げてやってみる。

初めから力を入れて使うときは早熟して、身体を頑健に発達させることはできない。技が熟するのに従い、たまには二分の力でやったり、五分の力でやったりする。人に望まれてやるときは、七、八分くらいの力で使ってみるのがよかろう。

沖縄の武技―唐手に就いて（下）

練習中の心得

練習中は第一に姿勢に気をつけて型を正さなければならない。覚えないうちから力任せに使うときは品位が上がらない。唐手にも手振りと言うものがある。絶えず練習した者でなければ容易に手振りを出して使うことは出来ない。どうしたら上品に唐手を使うにはどうするかというと、腰のそえ方より上中下の区別を明らかにして、力の入れ具合を覚え、目と手を一致させて緩急をつけるのである。

唐手と学問との関係

唐手を稽古するのは第一に精神の修養にあるので、体育はその副次の目的に属す。唐手を稽古する人は快活で、憂鬱などない。自信力が強いから、無闇にビクビクすることなく質素で、正直で、熱心で、堪忍力が強くなるから、勉強にしても労働にしても何の苦もなくやってのける。また淡白で、貪欲心がないから自然と品位が上がる。個人の闘いも、国家の戦争も終局には、肉体を離れて知恵の争いになる。昔から無学の人に偉大な武術家は出ない。真に唐手を研究する者は生理衛生や柔術、剣術、馬術、弓術、洋書、軍書などあらゆる方面より機会を捉えて研究しなければならない。孫子、呉子の兵書六稲三略田舎草紙などは参考にすべき良書である。

目下の観点

人の手足は剣と思え

世の中には手の使い方を評して、足の秘術を詮議するものがいないのは、はなはだ遺憾に思う。足は時によっては手以上に利く事がある。いわゆる闘いにおいて手と手を組み合うときは、必ず足であることを忘れてはならない。足の使い方には投げ足、踏切と言うように種々使い方があるが、時と場合によってその使い方も異なるのである。とにかく足の利用と言うことを忘れてはならない。

馬術の書に「・馬に乗らんより足を乗れ　・足を乗らんより気を乗れ　・気を乗らんより心を乗れ」とあるが、何でも精神にせまらなければ駄目だ。自分は今年七六歳になるが、学問でも武術でも今から上がるようにあるので、実に愉快に感じている次第である。唐手いや武術は短日月に成績の著しく顕れるものではない。一生涯の仕事としてかからなければならない。しからば何時頃から始めるかというと、なるべく一二、三歳のころが良いが、二〇歳過ぎても差し支えはない。時に年取ってからは絶対できないと言う者もいるけれども、年取っただけ覚えがよく、かえって成績が良いものもいる。誰でもいつでもやればできるもので、成さぬから成らないのである。

戦闘法

唐手に先手なし

昔から「唐手に先手なし」と受けることを教えて、入れることを教えないのは、教育上青年子弟を戒めた言葉であろう。もしそうでなければ今日の戦術に矛盾するわけになる。なぜならば先制力と言って、気を制するというのは戦略法で偉大な力を有するものではないか、また先の先を制すること、そうでなければ後の先を制せよということがある。これらは唐手でいうと敵に先を制せられた時は、受けると同時に入れ返しをせよと意味になるけれども、国家存亡の場合、あるいは父母妻子に恥辱をかけ、敵が肉薄して止むを得ざる場合でなければ先手は許されない。完（松濤）

公同会運動の発起人

公同会運動とは、琉球復藩運動と言い、明治十二年に廃藩置県となり、琉球王府は壊滅するが、せめて「尚家を沖縄の世襲知事とする特別制度の実施」をしてもらいたいと言う請願書である。

その公同会請願書・趣意書には首里区桃原八〇番地士族雑業。安里安恒の名前が見える。一八九六年（明治二十九年）尚泰の次男尚寅を中心に士族代表安里安恒、国場掌政、山城正楽その他、平民農業代表九名が連名で発起人となり公同会を結成。全県下で七万三〇〇〇人近くの署名を集めて、公同会趣意書を内閣総理大臣松方正義に直訴するが、世間の物笑いとなり頓挫する。

むすび

安里安恒は琉球王府の上級士族であり、武道検察官として、武道を奨励する要職にあって、当時の沖縄の武道事情をはじめて著したのが「沖縄の武技―唐手に就いて」である。

この「沖縄の武技―唐手に就いて」が世に出なければ空手の歴史はもっと曖昧なものになっていただろう。ただ口碑・口伝や推測で述べている箇所が随所に見えることから、盲信して引用することは憚られるが、稽古内容は現代でも立派に通用するものであり、指導者やこれから空手を目指す人たちには熟読してもらいたい論文である。

また安里安恒の最大の功績は、何と言っても近代空手の礎を築く糸洲安恒と船越義珍を育てたことにある。

遺訓

「人の手足を剣と思え」

参考文献

屋部憲通の手記「糸洲武勇伝」　琉球新報　大正四年三月二十一〜二十八日
安里安恒の手記「沖縄の武技―唐手に就いて」　琉球新報　大正三年一月十七〜十九日
船越義珍著「空手道一路」　榕樹書林

「那覇百年のあゆみ」一八七九～一九七九年那覇市
公同会趣意書・請願「那覇市史」

近代空手の祖　糸洲安恒（いとすあんこう）（一八三一～一九一五）

首里山川生まれ、糸洲筑之登親雲上安恒、下級士族。
琉球王府書記官。師は松村宗昆、後に長濱筑登之親雲上に師事。流儀は「那覇六分首里四分」と言われ、那覇手。得意技はナイファンチ。

足跡（満年齢）

一八三一年（天保2年）　・生まれ。
一八三八年（天保9年）7歳　・尚育王冊封使来流。
一八四六年（弘化3年）15歳　・松村宗昆に師事。
　　　　　　　　　　　　　　・盟友の安里安恒（18歳）と師松村宗昆宅で早朝稽古に励む。
一八五四年（安政元年）23歳　・猛牛を一撃で倒す？
一八六五年（慶応元年）34歳　・辻街で覆面の男の掛け試しを一蹴。
一八六六年（慶応2年）35歳　・尚泰王冊封使ワイシンザン、イワー、アソン来流？

一八六七年（慶応3年）36歳
・久米三六九（学芸会）において新垣世璋らがちしゃうきん、スーパーリンペー、十三歩を演武。

一八七九年（明治12年）48歳
・琉球処分。

一八八一年（明治14年）50歳
・盟友安里安恒が尚泰王の随行員として上京。

一八八五年（明治18年）54歳
・船越義珍（12歳）が安里安恒の紹介で師事する。

一八八七年（明治20年）56歳
・本部御殿の本部朝勇（24歳）へ唐手を指導。
・廃藩置県後も沖縄県書記を務める。

一八九〇年（明治23年）58歳
・本部朝基（17歳）が師事。
・屋部憲通、花城長茂等10名が志願兵となる。

一八九二年（明治25年）61歳
・師の松村宗昆（88歳）死去。
・盟友安里安恒が東京より帰郷。

一八九四年（明治27年）63歳
・日清戦争始まる。
・親日派（開化党）と親清派（頑固党）の対立激化。師範学校関係者は開化党についた。

一八九六年（明治29年）65歳
・6月8日小川鈜太郎沖縄県師範学校第十一代校長赴任。
・盟友安里安恒が公同会運動起こす。

一八九八年（明治31年）67歳　・徴兵令施行。
一八九九年（明治32年）68歳　・6月28日小川鉦太郎が沖縄県視学官拝命。
　・8月、知花朝信（14歳）が師事。
一九〇一年（明治34年）70歳　・首里尋常小学校において放課後児童へ唐手指導をはじめる。
　・この頃に沖縄県視学官小川鉦太郎が文部省へ唐手を具申する。
一九〇二年（明治35年）71歳　・摩文仁賢和（13歳）が師事。
一九〇四年（明治37年）73歳　・沖縄県師範学校全焼し首里城内へ移転。
　・日露戦争始まる。
一九〇五年（明治38年）74歳　・沖縄県師範学校、一中に唐手が採用され唐手嘱託教授となる。
　・ナイハンチ、ピンアン、パッサイなどを指導する。
一九〇六年（明治39年）75歳　・徳田安貞（21歳）師範学校入学。
　・10月13日、沖縄県師範学校新校舎落成式で武術大会開催。
　・師範学校は週2回の外出日以外の放課後、撃剣（剣道）、柔道、唐手、テニスなどを行い、体力と規律を養成する。
一九〇七年（明治40年）76歳　・親泊（後の遠山）寛賢（19歳）師範学校入学。

一九〇八年（明治41年）77歳　・親泊（遠山）寛賢、師範学校で糸洲、屋部の助手を務める。

・「唐手心得十ヶ条」を県学務課へ提出。
・京都の武徳会青年大会へ柔剣道各3名出場。これより毎年派遣する。
柔道に派遣された徳田安貞が大会に先立ち唐手を紹介。

一九一〇年（明治43年）79歳
・徳田安貞（26歳）師範学校卒業。
・儀間真謹（16歳）入学、師範学校予科において師事。

一九一五年（大正4年）85歳
・胃病を患い療養。3月11日死去。

弟子たちが語る師糸洲安恒

拳法大家逝く

拳法の大家糸洲安恒翁は一昨年来、病魔の犯す所となり健康にすぐれず、一昨日八五歳の高齢をもって逝去した。この道の名手、屋部憲通が師の経歴について語るには、翁は一八三一年（天保二年）首里山川に生まれ、幼少の頃から武を好み、拳法をかの有名な松村（宗昆）に学び、後に那覇の崎山（喜徳）、長濱（筑登之親雲上）、泊の松村（松茂良興作）、首里の牧志、佐久間、伊志嶺、安里（安恒）の諸氏と交わり、この道の研究に勤め奥義を極める。また学問に秀でて琉球王府の祐筆（書記官）を務めた。温厚篤実、高潔で、真に古武士の風があった。廃藩置県後、斯道衰え、人心は浮華文弱に流れることを、翁は大いに嘆き青年を集めて教えることを、無上の楽しみとし、ほとんど老いを知らないようであった。

一九〇五年（明治三十八年）本県師範学校及び中学校に武道として拳法を採用されると、翁は嘱託教授となり、以来十有一年、老体を以って熱誠数百名の健児を訓育し、少しも倦むことがなかった。今日、本県学生の気風がすごく堅実となったのも翁の教養によるものである。翁は実に本県拳法中興の祖と称しても過言ではあるまい。

（屋部憲通手記「拳法大家逝く」　琉球新報　大正四年三月十三日）

鋼鉄の如き拳―老練熟達の名人

一九一五年（大正四年）三月十四日、琉球新報の屋部憲通手記「鋼鉄の如き拳―老練熟達の名人」によれば糸洲翁は、本年（大正四年）八五歳になられるが一昨年から胃を患い、健康を損なわれて以来、家で療養している。

学校の拳法指南嘱託

一九〇五年（明治三十八年）、拳法がはじめて師範学校の武道として採用されたからだが、病床の人となるまで八〇歳の老体を厭わず幾百の健児を訓育し他意がなかった。

ただ糸洲翁の晩年の生計は、はなはだ苦しく、その一面から云うと不幸な生涯を送った人である。今いたら五〇歳ばかりの息子が一人いたが亡くなり、今は弟の子から養子を取っている。その人は目下、渡名喜に駐在しているため、翁は妻と二人暮らしであった。学校の手当が二円五十銭、両方合わすと五円ぐらいの収入しかなかった。別に資産があるわけでもなく、生活ははなはだ困難であった。

人間貧乏するものではない

俺なども随分若い頃は間違った事をしたものだ、お金は作るべきものだよと嘆息されたことがあるが、翁は性質が元来無欲恬淡の方で、蓄財などのことはさらさら考えなかった方であった。若い頃は豪放磊落、随分逸話もつくったらしいが、私はその方面はあまり多くを知らない。ただ私は少年時代から翁に武道の教育を受け、性格とその武技について十分知っているつもりである。翁は時には奇矯な行為もあったが、性格は温厚篤実という方であって、したがってその武道ぶりも性格の流露するところとなって、堅実にして老練という性格であった。翁は、いつも弟子には「敵を倒すより、己を堅固に守れ」とよく言われた。

これぞ武道の精神でもある

世の中には乱暴な拳法家もいて、拳法は人を害する術と心得て、格闘ばかりをする人もいるが、翁はこの手合いを痛く排斥し、常に弟子達を戒めこの点を諄諄と説いた。師の松村宗昆は、生まれながらの武道者で、もっぱら実戦の経験から積み上げてきた天才であったが、糸洲翁はそうではなく、まったく多年錬磨、工夫で築き上げてきた人だ。それだから武道の指南者として翁は絶好な人であった。危なっかしいという点が少しもない。武道の奥義変化を知り尽くし余蘊なしという人であった。

実に武道の精神に徹底した人であった翁は、はじめ松村宗昆翁に学んだが、後年多くの感化を受けたのは那覇の長濱という人であった。糸洲翁の流儀は、すなわち「那覇六分首里四分」という方である。安里翁など松村直系の人とは系統が少し違っている。糸洲翁の最も長ずるところは、絶大の腕力であった。その握り固められた鉄拳の破壊力のすごさは、当時武道者は多いけれども、おそらく糸洲翁の右に出る者はいなかっただろう。

松村翁も糸洲の拳固には深く許していた。技術の鍛錬という上から言うと、先輩であるけれども松村以上であった。戦闘力においてはむろん天下に敵なしの松村には及ばなかったが、工夫と努力はたしかに松村も一歩譲らなければならなかった。とにかく近世の名人であった。

糸洲武勇伝（一）・昭霊流の名人

一九一五年（大正四年）三月二十一日、琉球新報、屋部憲通手記「糸洲武勇伝・昭霊流の名人」による。

幼少年時代

糸洲安恒翁は、幼少の頃はいたって不健康で、いつも溜飲だの、胃病だのといって病気に悩まされていたので、体格も悪く友達からヤビラー（病気がち）と言って軽蔑されていたが、ふとしたことから唐手が面白くなり、体育の養成にもなるだろうかと考えて松村翁の宅へ通ったのは一五、六歳の時であった。

利発な少年であったために、呑み込みが早く一年ぐらいたつと身体はめきめきと発達し、技術も日に増しに熟達した。翁の武技は、その動機から自己防衛と言うことであったので、あくまで健全の風を保っている。

昭霊流と昭林流

唐手を大別すると昭霊流と昭林流に帰する。昭霊流の開祖は大兵肥満の人だったそうで、その人の性格から割り出され、重厚にして確実、守るを堅くして攻めは厳なりという方で、欠点は動作が鈍いことにある。昭林流の開祖はやせ形の人であったために、その人に適するように出来上がった。機敏にして敏捷、守るも攻めも速い。欠点は力強さに欠けると言う。しかしながらいずれも長所、短所があるので、優劣はつけがたい。要は人々の性格の適不適があるので、昭霊流肌の人には昭霊流がよく、昭林流肌の人は昭林流がよい、肥えた人は昭霊流につくべきで、痩せた人は昭林流を選ぶべきである。

例えば名人で言うと糸洲安恒翁は昭霊流の代表者で、昭林流の代表者は安里安恒翁である。糸州翁の先師、松村宗昆翁は糸洲翁と反対に昭林流であったから、松村宗昆の技風はむしろ安里安恒翁に残っていると言われている。糸洲翁が「那覇六分首里四分」という技風は、すなわち那覇が昭霊流であったからである。

糸洲武勇伝（二）・昭霊流の名人

城間鼻小タンメー

糸洲の少年時代は、もっぱら松村翁について武道を教わったが、しかし、それだけでは満足せず那覇の長濱に教えを受け、その他当時の有数の大家はすべて歴訪して質疑や指導を受けたりした。その中には泊村の城間という人がいた。渾名が鼻小タンメー（翁）と言われ、泊村は当時、非常に武道の盛んなところで、有名なる泊村の松村（松茂良興作）は首里の松村（宗昆）と相匹敵するぐらいの大家であるが、その人に次ぐ名声燦々たるのが城間鼻小タンメーであった。当時、泊から浦添経塚へ隠棲しているところを、糸洲翁は痛く敬服し、指導を受け技術を練磨した。その外に隠れたる大勇者がいた。屋比久の主（翁）である。

屋比久の主

屋比久村に、古流の武術を伝える世を忍ぶ仙人じみた人がいた。松村翁よりもはるかに先輩で、松村翁如きも、壮年時代までは専ら実戦の経験ばかりして、古流の唐手に通じていなかったため、その屋比久の主を訪ねて、ようやく教えを乞うほどであった。糸洲翁や安里翁も、常々から屋比久の主の名を慕い指導を受けたいと思っていたが、なかなか機会がなかった。屋比久の主は、高齢なので亡くなってからでは後悔すると思い、二人は決意して屋比久の主を訪ね入門した。

糸洲武勇伝（三）・昭霊流の名人

體の人　用の人

拳法に躰用という語がある。「躰」とは主として身躰を堅固にして、いかなる強敵にあっても、挫けないように鍛錬しておくというのである。すなわち昭霊流がその特色を持ち、糸洲翁はその主義であった。たとえば過って敵の拳にふれても、身体が痛み損することがないようにする。すなわち防御力の強大と耐忍力の強靭にある。これと反対の主義に立つ者は、安里翁がもっぱら主張する所の「用」である。安里翁が言うには、敵の拳固は刀剣と同じものであるから、少しでもこれを体で受けてはならない。常にこれをはずすことに努めるとともに、敵に向かっては素早く突入し進撃して、その戦闘力を失わせなければならないと、安里翁はしきりに「用」の重要性を説いた。昭林流の則る所はこの点にある。しかし、これはその特色の大体について言うのであって、體と用は決してその一つを廃すべきことではない。

糸洲安恒の得意の手は「ナイファンチ」である

糸洲翁は唐手の基本は「ナイファンチ」であると言って、弟子たちに教える時は、常に「ナイファンチ」を深く研究することを説いた。名人大家という者には、必ず一つは得意の術があるもので、その術一つは何人が来ても、一言も挟み得なければ一指も染めさせぬという、深き自信と鬼神をも驚かすような妙境を開いているものだが、当時実際「ナイファンチ」にかけては、勇士多いといえども、糸洲翁に比肩する武士はいなかった。一方には「糸洲はナイファンチ」しか知らず、それのみですべてに勝てるわけがないと非難する者もいたが、糸洲翁は常にその説を退けて、いやしくも武道の基本財産さへ有しない者が、何になるかと言って、自ら深く信じて疑わなかった。弟子たちにも、「ナイファンチ」だけは深く徹底して研究すること、他の術は、ただ補助的なものぐらいに心得てよいと説いた。

廃藩以前、首里近郊の村々で諸芸と言って文武の道を奨励した時があった。その頃、武の検察官であった安里翁は各村々の武道を巡視したが、その頃は非常に武道が盛んであったので、青年子弟ばかりではなく、時の大家先生までも出て唐手を実演した。当時は泊・首里に付属していたこの諸芸会の各村々の演武を見て後に、安里翁は、初めて糸洲の「ナイファンチ」の天下一品なることを知ったと言ったそうである。

糸洲武勇伝（四）・昭霊流の名人

武道と書道

糸洲翁というと武道一点張りと思う人があるかも知れないが、武道に劣らぬ書道（学問）に励み、当時士族の面目光栄とした三大科の中の御祐筆の科に合格。御祐筆（書記官）役人として首尾よくその役を務めた。翁の筆力は拳道の堅剛なると相一致して優れ、御祐筆役人として同僚の中で群を抜いていた。

しかし翁がその試験を受けない前の家計は極めて苦しく、友の安里安恒が資金を援助して、自由に勉強を出来るようにした。糸洲翁はその志に感じて、共に学問を励むとともに、さらに三度の飯よりも好きな武術を切磋琢磨した翁が、御祐筆の科に及第したのも、一つは安里翁の物質上の援助に負うところがあった。

左二百・右百突く

当時糸洲、安里の両氏は、毎朝未明に松村翁宅に通い唐手の稽古をした後に、日の出前には帰宅して各々学校へ行くのであった。帰宅すると時間を厳格に定めて勉強に励み、武道の鍛錬をする具合であった。糸洲翁の拳法はすなわち例の「ナイファンチ」を基として、日に何十回となく、これを使い拳力養成としては巻き藁を突くのであるが、突き方は右を百回突けば、左を二百回。右を二百突けば左を四百突くという具合に、左は必ず右の二倍にして突いた。その理由は右利きの人は左拳が弱いことから、左右の拳力を等しくするためであった。両腕を等しく有効ならしめるには、必ずこの手段によらねばならないと言うのである。糸洲翁は、若い頃から肥満性であったため、とかく動作の鈍重なるのを恐れがあったので、翁は痛くこれに注意し、努めて活動の敏速ならんことを期して、跳躍法を工夫して横にも縦にも跳べるようにした。翁のような肥満漢にして、なおかつ六尺ぐらいの垣根を優に飛び越したというのである。ある時は、安里翁と代わる代わる抱いて、六尺有余の石垣から躍り越えると言うような軽業を試みることもあったと言う事である。

糸洲武勇伝（五）・昭霊流の名人

蟹歩きに苦心

糸洲翁の得意とする「ナイファンチ」の苦心した所は蟹歩きであった。この蟹歩きが完全に出来るのは、自分一人であるといって威張ったものである。なるほどそういうと、糸洲翁のナイファンチは独特の妙味があった。その鉄拳を蟹の鋏のように曲げて、一歩一歩足を力強く踏み込んで横歩きする姿は、まことに天下無類の奇観壮観であった。その鉄拳の屈折伸縮する一つ一つの動作には、武道の火花が散って散乱するばかりであった。あるいは老梅の枝幹が、がっちりしている如く、また腕節の上に千鈞の錘を乗せたように耐重力を有するかと思わせるほどであった。糸洲翁が「ナイファンチ」の唯一の人と言われるのもまったく無理はなかった。

ついでに当時の一流の武道家の得意技を紹介すると、松村翁の五十四歩、これは支那人直伝の手で最も得意とした。伊志嶺翁のパッサイ、クーサンクー。大城翁の同じくパッサイ、クーサンクー。この両者は琉球在来の手で、二翁の如きは、これを以て拳道の基本としたぐらいである。伊志嶺、大城は首里儀保の名家の生まれで、伊志嶺は小柄でありながら飛鳥の如く早技を得意とし、大城は反対に剛健な鉄の仁王尊のような人物であった。両氏とも当時の拳道界の重鎮として名声を馳せていた。その頃、那覇では東の桑江小という人もクーサンクーが得意であったと言う。

指頭豚を切りさく

当時、首里に知念某という支那仕込みの武人がいて、若い頃福州を往来して、支那流の唐手を深く研究し、自ら高く評価して眼中天下の武人なしと威張っていた。

琉球の武道はすべて拳固を握り固めて攻撃するのであるが、支那人は指先を剣のように尖らせて突くなり、受けるなりする。その方の名人になると指頭の破壊力ときたら優に七分板を貫通する位と言うから、人間の皮肉ならたまったものではない。この指頭の鍛錬は砂俵をつくって突き、熟練した人はチニブ（竹垣）をグザグザにすると言うから恐ろしいものである。知念もまたこの流の名人で、時々屠殺場で生き豚に指頭を試して、包丁のように豚の皮肉を切りさいたということである。この話を聞いた糸洲翁は、せせら笑って相手にしない。豚じゃあるまいし、生きた人間を指先でどうのこうのと言って耐えるものかと高言して憚らなかったが、ある日、たまたまこの豚殺しの名人と出くわしたので、こいつの鼻をへし折ってやろうと前に立ちはだかったところ、糸洲とわかり、逃げるが如く立ち去ったと言う。その後、糸洲翁は笑って曰く、正宗の太刀でも触れなければ大事はないよと云ったそうだから、両人の間には随分段が違うのであった。

糸洲武勇伝（六）・昭霊流の名人

豪胆敵を辱む

糸洲翁が三四、五歳の男盛り頃の話である。当時の遊廓街の辻、仲島、渡地を仲の良い安里翁と遊び歩いた時、糸洲の武芸を試すためにやってきた覆面の男に襲われ、突いてきた右拳をヒョイとかわし、相手の右手首をしかっと握ると、さらに左拳を突いてきたが又も、しかっと手首をつかまれ、両手を金輪で縛られたようになった曲者は身動きが出来ない。そのまま相手の手首をはなさず裏座に連れ込んで「失礼ながら一献」と杯を差し出すと、彼の曲者は面目なく頬被りの手拭いを取って平身低頭、平謝り退散したという。

糸洲武勇伝（七）・昭霊流の名人

地頭代と張り合う

親友の安里安恒が当時、仲島に雨屋小(ぐゎ)のカマと言う有名な遊女にぞっこんに惚れ込んでいたが、小禄間切の地頭代の某が通っていたので体よく断られる。しかし諦められない安里は再三申し込んだところ、根気負けした遊女は承諾をする。有頂天になった安里は糸洲と連れだって足繁にカマのところに通うのだが、ある夜、例の地頭代に先を越され、女郎から体よく断られるが、少々酒気を帯びている糸洲君が、仲前の扉に拳固を固めてグワンとやってしまった。扉は丁度拳固の大きさに穴が開き、その穴から手を差し入れて貫抜きを外し、中へ入って行ったら、驚いた地頭代らは右往左往して蜘蛛の子を散らすように逃げてしまった。

糸洲武勇伝（八）・昭霊流の名人

女にかけても強い糸洲翁

女にかけても強い糸洲翁の武勇伝も馬鹿に長くなったが、最後に翁の鉄拳の無類飛び切りであった話をしましょう。

翁が三〇歳の頃ある夜、親友の安里翁と一杯ひっかけて渡地へ出かけたが、そこに恋敵がいて嫉妬の炎が収まらず天水甕の蓋を取って一拳喰らわすと七分板を二つ合わせた板が拳の痕のみ穴が開いてしまった。酩酊しているし仕損じでもあってはと安里翁は大いに危険を感じ、こちらも同じ勇者だから引き込んで抱きすくめ布団で全身を覆いかぶせ、その上に馬乗りになったので、流石の糸洲翁もそのまま動けない事になり、酔っているので、そのままグーグー寝込んでしまった。（終わり）

本部朝基談

私は子供の時から武芸が好きで多くの先生について研究したが、糸洲先生について稽古したのは一七、八歳から二四、五歳のくらいまでの七、八年間です。糸洲先生は、はじめは浦添の沢岻に居を構えていたが那覇の仲島大石前に転居し、それから識名に移り、さらに伊江男爵荘に越され、晩年は中学校下に住んで居られた。

ピンアンの型

ある日、学生の演武している型が、以前に私が習った「チャンナン」という型によく似ているが、多少違っているところがあるので、「何という型ですか」と学生に聞くと「ピンアンの型」ですとのことであった。不思議に思い糸州先生に「私はチャンナンという名で習い、型も今のとは違うようですが、どういうわけですか?」と問うと、先生は「その頃とは型は多少違っているが、今では学生のやったあの通りの型に決定している。名称もみなが平安がよいというから、若い者達の意見通りそうしたのだ」とのお話であった。この型は糸洲先生の創られたものだが、先生一代の間に右のように変化があった。

武士長濱と糸洲先生

糸洲先生は、一つ年長の武士長濱（筑登之親雲上）を先生として尊敬され、随分仲が良く稽古をされていた。ある日、糸洲先生は私に次のような秘話を話された。武士長濱が病床に伏したときに「糸洲君、自分の一生を省みて重大な間違いがあったことを気づいたから君に遺言として話しておく。どうも自分の武術の流儀はあまり身体を固くし過ぎたようだ。これはよく考えて見ると間違ったことである。体を強固にするはずのが、かえって弱くしたのではないかと思い当たる節が多い。君には体を固くせよと言って教えてきたが、それは自分の一生の体験から、どうもよろしくない事を自覚したので、君がそのままの流儀で弟子に伝えたら罪だから、その点を訂正しておこうと思ったのだ」と言う話しである。若い人たちもこの話を、よく味わって聞いておくがよいと本部朝基は結んでいる。

（仲宗根源和編「空手研究第一号」　本部朝基談「空手一夕譚」）

遠山寛賢談

私の空手の型は、糸洲先生より直接教えを受けたもので、先生の助手として沖縄県師範学校の空手教授をお手伝いしたのは一九〇八年（明治四十一年）からの三年間でありました。

一九〇七年（明治四十年）の夏、首里城内にあった師範学校を移転して新校舎の運動場の一隅に巻き藁を三〇本も立て、皆が熱心に稽古したものです。当時の学生に徳田安文君（現沖縄一中空手師範）、城間真繁君（元沖縄一中空手部師範）等がいました。

一九〇七年（明治四十年）十月十三日、新校舎落成祝賀会には、特別に武術大会が校庭で開催され、県下の高名な武術家は大方、皆出席されたので、後にも先にもない前代未聞の盛観であった。実際各派の大家があの時のように多数集まったことは、その時はじめてで、その後もないでしょう。師範学校の空手師範は糸洲先生や屋部先生で、私は二年生の時から助手として絶えず両先生に接近していたので、私が糸洲先生の型を今日まで正確に保存しているのは、その時代から空手に対する特別の興味と熱心とがあったからです。私は大正三年に知花朝章さんから、知花家に伝わる公相君を直接伝授してもらう機会がありました。知花公相君は糸洲派のよりも華やかな所があるので、私は教授には糸洲先生の型を教えているが、演武会では大抵、知花公相君を紹介している。

（仲宗根源和編「空手研究第一号」）

摩文仁賢和談

糸洲安恒先生は首里の松村、泊の松茂良、城間、長濱などの大家に就いて空手の形を研究したのであるが、我々が教えを受けた形は、全然、松村や松茂良の形でもなく、まったく新機軸によるものであった。その証拠に松村宗昆の高弟である屋部先生の最も得意とする五十四歩と糸洲先生の五十四歩は、松村派の形である以上同一であるべきだが、非常に異なっているのである。

また私は又吉盛博（松村派系統）について騎馬立の形を稽古したが、これまた糸洲先生から学んだ形とは異なっていた。ある日、又吉から習った形を糸洲先生に見せると「これは元の形で、私が研究の結果、現在の形に改めたのだ」とはっきり言われた。

公相君の形においても、同一でなければならないのに北谷屋良の公相君と町端の公相君とは皆その形を異なる。また糸洲先生は新しく四方公相君や平安の形一段より五段まで完成されたのである。これが今日の空手の基礎となって盛んに演武されている状態である。

（月刊文化沖縄四月号「日本武士道の一分派として確立せる空手道」）

千歳強直談

門外不出とされてきた唐手がどのような経過をもって世に出たかと言うと、一九〇一年（明治三十四年）、首里尋常小学校で糸洲安恒先生が授業後、一時間ほど好きな唐手を教えていた時の話である。ある日の校内身体検査の時、他の学校と比べて四肢五体が均整に発達した児童が多いことに驚いた校医や軍医が、一体どのような体育指導を行っているのかと話題になったのが始まりであった。特に当時は、欧米諸国に追いつき追い越せ、富国強兵、質実剛健の気風の盛り上がっていた時代だから尚更だった。

それらの事は、一早く当時の県視学官小川鉄太郎（鉦太郎の間違い）に報告された。視学官小川は、糸洲先生に唐手についての特長などを熱心に聞かれ、唐手の持つ体育効果を認識理解され、大きな感激を持って文部省に上申された。こうして明治三十七年（明治三十八年の間違い）、体育の正課として県立師範学校、県立第一中学校に公認認可されることになった。糸洲先生は唐手が正式な科目に認可されると、師範学校に移り、大正三年八月九日八六歳（大正四年三月十一日の間違い）で永眠されるまで空手道の普及に務められた。

（千歳強直翁晩年の力必達集より）

※千歳強直（一八九八〜一九八四）

那覇久茂地生れ。千歳流開祖、医師、祖父は松村宗昆？　師は新垣世璋。

当間重剛談

作家の宮城聡ら明治末期から大正初期にかけて、沖縄師範で学んだ人たちの間では「糸洲安恒が羽織袴に威儀を正して、馬で師範学校へ通っていた。いかにも生活を空手にかけた人らしく、大変な蟹股で独特な足さばきで闊歩していた」等とありし日の古武士然とした姿は今でも語り草となっている。

その頃、糸洲翁の提唱で沖縄師範学校校庭において、毎年一回空手大会が開催され、師範学校全校生徒が参加する事はもちろんの事、沖縄中の空手人や沖縄中学校の生徒の招待演武も行われ、さながら空手王国の観を呈していたと言う事である。師範学校では糸洲安恒に次いで屋部憲通、徳田安文。一中では花城長茂や徳田安文。二中では許田重発。那覇商業、警察では宮城長順が空手専任講師として、それぞれ指導に当たっていた。（中略）ところが、支那事変がはじまると空手は警察のみに行われ、いつの間にか、学校体育課目の中から姿を消した。これは体育が軍事教練に主体を置かれるようになったためであろう。

（当間重剛回想録）

※当間重剛（一八九五～一九七一）　那覇市長、琉球政府行政主席

船越義珍談

糸州先生は、身長は普通だが胸が非常に厚く、そのために体躯はちょうど樽のような感じであった。そして長い髯を蓄えておられたが、その風貌は温和で、まるで小児のようであった。腕力が強いことは当時その右に出る者はいないと言われたぐらいで、孟宗竹を握りつぶすほどの怪力であった。

（船越義珍著「空手道一路」）

糸洲十訓（唐手十ケ条）

糸洲安恒が一九〇八年（明治四十一年）七七歳の時に、空手の普及発展と近代化の指針を示した糸洲十訓である。原文は候文。

【前文】

唐手は儒仏道より出たものではなく、昔、支那より昭霊流、昭林流の二派が伝来したものである。

両派はそれぞれ特長があるのでそのまま保存して改変しない方がよい。

一　唐手は体育を養成するだけではなく、国や親に一大事が起きた場合には身命をも惜しまず、立ち向かい、決して一人の敵と戦うものではない。万一盗賊や暴漢に襲われた時でも、なるべくうまくさばいて、拳足をもってけがをさせてはならない。

二　唐手は絶えず筋骨を鍛え、体を鉄石のように堅め、また手足を槍や刀の代用になるぐらいの目的にすれば、自然と勇敢さを発揮するようになる。そのためには小学校時代から練習すれば、後に、軍人になった時や他の諸芸に応用すれば便利であり、将来の軍人社会で役に立つ。彼のウエルリントン侯がナポレオン一世に大勝した時に「今回の勝利は、我が国の各学校の運動場で培ったものである」と実に格言である。

三　唐手は急速に上達するものでなく、牛の歩み千里の道にも達する格言があるように、こつこつと毎日一、二時間精を出して練習すれば三、四年後には普通の人とは骨格は異なり、唐手の奥義を極める者、多数出てくると思う。

四　唐手は、拳足を鍛えるのが重要であるので、巻藁を突くときは、肩を下げ、肺を開き、強く力を取り、また足を強く踏みこみ、丹田に気を静めて練習すること。もっとも毎日片手一〇〇回から二〇〇回程度突くこと。

五　唐手の立ち方は、腰を真っ直ぐに立て、肩を下げ、力を抜いて力強く立ち、丹田に気を沈めて、上半身と下半身の力を引きあわせるように全身を凝り堅める事を要点とする。

六　唐手の表芸は数多く練習し、一つ一つの技の意味を理解して練習すること。突き方、受け方、はずしの取り手の方法があるが、これは口伝していることが多い。

七　唐手の表芸は、これが「体」を養うものか、また「技」を養うものなのか、あらかじめ確認してから練習すること。

八　唐手の練習の時は、常に試合（戦い）のつもりで、目をいからし、肩を下げ、体を固め、また受けたり、突いたりする時も、実際に相手の攻撃を受け、また相手に突き当たる気迫をもって、毎日練習すれば、試合（戦い）には自然と体現できるようになる。よくよく注意すべきことである。

九　空手の練習は体力に応じてやり、過ぎれば上部に気が上がり顔や目は赤らみ、身体の害になるのでよくよく注意する事。

十　空手熟練の人は、むかしから長寿の人が多い。その原因は筋骨が発達し、消化器を助け、血液循環を好くしているからである。ついては、唐手は体育の土台として、小学校より科目に取り入れて広く練習すれば、熟練に達しおいおい一人で一〇人に対しても、勝つ者も多く出てくることだろう。

【後文】

右十ケ条の趣意を以て、師範学校や中学校おいて練習させ、その卒業生が各地の小学校の教員となって指導すれば、一〇年以内には全国へ普及し、本県人のみならず、軍人社会でも何らかの助けになると考え筆記しておくものである。

明治四十一年戊申十月　糸洲安恒

この糸洲十ケ条の重要な箇所は前文と後文である。前文において唐手は昔、中国より昭林流と昭霊流という二つの流派が伝来したものであると明記している事。後文には師範学校や各中学校で空手を取り入れて教員を養成して、各地の小学校で指導すれば、空手は一〇年以内には全国へ普及するだろうと言う先見の明があったことである。

糸州安恒の系統の型

・ナイファンチ1、2、3の型
・平安1、2、3、4、5の型（元の型はチャンナン）
・ローハイ1、2、3の型
・公相君大、小。四方公相君
・パッサイ大、小の型
・五十四歩（ウーセーシー）
・ジッテ
・ジーン
・ジオン

・チントウ
・チンテー
・ワンシュウ

（摩文仁賢和、仲宗根源和共著「攻防自在空手道入門」より）

むすび

糸洲安恒の最大の功績は、学校教育において空手指導教員を養成し、世に送り出したことにある。唐手の体育化ならびに近代化を推し進め、従来の武術空手から体育空手へ大転換し、個から集団指導へと発展する中、体育用に唐手の型を次々と創作や改作をする。

新しい型を次々と創作し、従来の型を改作していることはどういう事であろうか。一つは学校体育用に集団に適当するように創作、改作した。もう一つは本人の体型が肥満型で敏捷な所作は適当しない事から、自分の体型に適当するように改作したのであると思われる。

参考文献

屋部憲通手記「糸洲武勇伝」　琉球新報　大正四年三月二十一〜二十八日
屋部憲通手記「鋼鐵の如き拳」　琉球新報　大正四年三月十四日
屋部憲通手記「拳法大家逝く」　琉球新報　大正四年三月十三日

沖縄師範学校龍潭同窓会「龍潭百年」
沖縄県教育会機関紙「琉球教育」
県立一中・首里高校沿革概要・養秀同窓会の歩み
仲宗根源和編「空手研究第一号」　榕樹書林
「当間重剛回想録」
首里高等学校創立八十周年記念誌「養秀」
月刊「文化沖縄」四月号
千歳強直翁晩年の力必達集

唐手界のオーソリティー

安里安恒は「沖縄の武技—唐手に就いて」において、教育的に系統だって唐手を研究しているのは屋部と花城である。以前にはほとんどいないし、この二人は今後、唐手界のオーソリティーとして名を轟かすであろうと高く評価している。

屋部とは屋部憲通の事であり、花城とは花城長茂の事である。

屋部軍曹・屋部憲通(やぶけんつう)（一八六六〜一九三七）

首里山川生まれ。父憲展、母ンタセの長男。四兄弟六姉妹。

師は松村宗昆、糸洲安恒、流儀は首里手、得意技は五十四歩。

沖縄最初の軍人となり中尉まで昇る。

初めて海外へ空手を紹介。

足跡（満年齢）

一八六六年（慶応2年）　・9月23日生まれ。

・尚泰王の冊封使ワイシンザン、イワー、アソン来流？

一八七八年（明治11年）12歳　・この頃から松村宗昆（74歳）に唐手を習う？

一八七九年（明治12年）13歳　・琉球処分。
一八八一年（明治14年）15歳　・この頃から糸洲安恒（50歳）に師事？
一八八七年（明治20年）21歳　・屋部憲通は兵役論主張を始める。
一八八八年（明治21年）22歳　・8月28日長男憲伝誕生。
・屋部憲通、本部朝勇、朝基兄弟、亀谷等が松茂良興作（59歳）から教えを乞う。
一八九〇年（明治23年）24歳　・11月県立中学校中途退学し、下士官養成機関陸軍教導団に屋部、花城等10名が入団、沖縄初の志願兵となる。

一八九二年（明治25年）26歳　・陸軍歩兵二等軍曹に任ぜられ熊本第十三聯隊へ配属。
・松村宗昆（88歳）死去。
一八九四年（明治27年）28歳　・日清戦争へ出征。
・熊本から大連湾に上陸。中国各地を転戦し武勲を上げる。
・5月27日二男憲誕生。
一八九六年（明治29年）30歳　・凱旋帰国、一躍県民の英雄となる。
・叙勲八等授白色桐葉章（年金参拾六円）を花城長茂（年金弐拾四円）とともに叙勲。

一八九七年（明治30年）31歳
・師範学校卒業生を対象に陸軍6週間現役兵制度を定める。
・陸軍軍曹屋部は、沖縄分遣隊として首里同営所（首里城）に奉じられ、本県の師範学校及び中学校生徒兵式体操を精力的に行う。

一八九八年（明治31年）32歳
・徴兵令施行。
・3月5日、沖縄県に警備隊司令部が設置され、徴兵事務員として陸軍歩兵曹長屋部と大野祐徳が任命される。
・5月3日、琉球新報「屋部曹長を訪ふ」掲載。

一九〇三年（明治36年）37歳
・日露戦争で再び予備召集されて少尉となる。

一九〇四年（明治37年）38歳
・日露戦争出征。

一九〇五年（明治38年）39歳
・師範学校、第一中学校に唐手を採用。

一九〇六年（明治39年）40歳
・屋部憲通、花城長茂が生徒有志20人位に、首里当蔵国学跡でナイハンチなどの練習を始める。
・安里安恒（78歳）死去。
・親泊（遠山）寛賢（18歳）、師範学校で3年間糸洲、屋部憲通の唐手の助手を務める。

一九〇八年（明治41年）42歳
・長男憲伝（20歳）は徴兵忌避してハワイへ海外移民。

一九一一年（明治44年）45歳　・儀間真僅、師範学校において屋部憲通に指導を受ける。
　　　　　　　　　　　　　　・県師範学校唐手大会開催。
一九一二年（大正元年）46歳　・長男憲伝ハワイからロサンゼルスへ移住。

一九一五年（大正4年）49歳　・師糸洲安恒（85歳）死去。
　　　　　　　　　　　　　　・3月14日、琉球新報「鋼鐵の如き拳」を寄稿。
　　　　　　　　　　　　　　・3月21～28日、琉球新報「糸洲武勇伝・昭霊流の名人」を寄稿。
一九一六年（大正5年）50歳　・勤務予備召集されて中尉に昇進。

一九一七年（大正6年）51歳　・波上祭の奉納相撲へ師範学校生徒引率。

一九一八年（大正7年）52歳　・師範学校において武術授業研究会開催。

一九一九年（大正8年）53歳　・ロサンゼルス在の長男憲伝の招きにより渡米。
　　　　　　　　　　　　　　・長男憲伝（31歳）上戸光枝（松山出身）と結婚。
一九二一年（大正10年）55歳　・7月、ロサンゼルスで県人会祭りにおいて沖縄角力大会開催を支援。

一九二二年（大正11年）56歳　・8月、ロサンゼルス。フレスノの地において沖縄角力大会開催を支援する。

一九二五年（大正14年）59歳　・5月、ロサンゼルス・インペリアル・バールの地において沖縄角力大会開催を支援する。

一九二七年（昭和2年）61歳
・帰国の途中、ハワイに寄り9か月間滞在して県人へ空手を紹介。

一九二八年（昭和3年）62歳
・1月5日に帰国。

一九二九年（昭和4年）63歳
・8月、再び沖縄県師範学校の唐手教授嘱託となる。

一九三〇年（昭和5年）64歳
・宮城嗣吉を介して仲宗根源和が屋部を訪問。

一九三二年（昭和7年）66歳
・師範学校大正天皇即位記念運動場拡張現場監督。
・3月18日、琉球新報に「屋部憲通翁教導団生活の思い出話」寄稿。
・仲宗根源和の企画による那覇昭和会館、中頭地方事務所、糸満小学校での空手演武会へ花城長茂ともに来賓出席。

一九三三年（昭和8年）67歳
・山崎正薫（元熊本医科大学学長）が来沖。写真集「懐かしき沖縄～山崎正薫らが歩いた昭和初期の原風景」の中に屋部憲通の師範学校の唐手指導写真を掲載。

一九三四年（昭和9年）68歳
・沖縄角力大会（奥武山運動場）において横綱戦、金城正幸対川前喜達の先導役を務める。

一九三五年（昭和10年）69歳
・日中戦争。

一九三六年（昭和11年）70歳
・12月25日、沖縄県空手道振興協会設立に参加。

一九三七年（昭和12年）71歳
・3月28日に空手道基本型十二段の制定、指導部長となる。

・8月27日死去。
・9月27日、師範学校において、故屋部憲通（教練及唐手教師）の追悼会行われる。

屋部憲通氏昨日永眠す

一九三七年（昭和十二年）八月二十八日付けの沖縄朝日新聞によれば、首里山川出身、屋部憲通氏は病気中であったが昨日永眠した。享年七二歳。氏は那覇市街の看板店屋部憲の岳父で、一八九〇年（明治二十三年）陸軍教導団入団。本県最初の軍人として日清、日露戦争に出征し、武勲をたて中尉に昇進。豪傑肌の人で、また空手道に通暁し遂に渡米して各地で、ボクシングを相手に試合し、米人を驚愕せしめし事もあり、本県の空手紹介につとめた恩人で、かつては男子師範学校で教鞭を務めたこともある。

※海外でボクシングとの試合の形跡はない。

少年時代

幼少年時代については定かではないが、唐手は松村宗昆、糸洲安恒に師事。松村や糸洲安恒とは、同じ首里山川村の隣近所であり、両師の影響を受けたに違いない。

軍隊時代

一八九〇年（明治二十三年）、二四歳の時に十一月県立中学校を中途退学し、下士官養成機関陸軍教導団に屋部は花城等一〇名と入団、沖縄最初の志願兵となる。日清・日露戦争に従軍し、軍功をあげ凱旋帰国し、一躍県民の英雄となる。

屋部憲通翁教導団生活の思い出話

一九三二年（昭和七年）三月十八日、琉球新報「屋部憲通翁教導団生活の思い出話」によれば、廃藩置県後、県民の軍事思想は幼稚で、一八八七年（明治二十年）頃から兵役論を唱えて、開化党の青年を牛耳り、真っ先に当時の下士官養成所たる教導団に入り、県民の迷える夢を覚ました屋部憲通氏を訪ね、教導団生活並びに当時の県民の横顔を覗いてみた。

一八八七年（明治二十年）頃から活気ある青年志士としての屋部憲通氏の兵役論主張が燃え始めてきた。本県における徴兵令は、廃藩当時から引き続いたゴタゴタのためや、対支問題の解決を控え迷っていた際なので、屋部氏の主張は民衆の無自覚から湧く、非難の声を浴び、罵詈誹謗、嘲笑の中に共鳴者を得て、一八九〇年（明治二十三年）の十一月中旬、歩兵科に屋部憲通（首里山川村）、花城長茂（首里山川村）、久手堅憲由（首里寒水川村）、我部政憲（那覇東村）、山内興照（大里間切与那覇村）、眞境名元連（南風原間切宮城村）。騎兵科に永田長栄（那覇西村）、儀間真才（那覇久茂地村）。砲兵科に仲本政安（不詳）、池原文明（読谷山間切古堅村）一〇名の若者は、千葉県鴻之台にある教導団に入団した。

差別から志願兵へ

屋部曰く「ごう然たる世間の非難を受けたが、屈せずに同志一〇名が志願した。私の親父は理解してくれて、別に苦情は言いませんでしたが、他の九名の親たちからは猛烈な非難を受けました。志願ですから試験があって、日本外史、手紙往復文、論文、算術（比例まで）の考査と身体検査がありましたが皆、良い成績で通ったようです。ところで琉球から来たと言うので珍しそうに、まるで黒人か何かを見るように寄ってきてナンダ色も違わない、言葉も上手じゃないかというのである。それのみかまだ唐手の威力も知らないものだから、少しの欠点を見つけると軽蔑するけれども、喧嘩ならこちらが勝つに決まっているから忍んでいたものです。成績は、私たちが良かった。向こうじゃ中学校も卒業してないし、こちらはちゃんと中学校を卒業しているものですから、評判は良かった上に、どんなに侮辱されても忍べるだけ忍んだ上で、仕方がない時には、唐手でやっつけたものだから評判となり、東京の新聞に褒められたものです。

教導団に入る理由は「当時、護得久、仲吉、太田、高嶺君等が遊学（本土留学）されたのに反し、軍事方面への進出者がいなかったのに端を発し、差別的に蔑視されるのも当然と考えました。「兵役、納税、教育」という国民の三大義務が果されていたかというと、そうでもなく、教育も強制的になり、あるいは畏れたりし、税法も特別税法を施行し、兵役といっても徴兵令の実施されぬ時とて、三つとも不完全なものでした。これでは国民としての権利を獲得することができないと言うことで、私は先輩、友人の選び残した軍事方面へ進んだ由です。」

それから私たちへの非難は日清戦争が済んで、その影響で影を潜め、沖縄人の迷いつつあった夢が破れたのです。

※陸軍教導団（後の陸軍教導学校）とは、陸軍幹部養成機関において下士官を育成するところであり、召集年齢は一八歳から二五歳までの青年を身体検査と学科試験により採用した。一八九一年（明治二十四年）六月十六日の「官報」によれば沖縄県における昨年二十三年の教導団志願者一三人の内、試験を受け合格した者は一〇人、体格不合格三人。徴兵令がまだ施行されていない本県において奮って軍籍に入る者嚆矢とする。

屋部曹長を訪ふ

一八九八年（明治三十一年）五月三日、琉球新報「屋部曹長を訪ふ」の記事によれば、

問い　本県は今年からはじめて徴兵令を施行されますが、これについてお聞きしたい。

屋部　本県にも警備隊区司令部が設置されることになり、実に本県においてこの上にもない慶事と存します。兵役に服するのは国民の本分で、誰でも徴兵適齢者になれば一度は兵士となり、国家の干城ともならなければならない。本県人は今までこの名誉ある兵役に従事することがなくて、頭をあげることが出来なかったが、今年から徴兵に応じることになり、少しは頭をあげることができ重ねて喜ばしい事です。その一方で頑迷なる人民には、種々の手段を設ける者、脱清を企てる者もいるが、実に情けない話である。彼らにこのような振る舞いがあるのは、いろいろな原因がある。私はわが沖縄人が昔から泰平無事の夢裡（むり）に彷徨して、安逸に慣れた結果だと思います。兵士になれば直ぐに出軍戦死するとか、入営中は苛酷に待遇される恐怖心から、兵役を忌むかと疑っています。わが沖縄は昔から守礼之邦と言って、上司の指揮命令を順守するのは、祖先より遺伝

していますから今度、兵士に出ても余り心配することはない。

現に私は我謝（那覇人）、仲座（国頭郡人）及び私の実弟憲及と四人一緒に同宿していましたが、彼らは数学、英語の勉強や研究に余念がない。これらの曹長は将来、頼もしい軍人になるだろうと思います。この頼もしい国家の干城ともいうべき軍人が本県から続々輩出するようになれば、実に本県のため国家のため賀すべき事と存じますと、意気軒昂に語る。

屋部軍曹

屋部憲通氏は沖縄分遣隊附として、職に就き、本県師範学校同中学校生徒兵式体操に尽力せられ、元気を養成する上につきて非常な労をとられている。一八九四年（明治二十七年）の日清戦争の時に、熊本から大連湾に上陸。各地を転戦し殊勲を立て凱旋帰国をした。帰宅の翌日、師範学校・中学校を訪問した。実に本県出身の人士が多数いる中、一勇者なり。

（「琉球教育」一八九六年）

徳田安貞が語る（明治四十年）

在学中初めて唐手、柔道、角力などが実施された。唐手の初めは屋部憲通、花城長茂両先生が生徒有志二〇人位に、首里当蔵国学跡の沖縄銀行敷地内でナイハンチなどの練習を開始された。時々、那覇の東恩納（寛量）翁宅に通ってサンチンを稽古した。後に糸洲安恒翁を学校に迎えて、体操の時間に課せられた唐手体操なるものが生まれた。それから運動会において団体、個人の組手を演武した。夏期講習会には、花城先生が発起人となり、糸洲翁宅で屋部、冨名腰その他の武人なども参加して実演が行われた。

私は兼本盛仁君と時々、首里金城のヤマンニーの祖父知念三郎翁や玉御殿の喜友名翁その他の武人を訪問して教えを乞うたものである。五年生の時、八代少将が来校され、唐手演武をした時に吾々の骨格が異常に発達しているのに驚かれ、他日中央で採用しようと話された。

（「徳田安貞手記」首里高等学校創立八十周年記念誌「養秀」）

儀間真僅が語る（明治四十四年）

師範学校の稽古の順序は、現在とさほど大きな違いはなく、立礼・坐礼・準備体操、基本動作の運足・反転・突き・蹴り。形演習・組手演習・調整体操・坐礼・解散の稽古方式は、旧陸軍教導学校出身の体育教官・屋部憲通師範が作ったものである。これは屋部師範が旧陸軍教導学校で学んだ方式に、日清戦争後は（曹長）旧六師団鹿児島歩兵第四十五聯隊の指導教官を勤め、日露戦争後（特務曹長・准尉）には剣道、銃剣術の指導主任を勤めた経験を加えたものだと思う。

（儀間真謹・藤原稜三「対談近代空手道の歴史を語る」）

師範学校唐手大会開催

一九一一年（明治四十四年）一月二十四日午後二時より師範学校中庭において、生徒の唐手大会を開催。師範者は屋部憲通氏にして、最初に生徒の唐手八〇組、組手四組と招待中学校生徒による唐手五組が行われた。その後に、その道の名手として冨名腰義珍氏が「セーサン」、喜友名氏の「パッサイ」、屋部憲通氏の「五十四歩」、糸洲氏の「ナイハンチ」がありて閉会した。

唐手の種類はナイハンチ、ピンアン、チントー、ワンスー、パッサイ、ロンスー？（チンスー）、クーサンクー、ローハイ、五十四歩、ヂッテー、ナンテー？（チンテー）、ヂー？（ヂイーン）、セーサン、ワンダウ、ヂウーム？（ヂイオン）などの一五種である。

（琉球新報　明治四十四年一月二十五日）

師範学校武術研究会開催

大正七年に年中行事である師範学校武術研究会を開催した。角力、唐手の型をその道の人の前で演じて、悪い点は一々改めて実社会との連携を図ると言うものである。当日の来賓も本部朝勇、喜友名翁、山の前のウスメーこと知念翁等やその道の達人、琉球音楽の金武良仁等の文化人も見受けられた。

本科三年生以上の生徒から選抜された選手の琉球角力と唐手の試合をした後に、唐手の分解、型、準備、試合をした。それから屋部憲通教師の学校での教授について説明が終えると、次に本部朝勇のショーチン、喜友名翁のパッサイ、知念翁の棒、屋部が五十四歩の型を示した。その後、批評会を開き、屋部教師の学校での生徒の練習の有様、武術に対する批評をした後に、学校の授業に対する質疑応答、批評をして終了した。

（琉球新報　大正七年三月二十一日）

平良文太郎が語る（師範学校大正八年卒）

教練と唐手は屋部軍曹（沖縄最初の下士官）であった。相撲が好きで、波上祭の奉納相撲等に師範学校の選手を引き連れて参加し、彼らが勝つとまるで子供のように喜んでいた。

（師範学校大正八年卒業生談）

ロサンゼルス時代（大正七年〜昭和二年）

一九一八年（大正七年）の五二歳の時にロサンゼルス在の長男・憲伝の招きにより渡米。昭和二年まで九年間在住する。

北米沖縄県人史によれば、憲伝は呼び寄せの条件として「軍刀をぶらさげて来るな」ということであったと言う。それには、長い間、親子の確執があった。

親子の確執

比嘉春潮の「年月とともに」によれば、屋部親子について次のように述べている「富国強兵の時代、軍人こそが国家のために、役立つ最高の名誉ある職業という上からの御仕着せの精神に鼓舞され、もてはやされている父親に、憲伝は猛烈な反感を抱いていた。最初の理由は家庭の事情からであったけれども、非常な軍人嫌いで、まる反対のキリスト教へと走った。そして信仰が深まるほどに、いよいよ軍人嫌いになった。栄誉ある沖縄初の軍人の息子である彼が、徴兵忌避をしたのは純粋なクリスチャンとして、人道主義を貫くためであった。そのうち憲伝はハワイへ去った。徴兵忌避のためである。」

また次男憲も琉球新報社を退社すると、ソ連へ越境入国を企てるが失敗。その後、大阪で「赤光社」看板屋を経営しながら県人会活動に従事する経歴を持つ。

ロサンゼルスでの生活

北米沖縄県人史によれば、憲通は当地では裃を脱ぎ捨てて、移民先の沖縄の若者たちと農園労働を楽しむ生活を過ごし、憲通から直接空手の手ほどきを受けた者はいない。一九二七年七月末、沖縄角力大会を開催の時に大きな原動力になったのが、沖縄で有名な屋部憲通軍曹（憲伝の父）がおられたからである。屋部氏が若者たちと語り、激励した結果、角力大会を開催することが出来た。移民地における一世の生活はこれといった娯楽がなかったので、屋部憲通氏の後押しで一九二二年八月上旬、フレスノ地方のブドウ摘みが始まる前に沖縄角力大会を開催。また一九二五年五月、沖縄海外協会南加支部の設立や、翌年インペリアル・バーリに帝原支部が設立されると、設立行事が盛大に開催される際に、沖縄角力大会を通して沖縄移民地での活性化に寄与する。

空手については、一九二七年頃ある宴席で多くの若者の演武があり、名護出身の仲村幸次の空手演武を見た屋部憲通は本格的だと激賞している。

※ここで注目するところは、沖縄移民社会において空手の演武がすでに行われていることである。

※屋部には九年間のロサンゼルス生活において空手の演武や指導をした形跡は見られない。

ハワイで初めて唐手紹介

日布新聞によれば、一九二七年（昭和二年）にロサンゼルスから帰国の途中、当山哲夫、比嘉静観らの世話によりハワイに滞在。ハワイでは球陽体育クラブが、屋部の唐手を全島に宣伝活動を行う中、七月二日の沖縄唐手大会、七月八日の沖縄武術唐手実演大会など、半年近くハワイ各地で講演と唐手講習会を開催する。

帰国の際は友人宛ての葉書に「満九か月のハワイ島視察を終えて、十二月二十六日にホノルルを発ち一月五日に横浜に着く。五、六日は横浜に停泊、七日の朝、神戸向け横浜を発つことを敢えて連絡します。比嘉春潮君や及び関係者のみなさんへは君よりお伝え願います。屋部憲通」とあることから帰国は一九二八年一月になる。

再び師範学校嘱託教授となる

帰国すると、一九二九年（昭和四年）八月、再び沖縄県師範学校の唐手教授嘱託となり唐手指導を行う。

（「県師範学校創立五十周年記念誌」）

一九三二年（昭和七年）に来沖した山崎正薫（元熊本医科大学学長）は「懐かしき沖縄～山崎正薫らが歩いた昭和初期の原風景」の中に、屋部憲通の師範学校での唐手指導の写真を掲載し「鶴のごとく痩せた老翁であるが、多年武術で鍛えた体はどことなく強そう」と印象を残している。この時六六歳。実際は片肺をなくし、また胃病に苦しんでいたのである。

一九三〇年（昭和五年）から、仲宗根源和の旗振りによって、屋部憲通をはじめ花城長茂、喜屋武朝徳、知花朝信、城間真繁等と空手道普及のために、一九三七年（昭和十二年）に沖縄県空手道振興協会設立と空手道基本型十二段を制定して、指導部長となるが、屋部はその年に逝去する。

むすび

屋部は日清、日露戦争から凱旋帰国すると一躍、県民の英雄となる。退役後は、師範学校の教授嘱託となり、軍事教練、皇民化教育の先駆者的存在になる。沖縄の政治、経済がことごとく他府県人に独占され、また教育界の主要ポストを鹿児島出身で固められている中、彼の威風堂々とした活躍は異彩を放っていた。また常に黎明期における沖縄空手界をリードして生涯を終える。

参考文献

「北米沖縄県人史」
「死亡記事」　沖縄朝日新聞　昭和十二年八月二十八日
「屋部軍曹を訪ふ」　琉球新報　明治三十一年五月三日
「鋼鐵の如き拳」　琉球新報　大正四年三月十四日
「糸洲武勇伝・昭霊流の名人」　琉球新報　大正四年三月二十一〜二十八日
「屋部憲通翁教導団生活の思い出話」　琉球新報　昭和七年三月十八日
日布新聞　昭和二年
沖縄県師範学校五十周年記念誌
比嘉春潮「年月とともに」
「官報」明治二十四年六月十六日
琉球教育一八九六年

宮城嗣吉「私の戦後史第五集」　沖縄タイムス社

山崎正薫「懐かしき沖縄〜山崎正薫らが歩いた昭和初期の原風景」

「龍潭百年」

「徳田安貞手記」首里高等学校創立八十周年記念誌「養秀」

沖縄教育第二五一号

儀間真謹・藤原稜三著「対談近代空手道の歴史を語る」　スポーツ・マガジン社

花城長茂（はなしろちょうも）（一八六九〜一九四五）

首里山川生まれ。父花城長康、母許の三男。

師は糸洲安恒、流儀は首里手、得意技はジオン（慈恩）。沖縄県初の志願兵。

県一中体育教師・空手表記をはじめて「空手組手」として著す。

真和志三代目村長。

足跡（満年齢）

一八六九年（明治2年）　・7月26日に生まれる。

一八七九年（明治12年）10歳　・琉球処分。

一八九〇年（明治23年）21歳　・その頃から糸洲安恒（48歳）に師事？

一八九二年（明治25年）23歳　・屋部憲通等10名と陸軍教導団に入団、沖縄初の志願兵。

一八九四年（明治27年）25歳　・陸軍歩兵二等軍曹に任ぜられ熊本第十三聯隊へ配属。

一八九六年（明治29年）27歳　・日清戦争へ出征。
　　　　　　　　　　　　　　・日清戦争の軍功により叙勲八等綬白色桐葉章（年金二十四円）叙勲。
一八九八年（明治31年）29歳　・徴兵令施行。

一九〇一年（明治34年）32歳　・一中体育教師となり軍事訓練を始める。

一九〇四年（明治37年）35歳　・中頭郡冬季体操講習会講師（読谷山小学校にて）。

一九〇五年（明治38年）37歳　・日露戦争へ出征。

一九一八年（大正7年）49歳　・一中の体育教師の時に「唐手」を「組手空手」に表記。
　　　　　　　　　　　　　　・川平朝申（10歳）甲辰小学校で母の叔父花城からナイハンチ1、2、3段を習う。
一九一九年（大正8年）50歳　・9月、特別町村制3代目真和志村長就任。
　　　　　　　　　　　　　　・盟友屋部憲通ロサンゼルスへ渡る。
一九二〇年（大正9年）51歳　・6月、任期満了、特別町村制の施行のため真和志村長辞任。

一九二四年（大正13年）55歳　・7月、真和志村会議員となり、再び村政に従事する。

一九二六年（昭和元年）57歳
・本部朝勇、宮城長順、摩文仁賢和、知花朝信等と「沖縄唐手倶楽部」結成に参画。

一九二八年（昭和3年）59歳
・盟友屋部憲通米国から帰国。
・名嘉真朝増（32歳）が師事。五十四歩、ジオンを習う。

一九三〇年（昭和5年）60歳
・宮城嗣吉を介して仲宗根源和が花城宅訪問。

一九三二年（昭和7年）62歳
・仲宗根源和の企画による那覇昭和会館、中頭地方事務所、糸満小学校での空手演武会に屋部憲通とともに出席。

一九三四年（昭和9年）65歳
・那覇安里で空手道場を開設。

一九三五年（昭和10年）66歳
・日中戦争。
・養蚕業を営む。

一九三六年（昭和11年）67歳
・琉球新報10月25日「沖縄空手道大家の座談会」において「空手表記」について語る。

一九三七年（昭和12年）68歳
・3月28日沖縄県空手道振興協会・空手道基本型十二段の制定に参画。屋部憲通部長の死去後、部長となる。
・この年、屋部憲通死去。

一九四一年（昭和16年）72歳
・太平洋戦争。

一九四五年（昭和20年）76歳　・羽地村避難民収容所で死去。

花城軍曹

真和志市史によれば、花城長茂氏は明治二十五年頃、陸軍教導団へ志願兵として入団し、日清、日露の両戦争に従軍、武勲を輝かして軍曹に累進して帰国。当時、花城軍曹の偉名高くもっとも大将軍を偲ばせていた。

沖縄県立一中学校の体操教師に招聘されたのも、当時の社会状態からして当然の理であろう。軍国思想の勃興期でもあったし、しかも体操・兵式空手道を専門として教鞭をとり、武術道に貢献されたる功績は実に顕著にして、その体躯、容貌、動作は常に異彩を放っていた。大正初期、名を遂げて一中の教師を辞職された。その後、真和志村の安里で悠々自適の生活のかたわら、空手道場を設置して多くの子弟たちに空手を伝授された。大正八年九月に真和志三代目村長に就任。普通町村制の施行のため翌年辞任。その後、大正十三年七月村会議員となる。昭和十年頃は養蚕業で老後を過ごしたが、去った戦争においてあえなく戦死された。逝去七〇歳。

※陸軍教導団への入団は明治二十三年、逝去は七六歳、戦死ではなく、羽地村避難民収容所で死去。

少年時代

武勇伝が少なく、生い立ちはよく知られていない。ただ生誕地が首里山川村であることから、隣近所には拳聖松村宗昆や糸洲安恒、屋部憲通等の錚々たる武士がいる環境にあることから彼らから影響を受けたことは確かであろう。

軍隊時代

先輩である屋部憲通の影響により、二一歳の時に陸軍教導団へ入団、沖縄初の志願兵となる。日清・日露戦争に従軍し、軍功をあげ凱旋帰国。一躍県民の英雄となる。

澎湖島で戦死した陸軍一等軍曹屋比久孟治の墓参りの際に「国の為屍晒せし、益荒男をが立てし功は、千世も朽ちせじ」の一首を吟じる。

（「琉球教育」）

沖縄県第一中学校体育教師時代

花城は日清戦争から凱旋帰国すると、県立一中の体育教師となって、軍事教練に従事する。

クンパッテ先生

一八九七年（明治三十年）頃になると富国強兵の波に乗って軍国精神の鼓舞が盛んになり始めた。沖縄一中学校ではクンパッテ先生のもと軍事教練が強化されて銃を持って行進し、演習では空砲を放ち第二次大戦まで中学校で行われたのが、軍事教練のはしりである。

クンパッテ先生とは花城長茂の事で、軍事教練の指導の時に「踏ん張って」というところを「クンパッテ」を口癖のように指導したことから生徒からクンパッテ先生と呼ばれた。

（比嘉春潮回想録）

兵式体操の先生

潟原の運動会において花城教諭の堂々たる号令による中学生生徒の兵式体操は観衆を圧倒した。

（「琉球教育」）

体操講師

一九〇一年（明治三十四年）三二歳の時に、読谷山小学校ににおいての中頭郡冬季体操講習会の講師として沖縄体操教育指導を行う。

（沖縄市学校教育百年誌）

小学校において空手指導

一九一八年（大正七年）四九歳の時に、川平朝申（一〇歳）が甲辰小学校で母の叔父花城からナイハンチ一、二、三段を習う。

（川平朝申「私の戦後史」）

空手表記について

花城長茂は、一九〇五年（明治三十八年）に沖縄県立第一中学校に唐手が採用されると、助教師となり従来の「唐手」を「空手組手」と表記し、はじめて「空手」の文字を使用する。

なぜ「空手」表記にしたかは、花城は一九三六年（昭和十一年）琉球新報主催の「沖縄空手道大家の座談会」において次のように述べている。

むかしは「唐手」または単に「手」といった。徒手空拳で闘う意味である。私の古い帳面には、みな空手の文字を使ってあります。「空手」表記としたのは「徒手空拳」からきている。一九〇五年（明治三十八年）から空手組手と書いて使っていると答えている。

しかし花城の「空手」表記は、論文や公の場で発表したわけではなく、自分の古い帳面から抜け出してないことから、世間には全く認知されておらず、空手表記が動き出すのは、船越義珍が一九二二年（大正十一年）に上京後の事である。

空手組手

空手組手　意訳

第一教

単一の突き及び防払（防御）

第一節　上線（上段）の突き及び上線（上段）の防佛（防御）

その一、　掴み受けの法、号令、構え・突け・止め。

構えの号令で、　甲乙はおよそ四尺の距離で両踵を一直線に揃え、踵と踵の間をお

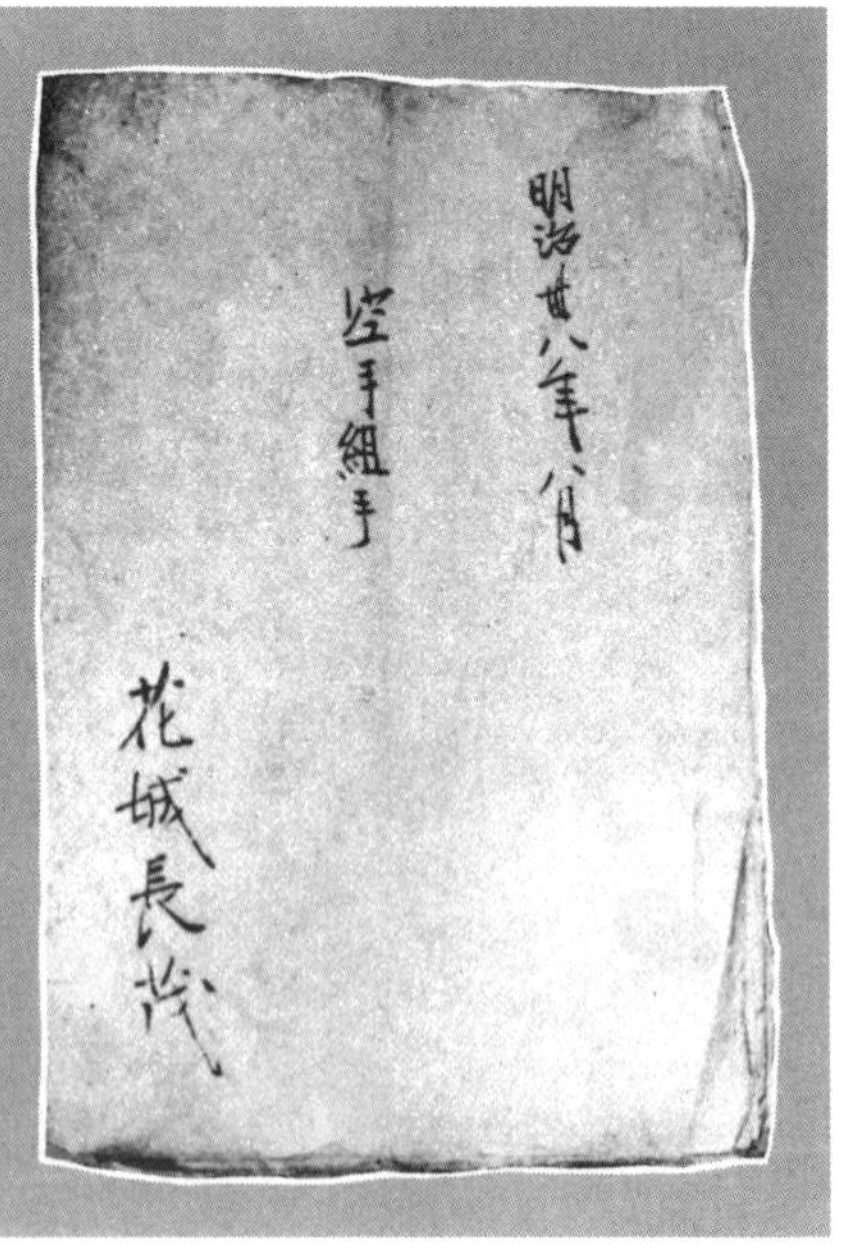

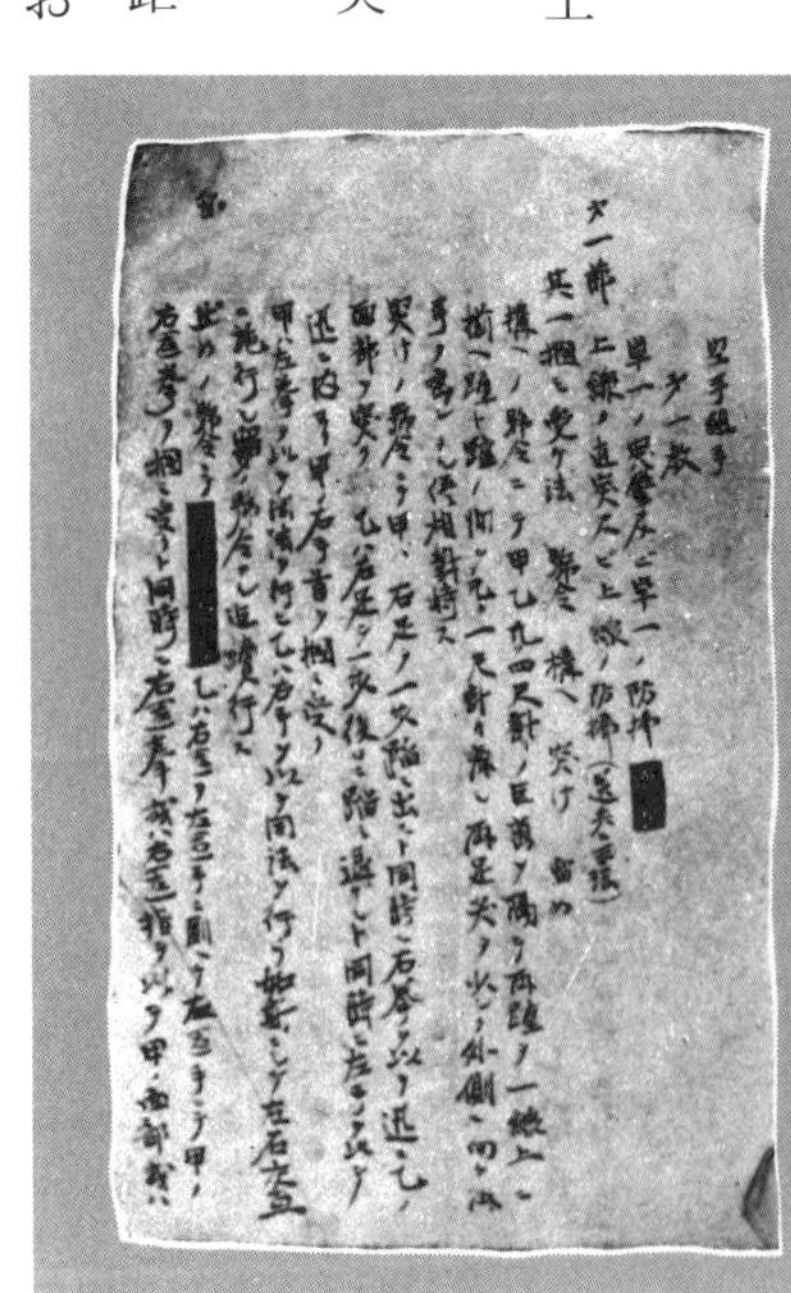

花城長茂による空手表記の書物（榕樹書林提供）

よそ一尺ばかり離し、両足の先を少し外側へ向け　両手を離したるまま対峙する。

突けの号令で、甲は右足を一歩踏み出すと同時に、右拳で速やかに乙の顔面を突く。乙は右足から一歩後ろに退くと同時に、左手で速やかに内より甲の右手首を掴み受ける。

甲は左拳で開法を行い、乙は右手で開法を行う。如何にして左右交互に施行し、止めの号令あるまで続ける。

止めの号令で、乙は右（左）を左（右）手に添えて左（右）手で、甲の右（左）拳を掴み、受けると同時に、右（左）拳あるいは右（左）の指を以って甲の顔面を突く。

明治三十八年八月　空手組手　花城長茂

（仲宗根源和著「空手道大観」）

真和志村長時代

一九一九年（大正八年）五〇歳の時に教職を辞職。

大正八年九月、村長に就任。一九二〇年（大正九年）六月には任期満了により辞任。

一九二四年（大正十三年）五五歳、七月村会議員に選ばれる。

むすび

花城は、沖縄から初の志願兵になった動機を、昭和十二年に盟友の屋部憲通が亡くなった時に「沖縄は特別の制度をしかれ、植民地扱いをされていたが、われら同志は率先して教導団に入り、日清戦争では奮戦力闘した。これにより日本人としての資質を疑問視されていた沖縄県人も認められるようになり、一八九八年（明治三十一年）に徴兵令も実施され、他府県と同等の地位に就くことが出来た。一九二〇年（大正九年）には沖縄の特別制度も撤廃され、自治を得ることになったが、これは我らのように軍隊で活躍した人々の働きによるようなものであろう」と自画自賛している。

花城は、先輩の屋部に次ぐナンバー2である。屋部の影響を受け、沖縄最初の志願兵となり、退役後は、中学校体育教師となる。、沖縄の体育教育の指導主事的存在となり、また空手普及に尽力する。安里安恒の予言通り、花城は屋部とともに沖縄空手界のオーソリティとして生涯を終える。

参考文献

「琉球教育」

「官報」　明治二十四年六月十六日

「真和志村史」

島袋光裕著「石扇回想録」　沖縄タイムス社

「比嘉春潮回想録」

「沖縄市学校教育百年誌」

「沖縄県立一中沿革・養秀同窓会あゆみ」

宮城嗣吉「私の戦後史第五集」　沖縄タイムス社

日本空手道の祖　船越義珍（ふなこしぎちん）（一八六八〜一九五七）

首里山川生まれ。富名腰義枢の長男。

小学校教員。師は安里安恒、糸洲安恒。

流儀は首里手系、松濤館流の流祖。

足跡（満年齢）

一八六八年（明治元年）　　・11月23日生まれ。
一八七四年（明治7年）　6歳　・安里安恒（50歳）に師事？
　　　　　　　　　　　　　・10歳頃までは病弱で病院通いをする。
一八七九年（明治12年）　11歳　・琉球処分。
一八八〇年（明治13年）　12歳　・師安里安恒（51歳）は尚泰王の随行員として上京。
　　　　　　　　　　　　　・安里安恒の紹介により糸州安恒に師事する。
一八八八年（明治21年）　20歳　・小学校教員となる。
一八九〇年（明治23年）　22歳　・屋部、花城等10名が志願兵となる。
一八九二年（明治25年）　24歳　・師、安里安恒（64歳）東京から帰郷。
一八九四年（明治27年）　26歳　・日清戦争起こる。
一八九六年（明治29年）　28歳　・小川鋠太郎師範学校校長着任。

・師、安里安恒（68歳）が公同会運動を起こす。
・屋部、花城等が凱旋帰国。

一八九八年（明治31年）30歳
・徴兵令施行。

一八九九年（明治32年）31歳
・6月28日、小川鉦太郎沖縄県視学官拝命。

一九〇〇年（明治33年）32歳
・長男義英生まれる。

一九〇一年（明治34年）33歳
・4月、首里尋常小学校で放課後糸洲安恒が唐手指導を始める。
・県視学官小川鉦太郎が文部省へ唐手を具申する。

一九〇四年（明治37年）36歳
・安里安恒（76歳）から「沖縄の武技―唐手に就いて」口述を受ける。
・日露戦争始まる。

一九〇五年（明治38年）37歳
・師範学校・沖縄一中学校に唐手が採用され、糸洲安恒を招き、唐手指導始める。
・県立一中において花城長茂が「空手組手」を表記する。

一九〇六年（明治39年）38歳
・三男義豪生まれる。
・松山小学校へ赴任。
・舞踊家眞境名由康（18歳）が師事する。
・師、安里安恒（78歳）死去。

一九〇八年（明治41年）40歳
・7月、京都武徳殿「第十回大日本柔剣道青年大会」へ師範学校から剣道3名（橋口達雄、石原笑去）柔道3名出場。徳田安貞が大会に先立ち唐手演武を行う。

一九〇九年（明治42年）41歳
・京都武徳殿「第十一回大日本柔剣道青年大会」剣道の部、高嶺朝光、金城順則、柴田米三が出場。

一九一〇年（明治43年）42歳
・那覇尋常高等小学校へ赴任。
・8月25日、琉球新報・沖縄新聞・沖縄毎日新聞主催「近畿地方観光団」の一員として3週間旅行する。

一九一一年（明治44年）43歳
・8月25、26日、琉球新報へ号松濤「観光団員として」旅行記を寄稿。
・京都武徳殿「大日本柔剣道青年大会」剣道の部、島袋光裕（舞踊家）、小川清が出場。

一九一二年（大正元年）44歳
・出羽大将第一艦隊来沖。下士官十数名を県立第一中に寄宿させ、約1週間の唐手指導を行う。
・11月、琉球新報に「鄭嘉訓の反面―沖縄空前の書家」寄稿。

一九一三年（大正2年）45歳
・1月9日、琉球新報に「唐手は武芸の骨髄なり」寄稿。

一九一四年（大正3年）46歳
・安里安恒談「沖縄の武技―唐手に就いて」を琉球新報（1月17、

18、19日）号松濤で寄稿。

一九一五年（大正4年）47歳

・京都武徳殿「大日本武徳会設立二十周年記念大演武会」において、義珍が「クーサンクー」、又吉眞光が「トゥンクワー」演武を行う。

・東京、御大典記念祝賀演武において、船越義珍が唐手を又吉真光（27歳）がトゥンクワー術と鎌術を演武。

・糸洲安恒84歳死去。

一九一六年（大正5年）48歳

・泊小学校においてナイハンチ、ピンアンを指導し、小学3年生以上の児童二〇〇〇名余が運動会で集団演武。

一九一八年（大正7年）50歳

・伊良波長幸（17歳）が師事。

一九二一年（大正10年）53歳

・3月6日、皇太子（昭和天皇）渡欧の途中、来沖。「皇太子殿下御前演武記念」、首里城正殿前の大広間において県師範学校と第一中生徒から選抜した10名の唐手演武を指揮。唐手を宮城長順（33歳）、古武道を又吉眞光（33歳）が演武する。

・川平朝申（13歳）が花城長茂の紹介で師事し、ピンアンとクーサンクーを習う。

・この頃、母の看病のため教職を退職。沖縄学生後援会組織し、経営。

一九二二年（大正11年）54歳
空手道を一本化するために沖縄尚武会を組織し、代表となる。
・5月6日、文部省主催「第一回古武道體育展覧会」へ県学務課の要請を受けて唐手を紹介のため上京。
・5月17日、講道館において儀間真僅と唐手演武紹介。
・11月、空手に関する最初の本「琉球拳法唐手」発行。

一九二三年（大正12年）55歳
・平信賢や大塚博紀が入門。
・三男義豪（17歳）上京。

一九二四年（大正13年）56歳
・10月15日慶応義塾唐手研究会を創設。
・唐手研究会長、富名腰義珍名で段位を発行。儀間真僅、小西康裕、大塚博紀、粕谷真洋へ授与する。

一九二五年（大正14年）57歳
・「琉球拳法唐手」の原稿が大震災で焼失のため改題して「錬膽護身唐手術」発行。
・空手着を考案。
・慶応大学空手部の第一期有段者資格授与。
・10月、東京帝国大学唐手研究会創設。

一九二八年（昭和3年）60歳
・2月20日、一木宮内大臣の招待により、済寧館において帝大、早大、慶大、拓大、松濤館から15名を選抜して、講演、団体型、個人型、組手を実演する。

一九二九年（昭和4年）61歳
・東大師範辞任。
・中山博道の剣道道場有信館を夜間だけ借用して指導を始める。

一九三〇年（昭和5年）62歳
・早稲田大学第一高等学院空手部において講話。

一九三二年（昭和7年）64歳
・慶応大学空手研究会三田道場での「空手講習会」に宮城長順、摩文仁賢和を招く。
・群馬県伊香保支部道場開設（指導は平信賢）。
・宮城嗣吉が北海道からの空手行脚の途中、船越を訪問。

一九三三年（昭和8年）65歳
・第一高等学校演武大会に出席。
・唐手が日本武徳会から日本の武道として承認される。
・2月11日、著書「空手道一路」発行。

一九三四年（昭和9年）66歳
・松坂屋唐手部設立。

一九三五年（昭和10年）67歳
・日中戦争。
・大日本空手道松濤館を結成、初代会長。
・7月、「唐手」を「空手」に「術」を「道」へ改称し、著書「空手道

一九三六年（昭和11年）68歳
教範」発行。
・「空手道二十箇条」発表。
・剛柔流、糸東流、松濤館流、和道流が初めて流派を名乗る。
・冨名腰の姓を元の船越に戻す。

一九三八年（昭和13年）70歳
・4月、警視庁研究生長嶺将真が本郷区弓町の松濤館道場訪問。
・明治神宮体育大会において門下生三〇〇名が空手団体演武。
・松濤館を建設。教授細目や指導教案の作成、段・級など称号制度を導入し、組織の確立を図る。
・9月大山倍達（16歳）入門。

一九三九年（昭和14年）71歳
・1月29日、大日本空手道松濤館道場落成。
・「東京沖縄銃後会」に参加。船越義珍、義英（長男）、漢那憲和、伊江朝助、神山政良、宮城新昌、翁長良保、銘刈正太郎、比嘉良篤、伊礼肇、尚旦、仲宗根玄鎧。
・太平洋戦争。

一九四一年（昭和16年）73歳
・一時帰郷（門中の墓参り）。
・月刊「文化沖縄」四月号に「空手物語」寄稿。

一九四五年（昭和20年）77歳　・終戦
・松濤館空襲により焼失（4月29日）。
・11月24日三男義豪死去。
一九四七年（昭和22年）79歳　・妻死去。
・疎開先大分から帰京。
一九四八年（昭和23年）80歳　・遠山寛賢（60歳）と空手の本家を巡って論争？
・11月23日、門弟たちが日本空手協会設立。初代最高師範。
一九五三年（昭和28年）85歳　・神田共立講堂にて空手普及三十周年記念式典及び講演。
一九五五年（昭和30年）87歳　・3月20日、日本空手協会総本部道場完成。
一九五七年（昭和32年）89歳　・4月26日、逝去。

空手の船越翁　老衰で逝去

一九五七年四月二十八日、沖縄タイムスによれば、空手道の大御所、元空手協会最高師範、船越義珍氏は二十六日午前八時四五分東京都文京区林町七三、自宅で老衰のため死亡した。享年八八歳。氏は一九二二年（大正十一年）上京、以来空手の普及宣伝ひとすじに生き、空手を沖縄の空手から日本の空手、世界の空手へと広めてきた。この訃報は各方面から非常に惜しまれている。

伊江朝助氏の話

空手といえばなんと言っても船越氏で日本全国はもちろん、諸外国まで広めた第一人者である。この意味から氏が日本のスポーツ界に残した功績は絶対なものがある。私は沖縄の偉人として野国総管、儀間真常、蔡温、組踊の玉城朝薫等の名を口にするが、氏はこうした人と肩を並べる功績を残したと思っている。その意味からも非常に尊敬した人であった。

瀬長氏夫人の空手奨励論・浄財で道場を建設せよ

一九四〇年（昭和十五年）七月一日、琉球新報に女性から空手についての勇ましい投稿記事がある。
「私は女でありますが、故郷の宣伝紹介には平素から心懸けています。沖縄には幾多の美点、特典があるのに、何故それが放任されているのだろうと、歯痒くてなりません。例えば空手は沖縄の誇るべき立派な武道があるのに、全国的に売り出さないのは実に遺憾千万に存じます。東京の早大、拓大、帝大などでは盛んに流行して、公開演技や対抗試合を開催しているのに、本家本元の沖縄が冷淡で無関心なのはどうかと思います。この点では、逸早く東都に宣伝された冨名腰先生などは、沖縄唯一の功労者であると日頃から尊敬しています。筋骨たくましい男が裸になって、空手を演じるとき筋肉モリモリ躍動するのを見ると、女ながらも私は血湧き肉躍るのを禁ずることが出来ません。なぜこんな立派な武道が顧みられないのか、私は実に憤慨に堪えません。もし県や市に宣伝する誠意がないなら、那覇には山城や新里家の如き大金持ちがたくさんいるから、これらの資産家たちが浄財を投じて、空手道場を建設すれば、健康沖縄を育成することも出来、一石二鳥の名案だと思います。」

この勇ましい記事を投稿した瀬長夫人とは、三越大阪支店長の瀬長良直夫人瀬長加奈子である。この夫人の記事は昭和十五年となっているので、その頃の沖縄空手界は、仲宗根源和が空手の大家たちをまとめて沖縄県空手振興協会を発足したばかりである。

教員時代

教員時代は、一九一四年（大正三年）に京都武徳殿「大日本武徳会設立二十周年記念大演武会」において、義珍が「クーサンクー」、又吉眞光が「トゥンクワァー」演武を行う。大正四年東京、御大典記念祝賀演武において、義珍が「クーサンクー」、又吉真光が「トゥンクワァー術」と「鎌術」の演武を行う。大正五年、長嶺将真が泊小学校三年生の時に運動会において、児童二〇〇名余りがナイハンチ、ピンアンの集団演武を行う。大正十年、皇太子（昭和天皇）が来沖の際は、首里城正殿前大広間において師範学校及び第一中生徒一〇名の唐手演武を指揮するなど、教員時代の義珍の空手に対する並々ならぬ情熱が伝わってくるのである。

そして一九二二年（大正十一年）に三〇有余にわたる教員生活に別れをつげ、県立図書館館長の眞境名笑古（安興）、沖縄タイムス編集長の末吉麦門冬に相談して沖縄学生後援会を組織する。その経営に当たる一方、空手道を一本化するために沖縄尚武会を設立し、その代表者になる。

退職をした義珍にすぐさま大きなチャンスがやって来る。県学務課から文部省主催の「第一回古武道體育展覧会」へ推挙され、上京する。その時に空手道の沿革、空手道の型、その他の写真を図解した条幅、三幅を紹介し、沖縄空手の中央進出の第一歩を踏み出したのである。

明正塾の思い出—宮城桃郁

私が明正塾にいたのは一九二五年（大正十四年）の事である。冨名腰義珍先生は、四畳半にお一人で起居されて、当時すでに六〇歳ころ（実際は五七歳）に立教・帝大・慶応などの学生や卒業生に空手の教授をして居られた。稽古が最高潮に達すると、先生は本当に無我の境地になって、手や足を躍動させ「相手がこうしてリクチ（理屈）する時は、パカみかして（ぱっとやって）」云々と名文句の説明は、以心伝心に他府県人の弟子たちにも、術の妙味を感受せしめた。またすでに古希を過ぎても各大学に出張、空手指導に壮者を凌ぎ、かくしゃくたるその体力と意気に敬意を表した次第です。冨名腰先生の空手発表会が明正塾で開催された折、型や巻き藁や瓦割りの妙技が終わり、先輩方の感想が述べられた。その際、漢那先生は「空手は現在のような型だけの稽古では、発展性がないのではあるまいか、将来は柔剣道と同様試合の形式を加味して、その行きづまりを打開せねばならんと思う」。今日における空手の発展は、昔日の比ではないが、更に大なる発展のために、何らかの方法で試合形式に仕組めぬものかと漢那先生の提言を再現するものです。

（おきなわ第一巻一九五〇年）

※この記事は、船越義珍が上京してわずか三年後の話で、空手がすでに関東の大学を席巻しているのである。

※漢那先生とは沖縄出身の漢那憲和中将、後に国会議員となる。

唐手から空手へ

義珍の空手観は体育空手である。「空手は老若男女、それぞれの体力に応じてでき、しかも相手を必要としない、また特別の稽古着も要らなければ、道場も必要としない。庭や座敷でもよい。精神修養のために、また健康のために、ラジオ体操のつもりでやろうというのであれば、それも結構。また女性が美容体操として、容姿がよくなり、健康になれば尚、良いことである」と、今日でいう生涯スポーツとしての空手の提唱である。

沖縄空手は船越義珍の上京によって、関東大学を中心に広がり、全国の大学を席巻し、世界へと発展するわけだが、義珍の功績は一貫した体育空手の普及とともに、教授細目や指導教案作成、段・級称号制度の確立、空手着の導入、唐手から空手表記への改称、空手道場の建設そして日本空手協会総本部を創設して、組織を確立したことにある。

教授細目、指導教案作成

指導法として教授細目や指導教案作成は義珍が小学校教師としての経験からの発想であり、他の空手家には思いつかないものである。

段・級称号制度の導入

段・級称号制度については「唐手に階級をつけていないのは柔剣道のように試合ができないからで、唐手は急所をやられたらすぐに致命傷になるからである。唐手も研究を進めて防具を備えて急所を禁じてやるようになれば、柔剣道と同じく階級をつけることが出来ないとも限らない。またぜひそこまで進展してゆかねばならないと思う。今のところは型を実演させて手の使いぶりを見て採点のできないと言うのでもない。従来は師匠の権威と稽古年数や世間の見方で評価したのであるから、その評定が頗る薄弱であったのである」と模索している。

空手着の導入

義珍は一九二二年（大正十一年）に柔道着を参考に、白木綿地で空手着の原形をつくり、大正十四年頃には現在の空手着に近いものにする。しかし空手着導入については、本場沖縄では否定的な見方をしている。

宮里栄一は著書「沖縄伝・剛柔流空手道」に、「空手を修行する時、昭和初期までは半袴（膝上までの短いもの）のみを着用し、上半身は常に裸であったが、空手が他県に普及するようになってから柔道着に習い、いつの間にか、現在の空手着を用いるようになった。しかし空手の稽古は上半身を裸で、下着は半袴が最適である。なぜならば空手着の欠点は、突き・受け・その他の動作を鈍らせる。特に受払の際、両腕の鍛錬や受けたときの感触・衝撃の避け方などの妨げになる。最近の空手着は、不必要に袖を手首まで長くし、突くごとにパチパチと音を出して喜んでいる。また外人の中には黒の空手着が流行し、不潔になりがちで感心できない。空手独特の服装が必要ではないだろうか」と空手着の導入に対して批判的である。

また、喜屋武朝徳は、「拳法概説」（昭和四年）に、「空手の稽古は上半身を裸でやるのは皮膚を強靭に鍛えるとともに、力の配合を明確に意識せんがためで、上半身裸になって稽古鍛錬するのは、ただ単に鍛えた筋肉美を見せるためでもなく、気血すなわち人体七七カ所ある急所のつぼを拳、肘、足先で攻撃し相手を倒すためには、常に上半身裸で稽古を錬磨する必要がある」と述べている。

両大家とも武術空手の観点から空手衣の功罪を問うているが、しかし今日の空手の世界的な隆盛をみると、空手衣の導入は正しかったと言える。

型の名称の改変

義珍は、従来の空手の型の名称を改変している。例えば天の型、地の型、人の型、燕飛、岩鶴、十手、半月、明鏡、八荒、撥雲、松濤、松蔭、鳳啄、松喬などである。一見して、はて何型なのかは分からない。

その改変した理由を「沖縄の方言や中国の影響を受けたと思われるような、ちょっと理解しにくいものがあったし、型そのものにしても、生活環境の違う人には、どうかと思われるようなものあり、また体育として普及させるためには、簡素化しなければならない点などもあった。またピンアン、ナイハンチ、チントウ、パッサイ、セーシャン、ヂッテ、サンチンなどは、その型を誰が創始したものかは分からないし、この名称では沖縄方言や中国の影響を受けたと思われるような、ちょっと理解しにくいものがあったので、「唐手」を「空手」に変えると同時に改めた」としているが、実に理解しがたい屁理屈で、独りよがりな感は否めない。固有名詞である型の名称を、沖縄の方言や中国の影響を受けたと思われるので型の名前を変えたとか、時代や生活環境にそぐわないから、根拠のない当て字をはめるとは、何たることか。

空手の表記

一九二九年（昭和四年）に慶應義塾大学唐手研究会ができた機会に、同門の諸君と語らって「大日本拳法空手道」と改めた。「空手」への改称は、当時沖縄、また東京の一部の人からもだいぶ非難されたが、私には私なりの信念もあった。「空」の字は、徒手空拳にして身を守り、敵を防ぐ武道の心を象徴したもので、またこの道の修行者は、常に空谷の声を伝うるが如く我意邪念を去って中心空虚でなければならぬ。そして中空にして外直でなければならない。また、仏教の「色即是空、空即是色」からして宇宙の色相は一切が空であり、空はつまり一切の真相に他ならない。そういった点からも「空」の字を使うことを主張したと述べている。

冨名腰姓を船越へ戻す

義珍は一九三五年（昭和十年）、六十七歳の時に冨名腰から船越へ改姓している。また空手家の遠山寛賢も、昭和六年頃に親泊から遠山に改姓しているが、その理由が思想家・頭山満に共鳴しての事だと言う。

当時、中央へ進出した人たちには沖縄出身であることを隠し、転籍・改姓改名した人は多い。それは差別や偏見から逃れるために行われたと言われ、沖縄出身では、立身出世が出来ないと言うのがその理由であった。その大半は教員が多かったと言う。

沖縄の歴史には、こうした差別からの改姓・改名の事象は、二度ある。廃藩置県後と薩摩が一六二五年に出した「大和めきたる名字」を用いることを禁じる令である。「大和めきたる名字」とは、日本風の姓は改めるか、当て字を換えて三字姓などに変えられた。その理由は、薩摩が琉球をあえて「異国風」に留め、幕府に対して外国を支配したと言う誇示のものであった。三字姓への改姓とは、「前田」を「眞栄田」へ、「福原」を「普久原」へ、「横田」を「与古田」へ、「船越」を「冨名腰」等である。

それからすると義珍の場合は、差別から「船越」へ改姓したのではなく元の姓に戻しただけのようだ。

渡清？

後田多敦著「琉球救国運動抗日の思想と行動」によれば、明治末に冨名腰義珍と本部朝勇がパスポートを携帯して清国に渡る。当時の空手家たちが琉球救国運動にどのように関わったか定かではないが興味深いことである。これが事実であれば船越義珍や本部朝勇の今まで通説になっている武歴を覆すことになる。

随筆1　空手物語

空手研究の動機　「私の恩師糸洲先生は、幼少の頃は腹痛（胃病）の持病もちで、何とかして健康を回復しようと思って空手を学んだところ、いつの間にか病気が治り、後に有名な大家になられた。安里先生もその通りで、糸洲先生とは親兄弟も及ばぬ懇意の間柄で、兄弟武士として、世間から尊敬を払われていた。

私も一〇歳の前後までは、お医者さんの家へばかり通っていたが、一二、三歳の頃から安里先生の長男と懇意になり、安里先生は御宅に蓋世社倶楽部をつくり、二、三〇名の小中学生が勉強をしていたので、安里先生の紹介で、一里余りも離れている糸洲先生のお宅へ、安里先生の御長男と一緒に毎晩、毎朝通った。二、三年経つと病気はどこへ吹っ飛ばしたのか、今日に至るまで健康である。その後も病気一つしたことがない。その後、私は那覇市内で育英（教育）に携わる事三三年間、上京しても足かけ二〇年になるが病気したことは一度もない。私自身の体験からしても確かに空手は健康づくりには最適な武術だと思われるのだ」。

（月刊沖縄「空手物語」四月号　一九四一年）

随筆2　唐手は武藝の骨髄なり　松濤

唐手の伝来　伝来については、諸説あるけれども、薩摩進攻により武器を取り上げられ、無手勝流唐手の必要性を痛切に感じたので、護身用として必要な唐手の練習をやらねばならない立場になったのであろう。

唐手の流儀　往々にして首里手とか那覇手とか泊手とか特別に存するような者がいるが、昔より昭霊流と昭林流の二派に分かれている。

昭霊流は體に重きを置き、昭林流は術に重きを置く流儀である。ワイシンザンは昭霊流に属し、イワーは昭林流に属する。ワイシンザンは身体肥満の荒武者で、イワーは背がスラリとした機敏闊達の男である。那覇は昭霊流の流れを汲み、首里は昭林流の流れを汲む。泊は首里、那覇の二者を折衷した中間の手にして一流儀である。その他に神手とか田舎の舞方などがあるけれども、神手は津堅手にして、舞方は沖縄固有のものなりと口碑は伝えている。

※この流儀について船越は大きな記憶違いをしている。正しくは、アソンは昭霊流に属し、ワイシンザン、イワーは昭林流に属する。アソンは身体肥満の男で、ワイシンザン、イワーは背がスラリとした機敏闊達の男である。

唐手の種類　諸流の中には百余種もあるが、現在、わが沖縄で流行の手にはサンチン、セーサン、ナイハンチ、ピンアン、バッサイ、クーサンクー、五十四歩、チントー、チンテー、ヂーン、ヂッテ、ワンスー、ワンドー、ペッチューリンなどあるが皆、昭霊流、昭林流の二流を脱せない。

既往と現今　昔は戦乱時代の余波を受けて、なるべく秘密に他人の知られないようにと、務めて稽古するときにも、練習するときにも朝は暗いうちより、晩は暮れてから場所も極めて秘密にしたものであったが、明治三四、五年頃からは、公然と師範中学校で体操同様にやるようになり、毎年その結果を文部省に報告することとなった。今や社会の一大問題となり、海軍省の研究問題にまで上がってなんと喜ばしい現象ではないか。

将来は如何　我々はこの喜ばしい現象をますます将来に発揮せしめるには、安里、糸洲、東恩納の諸大家が丈夫であるうちに、何とか方法を設けて、県当局とともに善後策を考えるべきである。時々会合を持ち互いに研究をして将来の発展に期すべきである。

（大正三年一月九日　琉球新報寄稿）

随筆3　空手漫語

空手の「三年殺し」　空手に「三年殺し」という言い伝えがある。拳で突き、または蹴り飛ばした場合など、その場では相手方に別にそれ程の被害を覚えさせないでいて、三年ほど経過すると死に至ると言った伝説がある。本当に、こんなことが空手の技でできるものだろうか。

空手に「試し割り」と言って拳で、五分板を五、六枚重ねて拳で突き割るのであるが、この場合にたびたび板は奇妙な割れ方をする。つまり常識では一番上の板が割れるのが普通だが、一番上の板には何らの損傷はなく、最後の板だけが割れることがある。この理由は簡単である。要するに拳の突き方のスピードの速さの加減であって、突く拳の速度が速ければ早いほど、必ずこの様な現象が起きるものである。これは、手に棒を持って左右に振った場合、棒の先端は大きく揺れるが手先の方は先端ほど揺れない。これと同様に板を重ねて拳で突けば、突いた瞬間に皺む率は、拳のあたる一枚目の板より下の板ほど大きい。もっともゆっくり突きだすなら表面が割れてから二枚目が割れ、次に三枚目と言う事になるが、猛烈なスピードで突けば、一枚目の板が少ししわんだ瞬間に拳を押し出さずピタリと止めれば、一枚目の板はそれ以上しわまず割れないが、二枚目以下の板は、割れることになるのである。要するに「空手の三年殺し」というのは、人体の表面にはそれほど被害を与えることなく、内部出血を起こさせる状態の事だろう。

（おきなわ第一巻　一九五〇年）

むすび

義珍の著書や随筆には記憶違いや曖昧な個所が随所にみえる。それはともかくとして学校教員となると、空手がまだ世間に認知されていない時に、運動会に空手を集団演武として取り入れたり、京都武徳殿や皇族関係が来沖の際には、常に沖縄を代表して空手演武をして紹介する。そして空手が中央へ進出するキッカケとなる沖縄県学務課が文部省主催「第一回古武道体育展覧会」へ推挙したのは船越義珍である。文武両道を兼ね添えて、実力があったからこそ中央で成功したのである。

著書

「琉球拳法唐手」　大正十一年十一月発行

「練膽護身唐手術」　大正十四年三月発行

「空手道一路」　昭和八年発刊

「空手道教範」　昭和十年五月発行

参考文献

松濤冨名腰義珍「空手物語」　月刊文化沖縄　一九四一年四月号

「沖縄県師範学校創立五十周年記念誌」

「瀬長夫人の唐手奨励論」　琉球新報　昭和十五年年七月一日
「唐手は武芸の骨髄」　琉球新報　大正二年一月九日
後田多敦著「琉球救国運動　抗日の思想と行動」　出版舎Ｍｕｇｅｎ
「琉文21」
船越義珍著「空手道一路」　榕樹書林
冨名腰義珍著「琉球拳法唐手」　榕樹書林
「比嘉春潮全集第三巻」文化民俗編　沖縄タイムス社
儀間真謹・藤原稜三著「対談近代空手道の歴史を語る」　ベースボール・マガジン社
「空手漫語」おきなわ第一巻（通巻第一号～第七号）一九五〇年
宮里栄一著「沖縄伝・剛柔流空手道」
琉球新報大正三年一月九日
喜屋武朝徳手記「拳法概説」　昭和四年
「空手は武芸の骨髄なり」　琉球新報　大正三年一月九日

本部サールー・本部朝基（一八七〇～一九四四）

首里赤平生まれ、父は本部按司朝真、母ウシの三男。長兄に本部御殿手第十一代宗家朝勇、二男朝信。師は松村宗昆、糸洲安恒、後に松茂良興作、佐久間に学ぶ。日本傳流兵法本部拳法の流祖。得意技はナイファンチ。

足跡（満年齢）

一八七〇年（明治3年）　・4月5日生まれ。

一八七九年（明治12年）9歳　・琉球処分。

一八八二年（明治15年）12歳　・松村宗昆に師事？

一八八七年（明治20年）17歳　・糸洲安恒（56歳）に17歳から25歳まで師事。

一八八九年（明治22年）19歳　・松茂良興作（60歳）に兄朝勇、屋部憲通、亀谷ともに師事。

一八九〇年（明治23年）20歳　・屋部、花城ら10名志願兵となる。

一八九二年（明治25年）22歳　・松村宗昆（88歳）死去。

一八九三年（明治26年）23歳　・12月1日、妻となる盛島ナビ生まれる。

一八九四年（明治27年）24歳　・日清戦争。

一八九七年（明治30年）27歳　・師松茂良興作（68歳）死去。

一八九八年（明治31年）28歳　・徴兵令施行。

一九〇〇年（明治33年）30歳
・辻で那覇の武士奥浜グループに囲まれる。

一九〇四年（明治37年）34歳
・日露戦争。

一九〇五年（明治38年）35歳
・師範学校、一中に唐手が採用される。

一九一五年（大正4年）45歳
・師糸洲安恒（84歳）死去。
・長男朝礎生まれる。

一九一八年（大正7年）48歳
・「沖縄新公論社記念会」において本部朝勇、朝基兄弟、喜屋武朝徳等が唐手演武。
・盟友屋部憲通ロサンゼルスへ渡る。

一九二一年（大正10年）51歳
・出稼ぎのため大阪へ。泉南郡貝塚町紡績工場守衛。

一九二二年（大正11年）52歳
・11月、京都において柔道対拳闘興行試合に飛び入りで、相手の外国人ボクサーを倒す。
・大阪此花区四貫島に道場開設。

一九二三年（大正12年）53歳
・兵庫県御影師範学校や御影警察の唐手師範。
・「日本傳流兵法本部拳法」と唐手術普及会結成。
・「沖縄拳法唐手術組手編」を出版資金調達の為に帰郷。
・上原清吉（19歳）を相手に「本部御殿手」取手（組手）の稽古を三

か月行う。

一九二四年（大正13年）54歳
・山田辰雄が大阪の唐手術普及会に入門。

一九二五年（大正14年）55歳
・二男朝正生まれる。
・「肉弾相搏つ唐手拳闘大試合」キング誌9月号に掲載。
・「露国拳闘家に勝った本部氏の豪勇」沖縄朝日新聞掲載。

一九二六年（大正15年）56歳
・「沖縄拳法唐手術（組手編）」唐手術普及会、5月5日出版。

一九二七年（昭和2年）57歳
・上京。
・4月、那覇の新天地劇場において空手対ボクシング興行を行う。

一九二八年（昭和3年）58歳
・兄朝勇（71歳）が、朝基と久米島演武大会の帰りに体調崩し3月21日死去。

一九二九年（昭和4年）59歳
・東洋大学唐手部の初代師範。高野玄十郎、東恩納亀助が師事。
・大塚博紀が師事。

一九三〇年（昭和5年）60歳
・東京市小石川区原町一二六番地に日本武道唐手本部大道館道場開設。

一九三二年（昭和7年）62歳
・東京日暮里の泡盛屋の奥の6畳間に居を構える。
・「私の唐手術」東京唐手普及会から出版。
・3月26日ハワイ上陸拒否される。

一九三三年（昭和８年）63歳
・仲宗根源和の企画による空手演武会、那覇昭和会館、中頭地方事務所、糸満小学校において知花朝信、喜屋武朝徳、宮城長順、城間真繁、宮城嗣吉らと演武。
・名嘉間朝増（34歳）が入門。ナイハンチ初段、パッサイ、組手を指導。

一九三四年（昭和９年）64歳
・弟子東恩納亀助がハワイで唐手巡回演武紹介。

一九三五年（昭和10年）65歳
・東京本郷区餌差町に大道館移転。
・日中戦争。
・宮平勝哉（17歳）が、知花朝信の紹介で牧志にある「本部朝基唐手研究所」で指導を受ける。（一年で閉鎖）
・鉄道省（国鉄）空手道部師範、松森正躬（早大空手部ＯＢ）が師事。
・長嶺将真（29歳）が警視庁派遣滞在中に本郷区にある大道館道場で、６か月間の指導を受ける。

一九三六年（昭和11年）66歳
・空手調査のため帰郷。
・10月25日「沖縄空手道大家の座談会」出席（琉球新報社主催）。
・11月８日「空手座談会」出席。琉球新報社主催。
・11月９、10、11日青年唐手家主催・座談会「武士・本部朝基翁に実戦談を聴く」に出席。琉球新報掲載。

一九三七年（昭和12年）67歳

・二男朝正（12歳）に空手を指導始める。

・拳友屋部憲通（71歳）死去。

一九三八年（昭和13年）68歳

・再び東京に戻り大道館再開（牛込柳町へ移転）。

一九四〇年（昭和15年）70歳

・東京市牛込区原町一―四九在（朝正宛ての手紙による）。

・東京で後援会事務所発足。

一九四一年（昭和16年）71歳

・太平洋戦争。

・大道館閉館。

・12月13日、二男朝正（16歳）に日本傳流兵法本部拳法の免状授与。

・大阪に戻り、家族と過ごす。

一九四二年（昭和17年）72歳

・6月まで大阪滞在後、弟子松森正躬のいる鳥取県へ一か月ほど滞在し、鳥取高等農業学校で唐手指導を行う。

・6月10日、松森正躬、鳥取高等農業学校生徒と記念撮影。この頃から胃潰瘍を患う。

・帰郷。

一九四三年（昭和18年）73歳

・長男朝礎（中国戦線から病の為帰国）熊本陸軍病院で死去。

一九四四年（昭和19年）74歳　・4月15日、那覇市崇元寺長嶺将真家の隣家の貸家で死去（長嶺将真談）。

一九七三年（昭和48年）　・11月16日　妻ナビ死去。

本部サールー（猿）を語る

本部朝基は、幼いころから武を好み、その身軽さから「本部御殿のサーラーウメー（猿御前）」「本部のサールー（猿）」と呼ばれ、数々の武勇伝を残している。

山内盛彬談

空手の名人本部サールーの空手は人の技とは変わっていて、彼の飛鳥のような早技は空手か踊りかと思わせるものであった。またその身のこなしが猿の如く俊敏であったことから「本部の猿」と異名を持つ。

（「山内盛彬著作集一巻」）

上原清吉談

朝勇先生の弟に「本部サールー」と呼ばれて勇名をはせた三男の朝基がいて、短気な方で武術に対する情熱はひとかたならぬものがあった。それが時として喧嘩ぱっやいと誤解を生むことが多かった。朝基氏は、武術には実戦での強さが大切であると言う考え方で、武術談義がはじまると、ともかくも実際に立ち会うことによって優劣を確かめるという方法をとられる方であった。また朝基氏の唐手は、御殿手が柔らかな動きで相手を制していくのに対して、完全な剛拳、直線的な動きで有無言わさず相手を制するものであった。

（上原清吉著「武の舞」）

宮城嗣吉談

一世を風靡した空手界の達人本部サールーこと、本部朝基先生と巡り合ったのは一九二七年（昭和二年四月）。新天地劇場で本部先生が外人プロボクサーとの対決興業を、県下から空手家を募集して、沖縄で初めて行う。私は未成年者ということで出してもらえなかったが、私は本部先生のもとへ何度も通いつめているうちに、高安高俊市会議員の仲立ちで、下働きとしておいてくれた。本部サールーとの生活は「イモ買ってこい」「豆腐、スクガラス買ってこい」「酒買ってこい」といった使い走りの毎日であった。

本部サールーは、実戦家で学はなかったが「論より証拠」という自らの哲学に徹した武人で、関西方面において空手の普及をしていた。よく船越義珍先生と本部先生の実力はと聞かれるが、両氏ともそれぞれの道を歩まれ、空手道の開拓には、偉大な足跡を残した。本部先生は他流試合の逸話も豊富で、その武勇伝が当時の雑誌「キング」に大々的に掲載され全国に広く知られ、東京はじめ全国各地から教えを乞う人々も少なくなかった。

（宮城嗣吉「私の戦後史第五集」）

流儀

本部朝基の流儀は、掛け試しの印象が強いために「ケンカ空手」とか「自己流」と言われ、きちんとした唐手は学んでいないと言われているが、師匠については一九三六年（昭和十一年）十月二十五日の琉球新報主催「沖縄空手道大家の座談会」において、太田朝敷から「本部（朝基）さん、あなたは誰について習いましたか」の質問に、「糸洲、佐久間、泊の松茂良（興作）先生などについて習いました」と答え、さらに太田朝敷の「あなたの空手は自分で作ったのではないですか」の問いには、「いいえ、そんなことはありません」と笑いながら答えている。

幼少年時代

朝基は、琉球王府の名家本部御殿の三男に生まれ、しかも代々伝わる本部御殿手第十一代宗家本部朝勇を兄とする環境で育つ。しかし、一子相伝、長男のみに伝えられ三男朝基には伝わっていない。

幼少の頃は、兄朝勇の稽古を盗み見したり、本部家に訪ねて来た武術家たちに「手（空手）をしましょう」と声をかけたと言うからよほど武芸が好きな子供であったに違いない。

青年時代

私は子供の時から武芸が好きで、多くの先生について研究したが、糸洲安恒先生について稽古したのは一七、八歳から二四、五歳くらいまでの七、八年間である。

（仲宗根源和編「空手研究」第一号空手一夕譚）

私が二〇歳（満一九歳）頃、亀谷、屋部（憲通）、それと私の兄朝勇が泊の松茂良先生のもとへ行った時、先生は「受け手について」質問された。「受け手」とは、実戦には左で受けて、右で入れ、または右で受けて左で入れることでは役に立たない。受けた手が同時にパッと攻撃に変じる手でなければいけない。このやり方は糸洲先生から学んだ。今の組手なんかは、空手の型をそのまま取ってやっているが、それでは実戦に何の役にも立たない。入り組みの練習の時、先生が二番目に入れた手を受け流し、そのまま顔に当て、歯から血を出した事があった。先生は「そのまま構わぬからどしどし入れて来い」と言われたので、私は非常に感激をして一層発奮して修練したことは事実である。また、私は首里の松村、佐久間に教わった。時々は泊の松茂良（興作）、国頭親雲上、糸洲（安恒）、久茂地の山原国吉（真吉）について稽古したが、気持ちがあった人は泊の松茂良と佐久間であった。

昔の武士の修練

昔は手を習う時は隠れて人に見られぬように、こっそり先生の家に通った。それも夜の明けきらぬ暗いうちに行き、巻き藁を稽古する時は音を立てないように、棒の稽古などは藁を巻いてやったものだ。

昔の拳の握り方

私が一二、三歳の頃に教えられたのと、今とは拳の握り方が違う。昔は平手であった。現在、突きは前方に水流しと言って、下にさがっているが、昔はそんな手はなかった。真っ直ぐにかえって上にあがる心持ちで突くものだ。これは首里松村の流れが本当だと思っている。佐久間先生と松村先生のは同じ手であった。

昔の型は突いて拳を出して引く時、腋下に引くことを習ったが、今は脇腹に引いている。これは実戦には決して役立たない。引く時に力を入れるのが本当だが、今日のように拳を突く時に力を入れると言うのは、私には不思議でならない。突く時は八分でも、引く時は十分でありたい。

（「武士・本部朝基翁に実戦談を聴く」　琉球新報　昭和十一年十一月九～十一日）

松村・糸州両先生のナイハンチの型

松村先生と糸洲先生のナイハンチの型は異なっているところがある。足を膝のところまで内側へあげて元の位置へ踏み下ろすところがある。松村先生は、踏み下ろすときに、足を軽く平らに足裏を下ろすのだが、糸洲先生は、足の下ろし方は力を入れて重く、足の裏を平らに下ろさず斜めに下ろす気持ちで、強く踏み下ろす。それは、右足の時も左足の時も同じ事である。

また手を胸の前面に突き出すところも異なっていた。一つの拳を側面に腰に寄せてとり、他の拳を胸部前面に横に突き出す型が左にも右にもある。松村先生は拳を斜め前に突きだし、肘はほとんど伸びている。しかし糸洲先生は拳を胸部に平行するように突き出すので、肘は角に曲げている。これは左手も、右手の時も共に同じである。

（仲宗根源和編「空手研究第一号」　本部朝基談「空手一夕譚」）

大阪時代

一九二二年（大正十年）に朝基五一歳にして大阪へ渡る。すぐさま朝基らしい衝撃的なデビューをする。

外人ボクサーを倒す

「武士・本部朝基翁に実戦談を聴く」によれば、「大正十二年頃かな（実際は大正十一年）、五〇歳（実際は五二歳）を越してからのことで、京都でジョンとかいう外人拳闘家が実演しているのを見物に行った時に、飛び入りで試合をした。私がグローブもせずに素手でやると言ったら、相手の拳闘家は私よりも背が高いので随分侮り、それで、最初の回は相手も軽くあしらって一回休み、二回目に立った時「こんな外人に負けると空手の恥であるうえ、沖縄の恥だ。一つうんとやっつけてやろうと決心、奮然と攻勢に出て向こうが力でブッとやって来た刹那、相手のこめかみを一つうんとやっつけたら、その場で見事ぶったおれてしまった。六尺もある拳闘家をやっつけたので会場は騒然となり、座布団が飛ぶ、煙草入れが飛ぶ、巾着も投げられて拍手喝采だったよ。その時、平手で張ったなど書きたてられたが、平手なんかで相手するものか、パッと拳を突いたのが早いので見物人は平手だと思ったらしい。空手の極意は柔らかくやって、隙を見てパッと当てるのが空手の実戦だよ。」

朝基はこの一戦で公の場に躍り出て、一躍有名となり沖縄唐手の普及の足掛かりをつかんでいく。さらに三年後の大正十四年、雑誌「キング」九月号に「肉弾相搏つ拳闘大試合」の見出しで大々的に取り上げられ、全国へ沖縄の武術唐手の存在を知らしめることになる。

三年前の出来事がなぜ「キング」誌に掲載されたのかと疑問に思っていたが、東京通信によれば東京でも昨今大評判となり、機を見るに敏なる出版業者は、本部氏の武勇を讃える記事の蒐集に取りかかり、雑誌キング誌の如きは九月号に露人との試合記を掲載すべき準備中である、と言う事であった。

つまり、「キング」誌の記者は、実際に見たわけではなく、巷間の風聞を記事にしただけの話で誇張された記事である。

また当地の沖縄朝日新聞も三年もたって、大正十四年六月二十七日に「露国拳闘家に勝った本部氏の豪勇・見事一撃で倒す。哀れ不具者となった露人」と掲載しているが、おそらく「キング誌」からの転載であろう。

上京

朝基は、東京での船越義珍の動向が気になったのか、妻子を大阪に残して東京へ向かう昭和二年のことである。ところが、その年に二人の外人ボクサーを引き連れて沖縄で外人ボクサー対空手家との興行試合を行うが評判悪く失敗。昭和七年ハワイに向かうが上陸拒否され失敗。

東京では、日暮里の泡盛屋の奥の6畳間に居を構え、稽古場を求めて小石川原町、本郷区餌差町、本郷区田町、牛込区柳町、牛込区原町などを転々としている。東京での活動は、決して順風満帆ではなかったようだ。関東の大学空手部はほとんどが船越義珍の傘下にあって入り込める余地はなかったと思われる。それでも、東洋大学、鉄道省（国鉄）の空手部の指導のかたわら大道館道場において個人指導をおこなっている。

外人プロボクサーと空手興行

朝基は、一九二七年（昭和二年）四月に那覇の新天地劇場で外人プロボクサーとの対決興業を沖縄で初めて行う。県下から空手の腕自慢を募集して、多数の空手達人が出場したが、沖縄空手はことごとく負けた。そこに宮里栄之助がリングに上がり、最初のピーターの右拳をかわし抱きつきリングに投げつけ、起き上がるところに前歯を突き折り、血をふかした。翌日も相手のトニックをピーター同様にマットに沈めた。と宮城嗣吉「私の戦後史第五集」にあるが、当時の新聞は、あまりにも凄惨すぎるとして、この興業は一回限りで終わっている。

本部サールー、ハワイ上陸拒否される？

一九三二年（昭和七年）三月十三日、日布新聞によれば、本部朝基（六二歳）は、ホノルル港外まで来たが移民局から上陸拒否される。「東都において数百名の子弟に空手術を指導しつつある本部朝基氏は、この道の権威としてその令名高く、現在東京の小石川区原町にて大道館本部道場を督しつつあるが、来る二十六日の入港の春洋丸にて、当市の玉那覇朝松氏の招聘により、空手術教授を兼ねて巡遊のため来布する旨入電あり（日布）。

朝基は、入国手続きにミスがあったのかハワイでの武術空手の紹介を果たせないまま帰国する。

後援会発足

「空手道の先輩本部朝基翁東京で後援会」沖縄拳法の普及向上のため阪神東京などに集め門下生を訓育している。今回朝基翁の普及向上を促進するため東京で後援会が組織された。事業として本部流実戦護身術の研究や拳法の公開演武会及び後援会の開催、会員の加入募集をする。

一九四〇年（昭和十五年）に、ピストン堀口、小西康裕が中心となって、医学博士、実業家、柔道家が発起人となり、後援会事務所を東京市蒲田区御園一の二六の二ナグラ堂内に設置。

「空手道の先輩　本部朝基翁」東京で後援会事務所発足。（琉球新報　昭和十五年八月十七日）

東洋大学空手部師範

昭和四年（一九二九年）に東洋大学空手部の初代師範となる。高野玄十郎、東恩納亀助が師事。

鉄道省（国鉄）空手道部師範

昭和十年（一九三五年）鉄道省空手道部師範となる。松森正躬（早大空手部ＯＢ）が師事。松森は米子鉄道学園の学園長を最後にに退職。昭和十七年（一九四二年）に朝基は、松森の招きにより鳥取県に一か月ほど滞在し、鳥取県高等農業学校空手部に空手指導をおこなう。この時、鉄下駄、チーイシなどの鍛錬器具数点を松森へ贈る。

弟子

弟子には山田辰雄（日本拳法空手道開祖、フルコンタクト空手やキックボクシング誕生の生みの親）、大塚博紀（和道流の開祖）、高野玄十郎（埼玉春風館館長）、東恩納亀助（後の寛、群馬大道館館長）、小西康裕（神道自然流開祖）、上島三之助（空真流開祖）、中田瑞穂、丸川謙二、松森正躬、長嶺将真（松林流祖）、宮平勝哉、名嘉真朝増等がいる。

数々の武勇伝

逸話１　覆面姿で遊郭辻に行き、屋部（憲通）、花城（長茂）、高江洲、仲村渠などの連れに逢い、その一人の強力高江洲に割り込んだところ、向かってきたので二回とも払って突いたらフラフラとなってタジタジになったよ。

逸話2　三〇歳の時に、屋部と二人、辻に遊びに行ったところ、那覇の武士奥浜の集団と出会って、取り囲まれたが、その内の一人をパッとやつけたらそのまま倒れた。

逸話3　板良敷（朝郁）翁と西原小那覇の村遊びに行った時に、後から棒でいきなり手を打たれた拍子に睾丸を打たれたが、後ろ向きに相手をやっつけたら、騒ぎを聞きつけた七、八〇名の村青年に囲まれ、相手と実戦しながら逃げ帰った。

（「武士・本部朝基翁に実戦談を聴く」　琉球新報　昭和十一年十一月九〜十一日）

むすび

明治になり空手が学校教育に採用されると、体育空手として飛躍する中、従来の鍛錬が個人指導から集団指導へ移ることを憂い、また型の改変を嘆き、愚直にも古来の教え方を守り「鍛錬」「筋骨」「餅身」を通した稽古を大切にした。彼ほど沖縄空手を愛し、沖縄空手の将来を憂い、郷土沖縄を愛した空手家はいない。と言うのは、沖縄を後にして、本土に渡った空手家のほとんどが郷土沖縄へ帰ることなく他県で生涯を閉じていく中、朝基は常に沖縄を往来し武術空手の発展に尽力して、最後は愛する沖縄の地で永眠する。

著書

「沖縄拳法　唐手術（組手）」　唐手術普及研究会　大正十五年五月五日発行。

「私の唐手術」　東京唐手普及会　昭和七年発行。

参考文献

宮城嗣吉「私の戦後史第五集」　沖縄タイムス社
小沼保編著「琉球拳法空手術達人本部朝基正伝」　壮神社
上原清吉著「武の舞　琉球王家秘伝武術　本部御殿手」　ＢＡＢ出版局
「山内盛彬著作集一巻」　沖縄タイムス社
「沖縄新公論社記念会」　琉球新報　大正七年五月四日
仲宗根源和編空手研究第一号「空手一夕譚」
「武士・本部朝基翁に実戦談を聴く」　琉球新報　昭和十一年十一月九～十一日
「空手道の先輩本部朝基翁」東京で後援会　琉球新報　昭和十五年八月十七日
遠山寛賢著「空手道入門」　鶴書房
長嶺将真著「史実と口伝による沖縄の空手・角力名人伝」　新人物往来社
「本部猿ハワイ上陸拒否される」　日布新聞　昭和七年三月十三日
今野敏著「武士猿」　集英社

チャンミー小（ぐゎー）・喜屋武朝徳（きゃんちょうとく）（一八七〇〜一九四五）

首里儀保に生まれ、父朝扶、母真松の三男、長男朝輔、二男朝弼。

師は父親の喜屋武朝扶。後に松村宗昆、松茂良興作、親泊興寛に師事。流儀は首里手、泊手系統。

足跡（満年齢）

一八七〇年（明治3年）　・12月5日生まれ。

一八七二年（明治5年）2歳　・父親朝扶が維新慶賀使として上京、琉球藩となる。
　・5月24日　妻となる伊波カマ生まれる。
一八七五年（明治8年）5歳　・松田道之来島し、琉球処分始まる。
　・琉球藩庁の嘆願使節として父親朝扶が上京。
一八七六年（明治9年）6歳　・朝扶帰国。

一八七九年（明治12年）9歳　・琉球処分。
　・尚泰王上京。
一八八四年（明治17年）14歳　・父朝扶から兄朝弼とともにナイファンチの型を教わる。

一八八五年（明治18年）15歳　・父親を介して松村宗昆（80歳）から識名園にて五十四歩（ウーセーシー）を2年間教わる。

一八八七年（明治20年）17歳　・尚泰王近習の父と上京。

一八九二年（明治25年）22歳
・二松学舎へ入学。
・父から再び空手の稽古を受ける。

一八九四年（明治27年）24歳
・師、松村宗昆（88歳）死去。
・日清戦争始まる。

一八九六年（明治29年）26歳
・9年間の東京生活を終えて帰郷。
・松茂良興作（57歳）からチントウ、親泊興寛（59歳）からパッサイを習う。

一八九八年（明治31年）28歳
・師、松茂良興作69歳死去。
・父の実家を継ぐため本永家の養子となり、本永朝徳となる。
・徴兵令施行。
・不祥事起こす？

一九〇一年（明治34年）31歳
・尚泰王死去。

一九〇二年（明治35年）32歳
・父朝扶が東京から帰郷。

一九〇四年（明治37年）34歳
・日露戦争始まる。

一九〇五年（明治38年）35歳
・師範学校、一中に唐手が採用される。
・師、親泊興寛（78歳）死去。

一九〇八年（明治41年）38歳
・首里から読谷村牧原に移住。養蚕、荷馬車引きで生活を営む。
・北谷屋良（良正？）八世から公相君を学ぶ。
・屋良リンドー家（林堂家）の娘伊波カマ（36歳）と結婚。

一九一〇年（明治43年）40歳
・読谷村比謝矼に移住。
・この頃から読谷山、北谷村の若者たち、農林学校、嘉手納警察署、師範学校生の空手指導を行う。

一九一一年（明治44年）41歳
・長女安子誕生。

一九一三年（大正2年）43歳
・父朝扶（74歳）死去。

一九一五年（大正4年）45歳
・糸洲安恒（86歳）死去。

一八一六年（大正5年）46歳
・宮古島へ。伊志嶺玄朝（後の東洋館空手道館長）が師事。

一九一八年（大正7年）48歳
・5月4日、沖縄新公論社一周年記念会において本部朝基とともに唐手演武。

一九一九年（大正8年）49歳
・久高幸利（12歳）（後の小林寺流拳行館空手道開祖）が師事。

一九二三年（大正12年）53歳
・首里城南殿の演武大会で夫婦枕の試し割りを行う。

一九二四年（大正13年）54歳
・那覇の大正劇場において「唐手大演武大会」に本部朝勇、摩文仁賢和等と演武。

一九二五年（大正14年）55歳
・新垣安吉が師事（25歳）。

一九二六年（昭和元年）56歳
・那覇旭ヶ丘に「沖縄唐手倶楽部」設立され、本部朝勇、宮城長順、許田重発、摩文仁賢和、上原清吉等と参加。

一九二七年（昭和2年）57歳
・弟子久高幸利入隊。

一九二九年（昭和4年）59歳
・高田瑞穂、三木二三郎来沖。喜屋武、屋部等から指導を受ける。

一九三〇年（昭和5年）60歳
・8月、台湾武徳殿「台北国際武道祭」に招かれ唐手特別演武を行う。この時、桑江良成、久高幸利が同行する。また台北警察署の石田信三柔道六段と立ち合う。
・この時、台湾人よりアーナンクーを学ぶ？
・宮古、八重山において唐手の指導を行う。
・八重山にて慶田花宜佐（一八四三〜一九三四）から徳嶺の棍を学ぶ。
・「軆と用、試合の心得」論文発表。
・宮城嗣吉の案内で仲宗根源和が喜屋武宅訪問。

一九三一年（昭和6年）61歳
・空手普及のため9月と12月に再び八重山に渡る。
・9月15日、八重山新報「琉球唐手の権威喜屋武朝徳翁が指南所創設す」の見出しで、台湾武徳殿唐手講師、農林一中の嘱託教師と紹介。

一九三二年（昭和7年）62歳
・長嶺将真（24歳）が師事。（嘉手納署在職中6年～8年）
・仲宗根源和の企画による那覇昭和会館、中頭地方事務所、糸満小学校会場においての空手演武会に出演。北谷屋良クーサンクー演武。

一九三三年（昭和8年）63歳
・弟子久高幸利が単身で満州に渡り、初めて空手を紹介する。

一九三五年（昭和10年）65歳
・糸数盛喜（18歳）が師事。

一九三六年（昭和11年）66歳
・日中戦争。
・島袋善良（27歳）が師事。
・琉球新報主催「沖縄空手道大家の座談会」出席。

一九三七年（昭和12年）67歳
・沖縄県空手道振興協会発足・空手道基本型十二段設定に参画。
・4月仲里常延（15歳）が県立農林学校在学中に師事。
・屋部憲通死去。

一九三八年（昭和13年）68歳
・伊志嶺玄朝（後の東洋館空手道館長）に師範免状授与。

一九四一年（昭和16年）71歳
・太平洋戦争始まる。
・奥原文英、蔵当正一、伊波平太郎、比嘉勇、平良一男等が県立農林学校在学中に師事。

一九四二年（昭和17年）72歳
・長嶺将真道場開きにおいてパッサイと棒術を演武。

一九四三年（昭和18年）73歳
・5月7日「空手の思い出」を沖縄新報に掲載。
・8月、今帰仁小、本部小において出征軍人遺家族慰問演武大会開催。喜屋武朝徳、仲里常延、高良甚徳、奥原文英、与那嶺新孝等が演武。

一九四四年（昭和19年）74歳
・読谷山飛行場慰問演武会においてチントウ、徳嶺の棍を演武。
・農林学校の講師を辞める。

一九四五年（昭和20年）75歳
・本部朝基死去。
・終戦。
・9月20日石川捕虜収容所で死去。

幼少年時代

父朝扶から空手を習う

私の父朝扶は、私が幼少の頃より身体が弱く、そのうえ小さかったので、兄朝弼と毎日、相撲を取らして体を鍛えることを日課とした。満一四歳になり結髪式の翌日から初めて兄とともに空手を父と稽古を行う。当時は空手とは言わず、ただ単に「手」と言っており、例えば「抜塞の手」とか「鎮闘の手」と言った。父親の指導はとても荒々しく、兄と二人で猛烈なる稽古を重ねて一年が過ぎました。

松村宗昆に五十四歩を習う

満一五歳の春、父親と共に識名園に行き、沖縄空手中興の祖、松村宗昆先生に二年間五十四歩を教わる。松村先生は八〇歳の高齢にもかかわらず、毎朝巻き藁を突かれ、眼光人を射し、腕骨の堅き事、鉄石の如き感がありました。先生は熱心にご指導され、特に口癖のように「武は平和の道である。平和は武によって保たれる」と言われていました。

上京

再び父から空手を学ぶ

一七歳の時、尚泰候の随行として父が上京すると、私は富士見町の二松学舎に通学するかたわら、父親から再び空手の稽古を行う。冬の雪の降る寒い時は、わざわざ庭に追い出して、空手をやらなければ朝食も与えないほどでした。その御蔭で在京九年間一日も、風邪をかからず弱かった身体も頑強となった。

二松学舎入学

朝徳は、当時としては珍しく東京の最高学府の二松学舎に入学するわけだが、二松学舎とは三島中州が一八七七年（明治十年）、東京府麹町に創設した漢学塾である。東洋文化を学ぶことこそ、我が国本来の姿を知り得るとして「己を治め、人を治め一世に有用なる人物を養成する」「東洋学の確立と新時代を担う国家有為の人材の育成を目指す」ことを建学の精神とした。卒業生には犬養毅、中江兆民、嘉納治五郎、夏目漱石、平塚雷鳥、山下義韶など錚々たる人たちがいて福沢諭吉の慶応義塾と肩を並べるほどの名門校である。ただ朝徳が何年間在学したか、またどのような学舎生活を送ったかは分からない。

帰郷

松茂良興作、親泊興寛に学ぶ

二六歳の時に帰郷。泊手の祖、松茂良興作（五七歳）から「チントゥ」や親泊親雲上興寛（五九歳）からパッサイを習う。当時の師匠は自分の得意とする型以外は弟子に教えず、その他の型の教えを乞うと、その技を得意とする師匠を紹介する案配であった。また当時は武を稽古する者を異端視していたので、他人や兄弟にも言わず人目を避けて、稽古に行くので一苦労であった。その上、蛮風が残って酒座や色町では盛んに掛け試しをやったものだから、常に用心して色町に行ったものです。

時代は進み、個人的な武士道から国家にお役にたつための武士道となり、尚小さい琉球の武器なき平和な王国の武術たる空手は、冨名腰義珍君が、単身上京して全国に広めた結果、琉球の空手が日本の空手として新しい発展を見たのは、県民として冨名腰君に感謝し、本場は本場としての威厳を保つべく指導者も一団となり、より一層に磨きをかけて精進すべきと思います。

（「空手の思い出」　沖縄新報　昭和十七年五月七日）

農林学校嘱託教師

体は三分、努力は七分

沖縄県農林学校同窓会誌　第三十七期生編集委員によれば、農林学校では希望者が参加して月に二、三回、放課後、空手の修練があった。講堂の中央に、五尺そこその痩せた全く風采の上がらない七〇歳ぐらいの田舎タンメーグヮー（翁）といった感じの人が立っている。最初に教わった型は「アーナンクー」であった。そのヨボヨボ爺さんが型の演武をなさると、たちまち豹変して、動作は軽快迅速となり、疾風怒濤の勢いがあり、その瞬発力たるや稲妻の如何なる大樹も薙ぎ倒す壮絶な迫力があり、観る人をして無我の境地に誘い込む気迫があった。その人こそ明治、大正、昭和の三時代を風靡した拳聖、喜屋武朝徳先生である。先生は体が小さいということで、「自分の体に適した技を空手の型の中から修練する」ことで、血のにじむような苦行を重ねた。常に「体は三分、ナンジ（努力）七分である。たゆみない努力、これを実行できるか否かが、大成するか、しないかの分かれ道であり、体の大小は関係ない」と言っておられた。

先生の全盛時代は沖縄ばかりではなく、大阪、九州、台湾と巡業（演武大会）を行い、広く空手道の紹介普及に努められた。

（「沖縄県農林学校同窓会誌」）

喜屋武朝徳先生を語る座談会

金城　喜屋武先生は、四十二期生が入学した時には、農林の講師をやめておられた。平良一男先輩の時はやっておられた。

照屋　喜屋武先生のお家は、比謝橋のたもとにあって、川べりには大きな梅檀の木があり、家は竹茅葺きで竹垣に囲まれていたように覚えていますが、そこに道場もあったのですか？

平良　道場はなかった。庭に巻き藁を立ててやっていた。奥さんが染物屋をやっておられたので、その庭は、奥さんも使っておられた。今の大徳寺の近くに比嘉空手道場があって、そこは教授料を取っていたが、喜屋武先生は一切教授料を取らなかった。

照屋　それで貧乏だったんだ。

平良　貧乏ではなかった。

照屋　われわれが見ると家も小さく、竹茅葺きで、外観は貧乏に見えましたよ。

平良　貧乏ではなく、質素な生活をしておられた。私は、空手はあまり好きではなかったが、勝連出身の蔵当先輩に引っ張られて、空手着持ちをやらされてね。稽古日は毎週月・水・金曜日行って、半年間は歩き方だけだった。喜屋武先生に接して感じたことは、非常に質素で謙虚な人格者だった。「実るほど、頭が下がる稲穂かな」の精神を常に実践しておられるような印象を受けたものです。

ある時、南洋から来た空手修行者がいたが、その巻き藁の突き方に「虎構え」と言って、力いっぱいパンと突いて、巻き藁の後ろにつけてある目盛りの振幅を誇りにするのがあったが、こういう鍛え方をすると、喜屋武先生はすぐ破門にした。空手は体を鍛え、礼にはじまり、礼に終わるものだと非常に礼節を重んじた。

今もって感心するのは、訪問の時に「こんにちは平良一男です。参りました」と言っても、一回には開けないよ。しばらくして廊下に出てこられて「誰かね」と声をかける。「平良一男です」と答えると、「うん、いいよ」と、はじめて開ける案配であった。そして非常に細かいことを教えた。例えば「人間というものは、自分の家から外に出るときには、必ずおしっこしてから行きなさい」と、どこに行く時でもおしっこをやっておけ、どんな人間でもおしっこをやりたい時には、心にゆるみが出るものだと言われて、なるほどなあと感心したものです。また喜屋武先生はいろいろな逸話があって、直説聞いたお話を紹介すると「チャンミーグヮーは三角跳びをやりおった」とよく聞かされたものだが、このいきさつをいうと、戦前は他村の娘をもらうときには百円とか五十円とかを「馬手間」と言って、その村の青年団に払うしきたりがあって、首里から移住してきたよそ者の喜屋武先生は、屋良林堂家の娘カマを嫁にしたが、金がないからうやむやにしていたら、屋良の青年たちに夫婦共追われ、比謝橋を渡って逃げる際、チーチー屋（牛乳屋）のところで、橋の欄干から跳び降りたそうだ。跳び降りたのは見えたがどこを探してもいない。それが三角跳びになって巷に伝わったと言うのだ。

喜屋武先生曰く「人間がいくら武術者でも空気を蹴って跳べるか」と言われ、比謝橋にはアーチを支える橋桁が突きだしていたので、妻を抱えて、そこに跳び降りて隠れたというのであった。しかし自分一人ならともかく、あんな小さい人が妻を小脇に抱えていたものだから、屋良の青年たちは、そこでおじけづき帰ってしまったのである。三角跳びではないけど、あの橋桁に跳び下りるのは普通の人では一人でもできないよ。喜屋武先生だからできたようなものであったわけだ。

その頃の空手の達人たちはそれぞれ専門があって、宮城長順先生は、握力の専門であったが、牛肉を握りつぶしたと言う話は真っ赤なウソだが、喜屋武先生は手刀と突きが専門で、喜屋武先生の突きは一升枡に砂を入れて、上から手刀で突くとその底まで達する威力があった。

金城　屋良のりんどう屋敷で空手演武を時々やったわけですか。

平良　一年に一回だけ。りんどう屋敷ではなく、別の家を借りて、一番座でやった。そして今まで教えた弟子を一人一人演武させて、先生はそれを見ていなさるわけです。喜屋武先生の一番弟子に、中国へ行って空手を習ってきた知花の奥原文栄さんと言う人がいて、そのお母さんが空手に理解のある方で、沖縄に行って喜屋武朝徳先生のところで、みっちりやってきなさいと言われて、大阪からやってきた。その時、鍬ドゥイするなと、鍬を握るのと空手の握りは違うのですよ。僕ら空手の場合は、手の平に一直線にタコができたものです。鍬の場合のタコは平たくなる。鍬をつかまえるなと、お母さんに言われた。そこで中国の空手と言うことで、跳んでいってここに座る技があるわけだ。この人がポンと床を蹴るとそこだけヒビが入ってね、驚いたものです。

金城　ところで、喜屋武先生はいつ頃から農林で空手を指導することになったのですか？

平良　僕たちは最後でした。

金城　教え子で現在空手界において、活躍されている方がおられますか。

平良　仲里常延さんです。知念村の元村長で、知念で尚武館道場を開いておられる。

台湾遠征

柔道家石田信三・六段との試合

久高幸里著「遥かなり万里の長城」によれば、父久高幸利が一年半の兵営生活を終えて、昭和五年八月に師の喜屋武朝春（朝徳）桑江良成師範とともに台北の国際武道祭に招かれ、唐手の特別演武を行った。その時に、台北警察において柔道を指導していた石田信三・六段に試合を申し込まれた喜屋武朝徳は、空手着から薄手の肌着に着替えて相手になり、スルスルと猫足で接近するや、一瞬のうちに左手親指を相手の口中に差し込み右頬をワシ掴みにした。間髪を入れず、気合とともに石田の右膝頭に左足をかけ右拳を鳩尾に叩き込まんとして勝負は決したと言う。

※どういうわけか喜屋武朝徳は朝春に名を変えている。

弟子　久高政祺幸利（一九〇七年四月二二日～一九八八年八月一三日）

首里に生まれ。長嶺将真とは泊小学校の同級生。

一二、三歳の時に喜屋武朝春（朝徳）に師事する。

一年半の兵営生活を終えて、師の喜屋武朝春（朝徳）とともに日本各地及び台湾の演武旅行の後、昭和七年三月九日、清国最後の皇帝愛新覚羅溥儀の就任建国祭に招待され、西公園で行われた武道大会の拳法の部に出席。ただ一人の日本人として少林寺流拳法の型「公相君」別名「八方当て」を演武した。この型は、八方に包囲された場合の術で、軽快な動作で、相手の衝きいるのを受けずに流すと言う身の捌きで、昼夜、明暗、地の利を十分活用している技である。

そして満州建国祝賀の武道大会の演武が評判となり、旅順、大連、奉天、長春の各警察、各名門中学校、南満州鉄道株式会社の各鉄道局、ハルピンの日露学院などで大歓迎を受けることになる。関東軍では「公相君」と「獅子流の棒術」の演武をした。

戦後は、荒廃した祖国に、青少年の健全なる育成が第一と考え、夏目漱石の生誕の地、夏目坂に小林寺拳行館唐手道場を開き、武術指南としてその生涯を終えた。

（久高幸里著「遥かなり万里の長城」）

チャンミー小（グヮー）

逸話1

松田古老（明治二十九年生まれ）が語ることには、私はチャンミー小とお風呂で一緒になったことがあるが、体重は八五、六斤（51㎏）あっただろうか、また見た目には、あまり肉も固くなく、やわやわと（柔らかく）して頑丈そうには見えなかった。ところが読谷村の原山勝負と言って、毎年役場前に集まって空手を披露することがあったが、この時、腕を固くし、身体を硬直させる姿は丁度鉄のようで、不思議であった。

逸話2

チャンミー小は比謝矼で馬車引きをされていて、与那原まで行き米の卸商していた時の話であるが、米俵を馬車に積む込む時に、平生は力なくゆっくりとやっていたら、与那原の馬車引き達が腹を立て、俺たちから先にやると言われたチャンミー小は怒り、足元にある米俵を足で蹴りあげてポンポンと積み込んだものだから、与那原の馬車引きたちは「恐ろしく力のある人だ」と驚いて逃げて行ったと言う。

逸話3

読谷村津波古の青年たちが、よそ村のチャンミー小が、村の娘のところへ通っている事を咎めて取り囲んだところ、土手を支えにして飛び上がり、屋根から屋根へ、鳥が飛ぶように逃げた話もある。

逸話4

七分板を五枚、七枚と重ねて、二つにも三つにも叩き割った。大変見事なものであった。先生の突きは砂を入れた一升枡を上から手刀で突くと底まで達して威力があった。

逸話5

自分の屋敷の隣に店を営んでいた青年と、屋敷の事で言い争いになり、チャンミー小はこの青年に取り押さえられ、負けたと言うが、この青年は一か年過ぎて、この世を去った。本当に達人というものは恐ろしいものだ。喜屋武と言う人は、話以上にすごい達人であった。

（読谷村民話資料集1「伊良皆の民話」による）

武聖チャンミー小との出会い

糸州盛喜（一八歳）が住み込み奉公をしていた西内原の家に、西原の青年学校に武道を教えに来ていた喜屋武朝徳が宿泊した時の話である。糸洲盛喜は願ってもないチャンスだと、勇んで喜屋武朝徳を訪ねて「手ぐゎー習ちきみそーれ（空手を教えてください）」とお願いしたら、喜屋武朝徳は「はい、手な」と言って自分の手を差し出したと言う。怪訝に思った盛喜は、再び「「手ぐゎー習ちきみそーれ」と言うと、喜屋武朝徳は、手を振って、帰れの仕草をした。つまり「手ぐゎー」という言葉は。決して目上の人に使う言葉ではなく、盛喜は礼儀を知らいない若者だと門前払いされたのである。自分の非に気づいた盛喜は何度も足を運び、自分が真剣であることを訴えて、ようやく入門を許されたと言う。

論稿―拳法概説

一　唐手の歴史

敵にスキあれば、拳や肘を以て突き、足を以て蹴り、敵の攻撃に逢えば、身を転じ、あるいは手足を以てこれをはずす。これは沖縄特有の武術である。

唐手は一四〇〇年頃、支那に渡りこれらの武術を学び帰国の後に、これを沖縄特有の武術に加味し、以後改良を加えて、進歩発達したものである。支那においては敵を突く時は、主に指頭を用いるが、沖縄においては主に拳を以て行う。故に拳は沖縄特有の格闘手段である。現在唐手の流儀は二つある。昭霊流と昭林流である。（中略）試合は千変万化あると言えども、ようするに「正」「奇」の二つに過ぎない。その実施手段として「満」「寸」「越」の三者があるだけである。そしてその三者のうちどれを採用するかは、その時の状況によって決するのである。

二　練習の心得

1　練習の順序は、まず唐手とは何か、練習の心得、姿勢及び進退身転を教えてから、拳、肘の突き方、足の蹴り方およびはずし方を練習する。次に形を教え、計略に習熟した後に試合を行う。

2　試合は、防具をつけずに行うものであるが、今後は剣術のように防具を施し、拳にはゴム製の小手をはめれば、危険の恐れはない。

3　練習には巻き藁を以て、体力および拳の突き、足の蹴る力を強くし、手足を機敏に働かして、身体を自由自在できるようにする。そして同時に大いに謹慎、沈着などの精神修養を怠らないように努めること。

(1)　武は暴を禁じ、乱を治め、身を守ることにある。故に武術を学ぶ者は常に言動に気をつけ、行動を正しくし、忠義の心を持つ事。

(2)　仮にも強さにまかせて、驕り高ぶると必ず害毒を世に流し、人に嫌われ、自ら傷つくのである。大いに心すべきことである。ことわざに「拳骨は袖内の宝なり」とある。

(3)　唐手の目的は体育の発展、武術の練習、精神の修養にある。

(4)　姿勢は不動の姿勢にして、丹田に気を静め、浮かばぬ様にする事、ただし懲り固めることは大禁物である。

(5)　形を行う時には、常に敵を想定して気合を入れて行う事。

(6)　手足の動き、身体の運び、進退は機敏にする事。

(7)　形を行う時には、その意味を確かめ「体」「用」及び上段、中段、下段を誤らないようにする事。

(8)　巻き藁をよく練習して、当てを強くする事。いかに早業であっても、当てが弱いと役に立たない。またいかに当てが強くても動作が機敏でなければ役に立たないのである。

三　試合の心得

1　まず敵の力量を確かめること。強敵ならば必ず力にまかせて押手を多く用いて、攻めてくる。その時は、防御を用いて、敵にますます力を入れさせ、隙を見て反撃を行うこと。これは敵の力を借りる法である。

2　敵が弱いと見たならば、身の動き、働きを多くして、退足を用いて常に守勢をとる事。この時いたずらに追わない事。ただし、拳、足を発動して敵を誘い、退足を用いて急に踏み込むこと。先手を用いるときは不意の予防が寛容である。

3　力や早業にまかせていたずらに敵を襲うべからず。敏捷なる者は動かざる前に手、足の発動を察し、早く反撃を行う。

4　敵の強弱に関わらず進退は三足に過ぎないようにすること。

5　格闘の時に注意することは、目より睾丸を蹴られ、握られる事である。すべての防御は、余計な動作をしない事。もし防御に余計な動作をすれば、動作が緩慢となり、好機を逸することになる。

6　腕をかけるときは、強くしたり、弱くしたりしながら、敵の発動をうかがい、臨機応変に行う事。

7　拳を以て敵を突くには迅速にする。。もし払われて目的の場所を突くことが出来ない時は、場所を選ばず、何処でもよいから突くこと。その時は絶え間なく迅速に手足の区別なく、得意次第に用いる事。

8　敵の蹴り込む足を必ず手を以て払うのではなく、足を以て払い同時に拳を突っ込むこと。また敵が倒れても軽々しく襲わないこと。時に不覚をとる場合がある。

9　敵に足をすくわれる時は、踏み切る心地にてこれを用いる。しかし地面が悪い時は倒れる恐れがあるから注意する事。

10　敵と相対する時は、手と見せかけて足を用いたり、足と見せかけて拳を用いる者があるから、声を聴きて声に応じ、音を聞きて音に応じ、少しも油断がないようにすること。

11　多数の敵と相対する時は、組み打ちは禁物である。なるべく離れて闘う。右を突けば左に転じ、前に当たれば後ろを撃つようにする。

右の数条は試合上必要なことであるが、しかしほんの一端に過ぎない。武術の変化は神妙にして窮まることがないから、常に練習と研究を行えば自ら悟るものである。

（三木二三郎・高田瑞穂共著「拳法概説」）

この論稿は、一九二九年（昭和四年）に空手調査のため来琉した東京帝国大学唐手研究会の三木二三郎、高田（陸奥）瑞穂が、当時の喜屋武朝徳を訪問し聞き取りをしてまとめたものである。

随筆　空手理念

空手の道

忠と孝とを基にする日本精神の神髄は武術である。武術を修行して初めて武士道徳は行われます。故に空手道は忠孝一如の精神に基づいて修練しなくてはなりません。

空手の目的

空手の目的は身体の発育、勝負術の熟達、克己の練磨の三つであります。空手の鍛錬法では身体の発育を主とするほかに筋骨を動かすには、いちいち勝負の意味が含まれています。すなわちいかにして相手を倒し、いかにして相手の攻撃を避け得るかとの勝負の理念によって、姿勢をつくり身体の健全を保ち器官の発育を旺盛にならしめるのです。勝負ということを全く離れて機械的に運動するのではなく、興味も深く精神の活動も盛んにして、兼ねて智徳の増進を助けること。適当の教授法で修練すれば筋骨各所の発育が均整を取れ、ほとんど理想的な体型ができます。空手で身体を練ったものは身体の運びが自在であるから、往々にして身体にかかる不意の危険を避けることが自然に出来ます。

勝負術

勝負術ではいかにして、相手に勝つには身体各部の動作は、力学の理に適い精神の作用は真理に背かざる様にしなくては、到底見事に勝ち得ることはできません。故に勝負法を修行する者は、心身の事理をよく考えて、宇宙の大自然に合わなければなりません。

攻防自在の法

昔の武術修行者は、居住寝食の間でも身体の自在になる事を常とし、自然の法則を研究したとのことは、よくよく留意すべきことである。

修行者の覚悟

空手とはどういうものか深く研究しないで、ただ護身のため修行する者、また人を突いたり、投げたりすることに見事なるものに興味を持ち修行する者、空手修行者の強健な身体を見てただ体育するために修行する者がいるが、これらの人には、わずか二、三の説明を聞いて、少し稽古をすればたちまち天狗のごとく自在に、金鉄のごとく健やかになるだろうと早飲み込みする者もいる。またはじめは熱心に稽古するが、思ったほど進歩しないので途中でやめる者、あるいは俄かに上手になろうとして、過度の稽古をして筋肉の強直を招き、痛みを感ずる恐れから、しばらくして止めてしまう者、また最初から元気も衰えず、すこぶる熱心な者もいれば、病魔に襲われて止める者がいる。

これらは空手の入門のその目的を持たぬためで誠に遺憾である。元来、空手は他の学問とは趣は異なるから、実地に一生通じて行を積み、技の熟達をしなくては身体の発育は十分にいかないのである。ただ稽古は歳月を重ね、理論に従ってケガを避け、常に衛生に注意して病に犯されない様にすることが必要である。

力の必要

「昔から空手には力があると、その力のために自分から負ける空手では、力はかえって害をなすものである」と言い伝えがあるが、これは大きな誤りです。その人の技が同じ程度のものであれば、力の上のものが勝つことは理の当然であります。尤も力の強いものでも、力の弱い巧妙な技に乗せられて、かえってその強力を利用されて、見事に負かされることは往々にある。反対に力が勝る者が、その力に頼り空手の理論に背いた力の用い方する事もある。これは力の余程劣っているものに対しては勝つことが出来ても、技が巧みの者や同等位の力のある者には勝つことが出来ない。いわんや同等以上のもの対しては尚更のことである。これは真の武力がないからである。

武力は決して体が大きから、武力があるとは言えない。武力は武術の努力により得られるのである。相撲、柔道などあらゆる武術にはそれ特有の武力があるが、この力はその天性の体力にその道の努力を加えたのがその力である。古来小兵でこの道の達人となった人が多々いるが、自分の欠点たる天性の力に対してこれを補うべく、人十倍の努力された方である。

筋肉の調和

空手は、常に正しい姿勢を保ったままで相手を倒すには、全身各部の筋骨が調和して初めて、その目的に達すことが出来るのである。例えば相手に隙ができて技を仕掛けるときに、手の伸縮、足の働き方、腰または胴の捌き方などが調和しないでは突き、蹴りは通用しないのであります。

修行者の年齢及び体格

空手は年齢や体の強弱を問わず、だれでも修行することが出来る。適当な教授法によって、相当の年月の間、修行すれば老年の者はますます強健になり、少年または虚弱の者は身体の発育を促し、技も巧妙になり技量も高まる。技が巧妙になれば体格の小さい者、力の少ない者でも、自分の欠点を補うことが出来て勇者になり得るもまた当然である。

少年の内に身体を鍛錬し各部を自在に働かせて、朝夕修行鍛錬し、武の道を悟ることが出来れば、強者を恐れず弱者を侮らず、虚心坦懐相手の挙動に従って、臨機応変に電光石火のごとく機敏大胆に行動することが出来ます。

チーシーと巻き藁

筋骨を強くすること、握力をつけるにはチーシー（突き石）、サーシ（錠前型の石）のみだけではなく、亜鈴、掘り甕、ゴム、鉄棒などいろいろあるわけだが、しかし筋骨を鍛えたのみでは、空手の威力たる当て身の力は十分につかない。当て身の力をつくるためには、巻き藁を突く必要がある。巻き藁こそ他の武術にない沖縄空手の優れた特徴であると自分は確信する。松村先生や糸洲先生は八〇歳越しても巻き藁を突かれていました。空手修行者は空手の形を重要視するのと同じく、巻き藁をもまた重要視しなくてはならない。

（「空手の思い出 三二」）

父親　喜屋武朝扶

日張主取喜屋武親雲上朝扶（一八三九～一九一三）は、明治維新の慶賀使として正使伊江王子尚健、副使宜湾親方朝保、評定所主取山里親雲上とともに上京したのは、明治五年九月の事である。明治天皇に謁見し「国王尚泰を藩王に、琉球国を藩とする」旨の命を受けて、琉球王国の存続、安泰を喜んで帰国する。

ところが一行は、そのことが琉球王国の終りを告げることを知る由もなく、琉球処分は着々と進められていたのである。三年後に廃藩置県の問題が沸騰し、国内は親日派・開化党と親清派・頑固党の二大潮流が生まれ抗争が激化する。頑固党は「琉球国がこうなったのも先年、江戸上りをして、勝手に藩王を受けてきた伊江王子と宜湾親方の罪によるものだと売国奴と非難する者も出た。この時、宜湾親方の補佐役であった喜屋武朝扶は渦中にあった。

明治八年に鎖之側喜屋武親方となり、三司官池城親方、随員与那原親方、物奉行幸地親方等と陳情員として、琉球藩庁の嘆願書をもって再び上京するが、日本政府に黙殺され翌年明治九年に帰国命令が出され帰国する。

那覇市史の「廃藩当時の人物」によれば、喜屋武親方は謹行篤実、沈黙寡黙、一見無能に見えるけれども、そうではなく、事にあたっては沈着にして思慮綿密、相当の学問識見をもち、当時の錚々たる政治家の一人である。また武芸に長じて常に武芸の練磨を怠らず、厳冬の朝でも庭園で巻き藁を突き、唐手、剣術、その他武技を磨く文武両道の人物であった。晩年は三線を生業として過ごした。

喜屋武朝徳に伝わる型

・松村宗昆から五十四歩の型を学ぶ。
・松茂良興作からチントウの型を学ぶ。
・親泊興寛からパッサイの型を学ぶ。
・屋良八世からクーサンクーの型を学ぶ。
・眞栄田義長からワンシュウを学ぶ。
・八重山において徳嶺親雲上盛普の弟子慶田花宜佐から徳嶺の棍を学ぶ。
・台湾人からアーナンクーを学ぶ。

喜屋武朝徳訓

「空手道とは長年修行して体得した空手の技が、生涯通して無駄になれば、空手修行の目的が達せられたと心得よ」

むすび

喜屋武朝徳は、武術空手を目指し、生涯にわたって型の無修正主義を通した。弟子の仲里常延、島袋善良は、師の遺志を汲んで「小林寺流」と命名し、一切の潤色を加えずに現在に伝える。

参考文献
伊禮博著「沖縄空手界のチャンミーと呼ばれた漢」
「那覇市史」
「有禄者子弟の堕落」　琉球新報　明治三十一年四月二十五日
「沖縄県農林学校同窓会誌」
久高幸里著「遥かなり万里の長城」　コプレス
今野敏著「チャンミーグヮー」　集英社
「嘉手納町史」
川平朝申著「琉球王史—おきなわの民と王」　月刊沖縄社
読谷村民話資料集1「伊良皆の民話」
宮城嗣吉「私の戦後史第五集」　沖縄タイムス社
三木二三郎・高田瑞穂共著「拳法概説」　榕樹書林

小林流祖　知花朝信（ちばなちょうしん）（一八八五〜一九六九）

首里鳥堀生まれ。父朝博、母ナビの次男。師は糸洲安恒。

知花公相君の知花朝章は叔父。得意技パッサイ。

足跡（満年齢）

一八八五年（明治18年）　・6月5日生まれ。

一八九四年（明治27年）9歳　・日清戦争始まる。

一八九八年（明治31年）13歳　・徴兵令施行。

一八九九年（明治32年）14歳　・糸州安恒（68歳）に師事。

一九〇四年（明治37年）19歳　・日露戦争始まる。

一九〇五年（明治38年）20歳　・師範学校、一中に唐手が採用される。

一九一五年（大正4年）30歳　・師、糸洲安恒死去。

一九一八年（大正7年）33歳　・10月、首里鳥堀町に道場を開設。

一九一九年（大正8年）34歳　・11月、久茂地へ道場移設。

一九二七年（昭和2年）42歳　・名嘉間朝増（28歳）入門。

一九三〇年（昭和5年）45歳　・宮城嗣吉の案内で仲宗根源和が知花宅訪問。

一九三二年（昭和7年）47歳　・仲宗根源和の企画による空手演武会、那覇昭和会館、中頭地方事務所、糸満小学校において「パッサイ大」を演武。

一九三三年（昭和8年）48歳　・小林流を名乗る（首里手の意味）。

一九三五年（昭和10年）50歳　・宮平勝哉（15歳）入門。

一九四一年（昭和16年）56歳　・日中戦争。
　　　　　　　　　　　　　　・太平洋戦争。
一九四六年（昭和21年）61歳　・仲里周五郎（26歳）師事。知念村識名睦醤油会社社内道場。

一九四八年（昭和23年）63歳　・那覇首里に引き揚げ、知念村の道場を閉める。
　　　　　　　　　　　　　　・沖縄少林流空手道協会結成。初代会長。
　　　　　　　　　　　　　　・宮平勝哉（30歳）へ師範免許授与。
一九四九年（昭和24年）64歳　・北中城屋宜原の米国独立祭において空手演武披露。

一九五〇年（昭和25年）65歳　・仲里周五郎へ知花朝信宅において個人指導行う。
　　　　　　　　　　　　　　・比嘉清徳入門。パッサイ（小）伝授。
一九五一年（昭和26年）66歳　・比嘉祐直へ師範免許状授与。
　　　　　　　　　　　　　　・那覇市松尾に知花第一道場を開設。
一九五四年（昭和29年）69歳　・2月、首里警察署空手道師範となる。（一年間）
　　　　　　　　　　　　　　・仲里周五郎へ師範免許状授与。
一九五六年（昭和31年）71歳　・5月、沖縄空手道連盟結成。初代会長となる。

一九五七年（昭和32年）72歳　・2月、首里儀保町の宮城能栄宅に道場開設。

一九五九年（昭和34年）74歳　・9月、那覇公設市場隣りの新里宅に道場移転。
・那覇市内に二つの道場を開設。
・鹿児島大学及び大道館の招待を受け仲里周五郎とともに演武。
一九六四年（昭和39年）79歳　・師糸洲安恒顕彰碑を建立。
一九六五年（昭和40年）80歳　・比嘉祐直へ範士九段允許。
一九六九年（昭和44年）84歳　・2月26日に死去。

空手道について（遺稿）

空手はいまや各地において普及され、ことに本土においては本場、沖縄より盛んで最近では海外まで発展して喜ばし事であるが、型をみだりに改革や、変化させたりすることはよくない。空手の型は、大先輩（大家）がいろいろ苦心して造り上げたもので、その立派な型を今どきの人が改革したり変化させたりすることは慎むべきことである。苦心してつくっても、昔より伝わっている型の範囲は出ないのである。

大先輩がつくった立派な型が消滅しないよう残された型だけでも正しく保存する義務が我々にはある。本土では、自由組手や試合などが盛んに行われているが、型をなおざりにすることはよくない。自由組手や試合などを重点にして、空手を奨励することは、ややもすると青少年に間違った考え方を起こさせ、行動に間違いをきたす恐れがある。

実力の養成には、体力を鍛錬し、また突き方、貫き方、蹴り方、受けるなどを充分鍛えることによって、実力がつくのは当然の事である。私たちの時代は「空手は何のために習う」とか、その人の品行など確かめたうえでないと教えてくれなかった。私は一五歳の時から二八歳まで、糸洲安恒が八五歳で亡くなるまでご指導を受けた後に、五、六年間は自分で研究して、三四歳の時から指導を初めて、今まで三〇〇〇人以上の会員を出し、その中には相当な指導者もいる。

空手の稽古は、はじめは柔らかく教えて上達するにつれて、その人の体力に応じて指導を高めていくのが大事である。上達するに従い稽古鍛錬も激しくなり、強い身体をつくりあげ、術を取得させるのが空手指導の目的である。

私は幼少の頃は、弱い身体で、ぜひ身体を鍛えなければいけないと思い空手の道を選んだ。しかし空手は身体を強くするばかりではなく、立派な精神の修養と身を守る護身術でもある。

範士、元沖縄空手道連盟会長、元小林流空手協会長　（琉球の文化特集Ⅱ・琉球古武術）

宮城嗣吉が語る

知花朝信先生は、師の当間嗣善とともに糸洲安恒先生の弟子で、当時「型の知花」「実戦の当間」と言われた。一九三〇年（昭和五年）に東京から帰郷した仲宗根源和からの依頼で知花朝信先生を紹介した。そして昭和七年に那覇昭和会館、中頭地方事務所、糸満小学校において空手演武会を開催した時に知花朝信先生は「パッサイ大」演武された。また昭和二十三年、北中城村屋宜原で米国独立祭が開かれた時、沖縄の空手と柔道が余興として披露された。その時演武したのが知花朝信、宮城長順、金城兼盛、私、宮城嗣吉である。

（宮城嗣吉「私の戦後史第五集」）

小林流の伝える型

ナイハンチ一、二、三の型

ピンアン一、二、三、四、五の型

パッサイ大、小

五十四歩

公相君大、小

普及型一、二、三、四、五の型

基本型一、二、三の型

（沖縄空手道小林流小林館協会より）

参考文献

「私の戦後史第五集」　沖縄タイムス社

「沖縄空手古武道辞典」　柏書房

「琉球の文化特集Ⅱ・琉球古武術」

上地完英著「精説沖縄空手道―その歴史と技法」

剛柔流祖　宮城長順（みやぎちょうじゅん）（一八八八〜一九五三）

那覇東町生まれ。師は東恩納寛量。

沖縄県体育協会唐手部初代部長。

足跡（満年齢）

一八八八年（明治21年）　・4月25日生まれ。

一八九四年（明治27年）6歳　・日清戦争始まる。

一八九七年（明治30年）9歳　・宮城長發家の養子となる

一八九八年（明治31年）10歳　・徴兵令施行。

一八九九年（明治32年）11歳　・母のすすめで新垣隆功に師事。

一九〇一年（明治34年）13歳　・首里尋常小学校において放課後、糸洲安恒が唐手指導を始める。

一九〇二年（明治35年）14歳　・師新垣隆功の紹介により東恩納寛量（49歳）に師事。

一九〇四年（明治37年）16歳　・日露戦争起こる。

一九〇五年（明治38年）17歳　・県立中学校に入学。三年時に中途退学。

・4月、沖縄県立第一中学校、那覇市立商業学校、沖縄県師範学校に唐手部が設置。その後、県立農林学校、工業、水産学校に設置される。

一九〇八年（明治41年）20歳　・第六師団歩兵二十三聯隊入営。

一九〇九年（明治42年）21歳
・摩文仁賢和（20歳）へ東恩納寛量を紹介。

一九一二年（明治45年）24歳
・師、東恩納寛量健康がすぐれず。

一九一四年（大正３年）26歳
・師東恩納寛量が病気療養。

一九一五年（大正４年）27歳
・５月に師のすすめで福州に渡る。仲本英炤が同道？
・10月、東恩納寛量死去。（12月死去は長嶺将真談）
・南派少林拳「六機手」を基に「転掌」の型考案。

一九一九年（大正８年）31歳
・８月28日、長男敬誕生。

一九二一年（大正10年）33歳
・３月６日「皇太子殿下御前演武記念」、県立師範学校において師範学校生徒一〇名の唐手演武を船越義珍が指揮。唐手を宮城長順、古武道を又吉眞光（33歳）が演武する。

一九二二年（大正11年）34歳
・沖縄県巡査教習所で唐手指導。

一九二三年（大正12年）35歳
・仲井間元楷（15歳）が師事。

一九二四年（大正13年）36歳
・新里仁安（23歳）が師事。

一九二五年（大正14年）37歳
・５月、秩父宮殿下来沖の際に県立師範学校で唐手演武を行う。
・八木明徳（13歳）が師事。

一九二六年（昭和元年）38歳
・３月、本部朝勇、摩文仁賢和らと「沖縄唐手倶楽部」設立。

一九二七年（昭和2年）39歳
・三男健が誕生。
・島袋竜夫（19歳）那覇商業高校で宮城長順に師事。

一九二八年（昭和2年）40歳
・嘉納治五郎、永岡秀一師範が来沖。交流を図る。
・神谷仁清が師事。

一九二九年（昭和4年）41歳
・4月より沖縄県巡査教習所、沖縄県立師範学校、京都帝大、関西大学、立命館大学（山口剛玄が師事）など空手師範を歴任。
・那覇商業高校において空手が正課となり師範となる。その他裁判所、憲兵隊において指導を行う。

一九三〇年（昭和5年）42歳
・11月21日、沖縄県体育協会創立に当たり「沖縄唐手倶楽部」を合併し唐手部を設置。初代部長に就任。
・明治神宮鎮座祭に各種武道奉納に唐手出演。代理で弟子の新里仁安（29歳）が演武。この時流派名を主催側から問われる。

一九三一年（昭和6年）43歳
・拳法八句から法剛柔呑吐を引用して剛柔流を命名。

一九三二年（昭和7年）44歳
・仲宗根源和の企画による空手演武会を那覇昭和会館においてサンチンを演武。
・慶応大学空手研究会三田道場において「唐手講習会」に招待される。

一九三三年（昭和8年）45歳

冨名腰義珍、摩文仁賢和出席。

・5月、済寧館武道大会において唐手演武。

・6月、関西大学の「唐手講習会」に摩文仁賢和が招聘。

・京都大日本武徳会において唐手演武。

・12月26日、大日本武徳会支部に昇格。唐手道を武道の種目に編入し認可される。

・4月、連合艦隊の伏見宮博義王殿下及び久邇宮朝融王殿下来沖の際、唐手演武を行う。

一九三四年（昭和9年）46歳

・渡口世吉（16歳）入門。

・2月、大日本武徳会常任議員。

・5月5日、ハワイ在住同胞有力者及び新聞社の招聘により、八ヶ月間ハワイ各地で唐手普及を行う。1月15日に帰国。

一九三五年（昭和10年）47歳

・文部省内奨健会から体育功労者表彰される。

一九三六年（昭和11年）48歳

・日中戦争。

・1月28日に堺筋明治商店講堂にて「唐手道に就いて」講演と演武を行う。

一九三七年（昭和12年）49歳

・2月上海に渡る。呉賢貴が同道。
・10月25日、琉球新報社主催「沖縄空手道大家の座談会」出席。
・宮里栄一（14歳）入門。
・5月5日、大日本武徳会主催武徳祭において演武。大日本武徳会より全国で初めての空手術教士号を授与される。
・3月28日、沖縄県空手道振興協会発足・空手道基本型十二段を制定に参画。

一九三八年（昭和13年）50歳

・沖縄県師範学校空手師範。文學博士外間守善が宮城長順の代稽古4年ほど務める。

一九三九年（昭和14年）51歳

・伊波康進（14歳）が師事。

一九四一年（昭和16年）53歳

・6月18、19日、武徳殿開殿式及び演武大会。
・太平洋戦争起こる。
・月刊「文化沖縄」八月号に「法剛柔吞吐」寄稿。
・友寄隆宏（13歳）が師事。

一九四二年（昭和17年）54歳

・小倉侍従来県歓迎の際、武徳殿において新里仁安、長嶺将真、伊波康進等と空手演武。

一九四三年（昭和18年）55歳　・県立第三中学校（現名護高校）において沖縄県武徳会国頭支部結成大会を記念した古武道大会開催、上地完英とともに演武。

一九四五年（昭和20年）57歳　・弟子の新里仁安戦死。（金武村）

一九四七年（昭和22年）59歳　・具志川田場にある警察学校において空手指導。

一九四八年（昭和23年）60歳　・壷屋の自宅で空手指導を始める。宮城安一が師事。

・北中城屋宜原の米国独立祭において宮城長順、知花朝信、金城兼盛、宮城嗣吉が演武。

一九五一年（昭和26年）63歳　・山口剛玄へ十段範士授与。

一九五二年（昭和27年）64歳　・6月1、日空手道剛柔流振興会設立総会。会長宮城長順、理事長仲井間元楷、比嘉世幸、八木明徳、宮里栄一、渡口政吉、真玉橋景洋、友寄喜栄が参加。

一九五三年（昭和28年）65歳　・心筋梗塞のため逝去。

剛柔流祖宮城長順逝去

沖縄タイムス一九五三年十月九日、「宮城長順氏、病気療養中、八日死亡六六歳。大正七年？（大正四年）中国に渡り修養に努める。以後自ら道場を開いて、幾多の門弟を養成。ハワイ、日本各地を回って空手普及に尽力した。

少年時代

一一歳の頃、母のすすめで新垣隆功に師事。新垣隆功は長順のあまりの稽古熱心さに感心して、一四歳の時に知人である東恩納寛量を紹介して入門させる。県立中学校を三年時に中途退学してまで唐手の修行に身を入れる。

若き日の長順

昭和の初め頃、宮城長順氏の朝稽古に出会ったことがある。朝と言っても、まだ人の寝静まった時間である。那覇市若狭町の暗い大通りを、吠えつく犬に一瞥もくれず、一心不乱に走っている後姿があった。那覇市内を一巡して、自分の屋敷内にあった稽古場へ帰り着くと、呼吸の乱れと闘い（調整）ながら、空手の稽古に入る。そういう朝稽古を、雨風の日でも欠かさず日課としている事だった。

フットワーク（脚力の強化）だろうと軽く考えていたが、宮城氏の言うには「敵と出会ったら、まず逃げられる限り、どこまでも逃げることです。足が弱かったり、心臓が弱いと逃げ切れません。袋小路に追い詰められたり、逃げ場を失った時に、はじめて手を使うべきものです」。宮城氏の空手の研究が、体育的な勇ましい訓練だけでなく、心臓や筋肉の作用についての生理学的により多くの時間をかけ、栄養学についても専門家の領域に達していたことが、その時の話で十分納得できたことを覚えている。また「木枕を手拳で突いたら、木枕が力で動くようでは一人前の空手人と言えない。静止したままで、木枕を割れるようになってはじめて、手拳の訓練は完成したと言える」。

（当間重剛回想録）

※当間重剛（一八九五～一九七八）

元那覇市長、琉球政府行政主席。

晩年の長順

宮城長順宅へ取材に行った時の話である。私が「人の急所はミゾオチとキン玉ですが、そこを突かれたら、どんな名人でもひとたまりもないでしょう」と質問した。すると長順さんは、ふんどし姿になって「フーム」と気張ったとたん、みるみるうちに、下っ腹の筋肉が上にせり上がってミゾオチを覆い、上のたるんだ腹筋と入れ替わったように見えた。「突いてごらん」と言うので渾身の力を込めて突いたら、肘にキューンと痛みが走り、突き飛ばされたような痛みであった。「わかるか、筋肉でミゾオチを固めたのだよ。キン玉も腹の中に入っているよ。触ってみるか」と、私の手を取って、フンドシの下に持って行こうとしたので、あわてて、手を引っ込めた。この長順さんがやって見せたのは「サンチン・三戦」の型の一つで、よほどの達人でないとできないものであった。残念なことに、この取材の数か月後に亡くなった。

（佐久田繁著「空手名人列伝」）

仲井間元楷が語る

一九二三年（大正十二年）の一五歳の時に、宮城先生に師事。稽古は月、水、金の週三回、放課後午後三時から八時ころまで、別に稽古場があるのではなく、先生のお宅でやった。稽古は予備運動から始まり補助運動を終えたら三戦の足だけの前進である。

先生曰く「予備運動は、三戦やその他の手を行うために、あらかじめ筋肉の柔軟を図り、兼ねて強靭性と耐久力を養う事である。補助運動は各種の器具を使って、全身各所を鍛え、いわば空手をやるための肉体づくりである。こうして基礎体力が出来上がるのである」。また「三戦だけ一生涯通してやれば、他の手はやらなくてよい」とか「三戦の終りの両手は、仏像と同じ」とよく語られた。そして「現在空手を研究するのは、暗闇を灯りもつけないで、手探りで行くようなものだ」とよく語られた。

（沖縄の郷土月刊誌「青い海」）

八木明徳が語る

宮城長順先生は予備運動、補助運動（器具を持つのと身体を動かす）と基本型を何か月も教えて、なかなか開手型を教えなかったので弟子は少なく五、六名しか習いに来るのはいなかった。先生は「ライオンは自分の子を崖から落として育つものだけを育てた」という話をよく話された。

そのために先生の指導方法は、異なっていて、今日の稽古を終えると次は来週の何曜日に来なさいと言われる。言われた日に行くと、あの庭の石をこっちに直してくれ、あの木を掘ってここに植えてくれ、水をかけさせ終わると。さあ疲れたでしょう。中に入ってお茶でも飲みなさい。今日は疲れたはずだから稽古はまた来週の何曜日にしようなどと話しをされ、型は三分、話は七分というやり方が多かった。

（八木明徳著「男明徳の人生劇場」）

外間守善が語る

一九四一年（昭和十六年）頃、宮城長順先生は首里手、那覇手、泊手などと呼ばれて相対しているかのようにみえた型や技術の問題、さらにこれから発展していくであろう空手道の将来の問題を深く憂慮しておられた。流派の違いを乗り越えて共通し得る合理的な空手の型を考案し、それを普及型とよばれ「撃砕」という型の名をつけて普及につとめておられた。宮城先生にとって、師範学校や商業学校は普及型をより合理的にととのえ、広めていくための格好の「場」だったと思う。また普及型を完成させて日本全国に広めたいと言う願望を持っておられた。師範学校では正課の空手が終わると空手部の私たちを残して普及型の創案を繰り返し練っておられた。

（外間守善著「回想八十年沖縄学の道」）

中国への旅

宮城長順は、中国拳法研究のため二回中国に渡っている。一回目は福州へ、二回目は上海である。

一九一五年（大正四年）五月、二七歳の時に師寛量のすすめで福州に渡る。その時、仲本英炤が同道したとされるが、その年に師東恩納寛量の訃報に接し一時帰国、師の葬儀全般を取り仕切ったと言う。

一九三六年(昭和十一年)二月八日に上海の上海市精武大育会出席。その時は呉賢貴が同道している。梁技和上海警視総監、趙連和拳法師範、安仁屋正昌茶行社長、宮城長順（剛柔流開祖）と記名された日中親善の短冊「深顧乃拳術謀中日親善（拳を通じ日中親善を深願す）」を交換している。また日本総領事の懇請により日本クラブで空手の披露演武を行う。

警察の武道教師

沖縄県の警察における武道は明治初期に始まり、当時は警察官の間で自主的に行われ、はじめは主に剣道が行われていた。これは警察官に採用された者の多くは士族出身であり、各人とも武道に多少の心得があったから、勢い剣道が盛んであった。

本県の武徳殿は、一九三九年（昭和十四年）六月十八日に落成。県下各警察単位に分会を設置するなどして組織を広げ、武道の普及、指導奨励を行う。武道大会を通じて本県における武道のメッカとしての役割を担う。警察武道を指導するために、巡査教習所に専任の武道教師が置かれ教習生の訓練を担当するかたわら、沖縄県警察武道の指導と振興に努めた。

剣道教師に富川盛武、鈴木民次郎、石原昌直、真栄城秀輝、伊野波盛和。柔道教師に今井藤次郎、山城興純、玉那覇重夫、阿部譲、照屋唯松、平良幸昌。空手教師に宮城長順が担当した。

（「沖縄県警察史」）

沖縄唐手倶楽部設立

一九二六年（大正十五年）一月三十一日、沖縄タイムスによれば、「若狭町に新築の唐手研究倶楽部」の見出しで「唐手の大家宮城長順・本部朝勇氏等が斯道の普及をすべく若狭町にわずか一五坪の会場を落成するが、中旬には落成式を兼ねて発会式を行う。追々は拡張の予定である」との記事によれば、見出しに「唐手研究倶楽部」として紹介している。この見出しが後に名称の混乱のもとになる。

「沖縄唐手倶楽部」については上原清吉や八木明徳、仲井間元楷、摩文仁賢栄らが語っているが、名称は「沖縄唐手倶楽部」、「沖縄唐手研究倶楽部」、「若狭クラブ」と称してまちまちである。

宮城長順の「唐手道概説」によれば、大正十五年三月、那覇市若狭町旭が丘に「沖縄唐手倶楽部」創立。一九三〇年（昭和五年）十一月二十一日、沖縄県体育協会創立に当たり「沖縄唐手倶楽部」を合併し唐手部を設置。初代部長に就任したとある。

八木明徳によれば、昭和初期、那覇市若狭町の旭が丘の下に「沖縄唐手研究倶楽部」ができて、その道場には宮城長順先生はじめ本部朝基、喜屋武朝徳、本部朝勇等著名な師範クラスの方々が出入りしておられた。道場は一〇坪ぐらいで、庭広く下ぎ巻き藁、チンチーシ、石ジャージ、その他の武具が置かれていた。月二回、旧暦の一日と十五日に集まり、皆、好き好きの先生から唐手を習った。宮城長順先生から指導を受けたのが私、八木明徳と仲井間元楷、瀬名波連徳、高良、佐渡山、田崎らである。

（八木明徳著「男明徳の人生劇場」）

仲井間元楷によれば、大正の末に先生方が集まって若狭町の旭が丘の南に、クラブをつくって空手の研究をすることになった。集まったのは、宮城長順、許田重発、本部のウメー（朝勇）、本部のサールー（朝基）、摩文仁賢和、田原泰蔵、城間真繁らの師匠で、一日、十五日は武神を祭ってあった。指導を受けていたのは、私と崎山、南條、田崎厚牛、喜納正興、屋宜カマデーなどであった。

（沖縄の郷土月刊誌「青い海」一九七八年二月号）

上原清吉によれば、通称「沖縄若狭クラブ」というのがあって、唐手研究クラブがあった。宮城長順、摩文仁賢和、花城長茂、喜屋武朝徳、照屋亀助、城間真繁、屋部憲通といった沖縄空手界ばかりでなく、後に本土でも活躍しその名を広げる武の使い手たちが集まり、唐手の研究に励んでいた。ここで唐手の術理から、すべてを教えていたのが本部朝勇先生であった。

（上原清吉著「武の舞」）

摩文仁賢栄によれば父賢和は大正七年に自宅を会合所として「空手研究会」を設立。冨名腰義珍、知花朝信、大城朝恕、徳田安文、城間真繁、徳村政澄、石川逢行等が出入りしていた。

一九二五年（大正十四年）十月には念願の沖縄空手研究クラブが設立され、はじめて沖縄に道場を設けて子弟育成に着手し、指導クラスに、許田重発、宮城長順、本部朝勇、花城長茂、大城朝恕、知花朝信、また中国拳法の呉賢貴も参加されていた。その時の主任教授は若手の宮城長順、摩文仁賢和が担当する。結局、摩文仁賢和らの「空手研究会」は「沖縄唐手倶楽部に吸収された形になる。

（摩文仁賢和・仲宗根源和共著「攻防拳法空手道入門」）

沖縄唐手倶楽部は、経営不振や昭和三年に会長本部朝勇の死去とともに二、三年で道場を閉鎖。そして一九二八年（昭和五年）十一月二十一日、沖縄県体育協会が創立されると「沖縄唐手倶楽部」を「唐手部」に合併して、初代部長に宮城長順が就任するが、発展させることまではいかなかったようだ。

唐手道概説

唐手道概説は、一九三六年（昭和十一年）一月二十八日、堺筋明治商店四階講堂に於いて「唐手道に就いて」と題した講演内容である。

一　唐手とは何ぞや（省略）

二　拳法渡来について

唐手なる名称は琉球における特称である。その源を訪ねれば遠く支那の拳法に発す。しかし、その琉球渡来については、一定の歴史的根拠なく、諸説紛々としてよくわからないが、、閩人三十六姓説、大島筆記説、慶長輸入説等がある。

三　過去に於ける唐手界

琉球における唐手なる名称の起源もよくわからない。しかしながら、最近なる事は事実である。古くは一般に「手」と称した。唐手即ち「手」の稽古は多く秘密の間に行われた。「型」は最も武才の優秀なる者に伝授され、もし適任者がいない時は伝授せず師匠一代で消滅し、その結果失した「型」が多い。

明治中期頃になるとその道の大家たちは秘密主義を廃し、公開主義に進展すると社会が認める所となり、はじめてこの道の発達の曙光を見る。また唐手は体育的価値や修養的価値の確認を得て、学校の科目に採用され、初めて完全に社会的評価を得たのである。

一九〇一年（明治三十四年）四月、首里尋常小学校に体操の一部として唐手を導入。これをもって団体指導の嚆矢となる（実際は糸洲安恒が放課後一時間ほど唐手指導をした）。

一九〇五年（明治三十八年）四月、沖縄県立第一中、師範学校、那覇市立商業学校に唐手部が設置されると次々と県立農林・工業・水産学校に唐手部が設置される。一九二二年（大正十一年）沖縄県巡査教習所で唐手指導。一九三〇年（昭和五年）十一月二十一日、沖縄県立体育協会創立に当たり唐手部設置。昭和八年には柔剣道と同様に正式科目に編入される。またこの年十二月二十六日、大日本武徳会支部に昇格し、唐手道が武道の種目に認可される。また県外においては大正十三年頃から東京、大阪、京都の大学を中心に唐手部が次々と設置される。

四　現在の唐手指導者状況

県内の部

屋部憲通、花城長茂、喜屋武朝徳、知花朝信、許田重発、宮城長順、城間真繁、徳田安文、比嘉世幸、神谷仁清、新里仁安、仲宗根蒲戸。

県外の部

冨名腰義珍、本部朝基、摩文仁賢和、屋比久孟伝、東恩納亀助、平良信？（平信賢）、上地寛文（完文）、小西康祐、三木二三郎、陸奥瑞稲（穂）、沢山勝、阪井賛勇、佐藤進次、大塚信純。

五　唐手の流派に就いて

唐手の流派に就いては種々説あるが、いずれも確実な考証なく、ほとんど漠然たる憶測に過ぎない。流布している説には、昭霊流と昭林流があるが幾多の方面より考察しても誤りであることは明らかである。唯一信頼できるものは一八二八年（文政十一年）に支那福建派の系統を継承している剛柔流唐手拳法のみである。そしてその正統を受け継ぐ団体は今なほ本格的に伝承されて現存する。

※一八二八年（文政十一年）となると松村宗昆が二四歳頃、師である東恩納寛量はまだ生まれていない。何をもってそのように述べたのかよくわからない。

六　唐手の特徴（省略）

七　唐手道の将来

多年の懸案であった防具の完成を期して、他の武術と同一程度に試合し得るように、道を拓き、日本武道の精神に合流することを痛切に感じるものである。

八　唐手指導法

各人、趣味嗜好はことなり、筋肉の発育状態は様々なので、最初は唐手運動に入りやすい筋肉をつくるために予備運動を行い、次に基本型・補助運動・開手型・組手練習を行うように指導する必要がある。

（終わり）

法剛柔吞吐について

唐手の伝来

いつの間にか唐手が空手になった。何れにしろ、現在、琉球独特の拳法にして全国に流布宣伝され、今や押しも押されもせぬ存在として大日本武徳会において認められた。その伝来は支那、即ち唐に発していることに間違いない。それがわが郷土において、いろいろ歪曲された点もあるやに思われるが、一方には土地の特殊性に育成され、発達した跡もまた、十分認められてよいと思う。

印度に「三手」というのがあるらしい。また先年ハワイに渡たっときにフィリピン青年の拳法実演を見たが、それが図らずもこちらの空手と一脈相通ずるものがあった。

サンチン（三戦）

サンチンは、立ち上がって、足を踏ん張り、手を構え、體を持して呼吸を調えた時の、金剛不惜身命の妙鏡が、既にサンチンの決まった形である。その静的態勢から、一歩動的態勢に移った場合には、八歩連（ペップーレン）という別称があるが、普通静動の型をひっくるめて、サンチンと唱えている。この時の心力の集点は、臍下、後頭、臀部で、これを丹田集力、後頭集力、臀部集力と言う。わかり易く言うと、アゴを引いて後頭を立て、鳩尾（ミゾオチ）を落として丹田へに入れざる力を蓄え、臀部を引き締めるのであるが、この三つの集力は、元来はなれるものでなく、不可分の関連を持っている。それから眉間集力というものがある。（中略）ひるがえって、沖縄における空手道を見ると、昔も今も閉手型を無視した傾向があるのではないかと思っている。したがって、基本が定まらないために、開手型の技がいくら妙を極めても、そこに、画龍点睛の憾みがあるのは、已む得ない。と尋牛氏に語ると、尋牛氏が曰く「空手道の開手、閉手の関係は、書道においてもこれと似たことが言える。空手の閉手は、書道の篆隷楷であり、開手は行書である。篆隷楷は静的で、行書は動的である。したがってどれが基本であり、そこから起ちあがって、一歩一歩進まねばならぬかと言う事も自ら明らかになるであろう」と述べたのである。

空手道の指導体系を確立

私は基本型サンチン（三戦）、六機手を研究して鍛錬型のテンショウ（転掌）を創作した。さらに体育空手の形、ゲキサイ（撃砕）第一、第二を創作。また基本形・開手形に入る前に準備運動及び補助運動として柔軟で強力な体力を養成する運動法を確立した。

（月刊「文化沖縄」八月号　昭和十六年に「法剛柔呑吐」を寄稿）

沖縄伝武備志

宮城長順が福建省から持ち帰ったとする「沖縄伝武備誌」について、沖縄県立芸術大学大学院生盧氏による沖縄伝武備志の研究成果の報告がある。

要点

・中国武術、特に福建白鶴拳系のことについて語ったものである。
・福建の白鶴拳は沖縄空手と同一の型名称が見え、何らかの関連性がある。
・沖縄伝武備志は、師から弟子へと引き継がれる「師子相伝」の伝本で、一九三〇年頃から流布し、王缶登が語ったことを弟子が記したものである。

・主に漢語であるが、ところどころ福州方言を交えて記載されて沖縄空手の型名称、技法が見られ、白鶴拳は飛鶴拳，闘鶴拳、遊鶴拳の拳術に分類されている。

・その他鍛錬法、治療法、製薬法など記述している。

剛柔流の伝える型

・サンチン（三戦）

・セーサン（十三手）

・セーパイ（十八手）

・サンセイルゥ（三十六手）

・スーパーリンペー（壱百零八手）……（壱百八手―八木明達）

・セイユンチン（制引戦）…………（征遠鎮―八木明達）

・クルルンファ（久留頓破）

・シーソウチン（四向戦）…………（四向鎮―八木明達）

・サイファ（砕波）…………（砕破―八木明達）

宮城長順の創作の型

・テンショウ（転掌）、ゲキサイ（撃砕）第一、二

（沖縄剛柔流空手道協会）

むすび

宮城長順は明治、大正、昭和に渡り、常に沖縄空手界の中枢にいて、中心的なリーダーとなり、空手研究のための沖縄唐手倶楽部の設立や沖縄県空手道振興協会発足・空手道基本型十二段の制定に参画。そして沖縄県体育協会の唐手部の初代部長に就任。

また学校、警察学校、裁判所、関西方面の各大学、ハワイへと足を延ばし、近代空手道の普及発展に尽力する。

参考文献

宮城長順「唐手道概説」

上地完英監修「精鋭沖縄空手道—その歴史と技法」

「沖縄県警察史」

渡口誠吉「空手の心」　角川書店

「外間守善回想八〇年」　沖縄タイムス社

当間重剛著「当間重剛回想録」　当間重剛回想録刊行会

「創立七十周年記念誌うるま」

宮城嗣吉「私の戦後史第五集」　沖縄タイムス社

八木明徳著「男明徳の人生劇場」
佐久田繁著「空手名人列伝」　月刊沖縄社
沖縄の郷土月刊誌「青い海」二月号　一九七八年
月刊「文化沖縄」八月号　昭和十六年「法剛柔呑吐」

東恩流の祖　許田重発（きょだじゅうはつ）（一八八七〜一九六八）

那覇生まれ。父重興、母オミトの四男、師は東恩納寛量。
師の名の一部をもらい、東恩流を興す。小学校校長。

足跡（満年齢）

一八八七年（明治20年）　　・12月5日生まれ。
一八九四年（明治27年）7歳　・日清戦争始まる。
一八九八年（明治31年）11歳　・徴兵令度施行。
一九〇二年（明治35年）15歳　・東恩納寛量に師事。
一九〇四年（明治37年）17歳　・日露戦争始まる。

一九〇五年（明治38年）18歳　・師範学校、一中に唐手が採用される。

一九〇七年（明治40年）20歳　・兵役検査不合格。

一九〇八年（明治41年）21歳　・同門の宮城長順が第六師団歩兵二十三聯隊入営。

一九一三年（大正２年）26歳　・那覇尋常高等小学校教諭。

一九一五年（大正４年）28歳　・師、東恩納寛量死去。

一九二七年（昭和２年）40歳　・沖縄県立第二中学校において空手集団演武指導。

一九二八年（昭和３年）41歳　・垣花尋常高等小学校校長。

一九二九年（昭和４年）42歳　・同門の宮城長順が剛柔流を名乗る。

一九三二年（昭和７年）45歳　・東恩流を名乗る？
・高等官八等叙勲、泊尋常高等小学校校長。
・伊良波長幸（31歳）が師事。
一九三三年（昭和８年）46歳　・正八位叙勲。

一九三五年（昭和10年）48歳　・日中戦争。

一九三六年（昭和11年）49歳　・10月25日、琉球新報社主催「沖縄空手道大家の座談会」出席。

一九三七年（昭和12年）50歳　・３月28日、沖縄県空手道振興協会発足・空手道基本型十二段の制定一九三八年（昭和13年）51歳　に参画。
一九四一年（昭和16年）54歳　・正七位叙勲。第八代甲辰尋常高等小学校校長。
一九四五年（昭和20年）58歳　・太平洋戦争始まる。
一九四八年（昭和23年）61歳　・終戦。
　　　　　　　　　　　　　・熊本市歌舞伎座空手演武大会において仲里常延、奥原文英、川田松夫等と演武。
一九五〇年（昭和25年）63歳　・神崎重秀入門。
一九五七年（昭和32年）70歳　・大西栄三入門（後の国際拳道連盟会長）。
一九六八年（昭和43年）81歳　・9月31日死去。

青少年時代

許田重発の母親は、東の東恩納と呼ばれる東恩納寛裕と親戚関係にあり、また東恩納寛量が近くで生活していることから両氏から唐手の手ほどきを受ける環境にある。一五歳の時に東恩納寛量に師事。師範学校時代には指導教官である屋部憲通から「ジオン」を教わる。二〇歳頃に、寛量から許田重発のみに伝授された「サンセールー」は、兄弟弟子である宮城長順が軍隊に入隊し、許田重発は兵役検査不合格のために入隊できず、その間に教えを受けたものである。また大正元年に来流した呉賢貴からは「ネーパイ」を教わり、さらに寛祐からはセイサンを伝授される。

教員時代

一九一三年（大正二年）、二六歳の時に那覇尋常高等小学校教諭を拝命し、垣花尋常高等小学校校長、泊尋常高等小学校校長、男子のみの甲辰尋常高等小学校の八代校長となる。

大分時代

小学校校長を最後に退職。戦時中のため軍需工場の近江に派遣されている沖縄の学徒動員の学生の指導に従事する。戦時中は大分県竹田に疎開し、戦後はそのまま大分にとどまる。三男、重光の就職先の電信電話公社宅で、数名の弟子に空手指導を始めるが、稽古場に不自由を来たし、その後、弟子の亀川家の庭において稽古を行うようになる。

一九四八年（昭和二十三年）六一歳の時に、熊本市歌舞伎座において沖縄県人会の演武大会が開催される。沖縄から仲里常延、奥原文英、川田松夫等の若手が演武する中、許田もサンセールーを演武した。サンセールーの大きな飛び込みの動きで演武場の床板を踏み抜き右足を後遺症になるほどの大けがをする。東恩流は直弟子神崎重和とその高弟池田重秀が別府において脈々と伝える。

許田重発の空手観

サンチン

「空手はサンチンに始まりサンチンに終わる。サンチンを見ればどの程度の修練をしたのかすぐわかるものだ」。中国ではサンチンは開手、突きは抜き手を行っているものを東恩納先生が現在の拳に変えたものである。

ペッチューリンとスーパーリンペー

宮城長順の弟子が演武する「スーパーリンペー」を見た許田の弟子から「スーパーリンペーとペッチューリンは同一と思っていたが、ペッチューリンと所々に技が異なることを言うと、許田は「東恩納のタンメー（翁）は、ペッチューリンとして指導されたのだ。剛柔流のスーパーリンペーがどうであれ、それはスーパーリンペーであって、ペッチューリンはペッチューリンなのだ」と答えて別の型としている。

セイサン

重発はセイサンの型については、「寛裕のセイサン、寛量のセイサン、その他いろいろなセイサンがある。したがってどの型が正しい型、どの型が違っているとは言えない、要は自分の体に合ったセイサンをしっかり稽古することだ」と述べている。

当時の空手家たちは、自分の身体にあった型を修行する風潮であるから、正統な型を伝承することは希薄である。そのために師が入り乱れ、また一つの型が幾通りも創作されて、現在では、正統な型はどれなのか分からない状態にある。

東恩流を名乗る

許田重発は、一九三一年（昭和六年）に同門の宮城長順から「剛柔流」の命名について相談を受けた時に「私は東恩納先生の空手の精神を汲んで、その名の一部をいただいて東恩流とする」事から東恩流祖となる。

逸話1

遊郭街の那覇辻の飲み屋の二階で、ある技についての事が議論となり、許田は「では、私が使ってみようと、非常に大きな技の展開をして見せた。」ところが、階下にいる人たちには何事にも聞こえなかったとのことで、許田の所作は、猫のように柔らかで、虎のように力強くあったと言う。

逸話2

若いころ辻で刃物を持った暴漢に襲われ、いきなり突いてきたので、本能的に払うと、相手の刃物が上を向いていたために右腕を負傷した。この時、相手の刃物がどのような状態なのかを見るべきだったと一生の不覚と弟子に語っている。

逸話3

辻での掛け試しは日常的に行われ、許田もよく襲われた。ある夜、一人の暴漢の挑戦を受け、二、三度相手の攻撃を避け、構えて「やるのか」と詰問したところ。それを見て、その暴漢は逃げ出した。

稽古法

①臥薪嘗胆。型の練習、技の研究を繰り返し、繰り返し稽古するわけだが、疲れてすぐ眠くなる。その時、私は竹の上に眠ることにした。そうしたら痛くて目が覚める。また練習をする。その繰り返

しでよく稽古したものだ。

②丸い平らな石の真ん中に棒を立てた「チーシ（さし石）」を塀の向こういる相手に、それを投げ入れる。くるくる回ってくるチーシを素早くつかんで、投げ返す。目の訓練と素早い対応能力を養ったものだ。

③カーミー（甕）に少しずつ砂を入れて指先の強化をする。これはサンチンの型でよく使った。

④サンチンでは、足の運ばれる場所に素焼きの皿を置く。その上を素早くサンチンを使いながら進む。物理的に割れて当然だが、大地の気を体に吸い上げて行う。つまり自分で自分の体を持ち上げる力。体重を上の方に吸い上げる力。これが大切だ、決して踏ん張ってはいけない。

許田重発の伝える型

・東恩納寛量直伝のサンチン、サンセールー、ペッチューリン。

・東恩納寛祐のセイサン。

・屋部憲通からのジオン。

・呉賢貴からのネーパイ。

むすび

重発は東恩納寛量の伝えた技を忠実に残そうと務めたことから、最も東恩納寛量の流儀に近いとされる。しかし、東恩流にも屋部憲通の「ジオン」の型や呉賢貴の「ネーパイ」の型など他の流儀が入り込んでいることは否めない。

参考文献

伊良波長幸「私の戦後史第六集」沖縄タイムス社
村上勝美著「空手の心と技」新人物往来社
「東恩流空手道」

遠山寛賢（とうやまかんけん）（一八八八～一九六六）

首里生まれ、旧姓親泊。

師は糸洲安恒、屋部憲通。五十四歩を得意とする。

小学校教員、幼稚園経営。修道館設立。

足跡（満年齢）

一八八八年（明治21年）　・9月24日生まれ。

一八九四年（明治27年）6歳　・日清戦争始まる。

一八九八年（明治31年）10歳　・徴兵令施行。

一九〇四年（明治37年）16歳
・日露戦争始まる。

一九〇五年（明治38年）17歳
・師範学校、一中に唐手が採用される。

一九〇六年（明治39年）18歳
・沖縄県立師範学校入学。

一九〇八年（明治41年）20歳
・沖縄県立師範学校での3年間、糸洲安恒と屋部憲通の助手を務める。
・師範学校が首里城から移設。沖縄県師範学校新校舎落成祝賀会特別武術大会開催される。

一九一一年（明治44年）23歳
・師範学校卒業。小学校教諭となる。
・知花朝章から知花公相君を習う。

一九一四年（大正3年）26歳
・首里小学校教諭となる。
・当蔵青年倶楽部主事として読書、娯楽、修養、運動を担当し、地域の青年たちに唐手指導を行う。

一九一五年（大正4年）27歳
・師、糸洲安恒死去。

一九一八年（大正7年）30歳
・首里当蔵において玉聲幼稚園経営。

一九二一年（大正10年）33歳
・那覇尋常小学校教諭。

一九二四年（大正13年）36歳
・台湾へ渡る。台北山峡公学校において3年間教職に就く。
・台湾において妻と音楽教育を取り入れた幼稚園を経営。

一九二六年（昭和元年）38歳　・台北の陳仏済や台中の林献堂に支那拳法を習う？

一九三二年（昭和7年）44歳　・長男寛生まれる（後の鳩山寛、バイオリニスト）。
・台北から浅草へ一家引き揚げ、幼稚園を経営。
・浅草石浜小学校前に「修道館」を設立。

一九三三年（昭和8年）45歳　・思想家頭山満に共鳴して、親泊から遠山に改姓。
・9月、三井合名会社において唐手演武。

一九三五年（昭和10年）47歳　・日中戦争。
・石嶺流祖、兼島信栄（35歳）と東京や近隣で空手普及の演武大会開催。

一九三六年（昭和11年）48歳　・一時帰郷。

一九三七年（昭和12年）49歳　・修道館を目黒区へ移転。
・師、屋部憲通死去。

一九三九年（昭和14年）51歳　・鳩山幼稚園創立二十一周年記念の時、園長となる。

一九四〇年（昭和15年）52歳　・遠山寛賢主催の演武大会を川崎鶴見市で開催。
演武者、比嘉清徳、比嘉良仁、泉川寛喜、金城裕。

一九四一年（昭和16年）53歳　・太平洋戦争始まる。

一九四四年（昭和19年）56歳　・比嘉清徳へ師範免許授与。

一九四五年（昭和20年）57歳　・終戦。

一九四八年（昭和23年）60歳　・船越義珍と「空手の本家」を巡って論争。

一九五一年（昭和26年）63歳　・全日本空手道連盟が発足した際に修道館が本部となる。

一九六六年（昭和41年）78歳　・11月24日死去。

糸洲・屋部先生の助手を務める

遠山寛賢は仲宗根源和著「空手研究」に「知花氏の公相君」と題して次のように述べている。「私の空手の型は糸洲先生より直接教えを受けたもので、私は助手として、師範学校の空手教授をお手伝いしたのは一九〇八年（明治四十一年）から三年間でありました。師範学校が首里城内の仮校舎から移転したのは明治四十一年の夏でした。龍潭に面した運動場の一隅に巻き藁を三〇本も立て、皆が熱心に稽古したものです。徳田安文君（現沖縄一中空手部師範）、城間眞繁君（元沖縄一中空手部師範）等も当時師範学校の学生でした。

明治四十一年の夏、新校舎落成祝賀特別武術大会を開催。県下の高名な武術家がほとんど一堂に介して盛観でありました。その時の空手の師範は糸洲先生と屋部先生で、私は二年生の時から助手として絶えず両先生に接近していたので、私が糸洲先生の型を今日まで正確に保存しているのは、その時から空手に対する特別の興味と熱心とがあったからです。

私はその後、他の先生にもついても研究したが、ずっと後になって台湾に渡り、十年間住んで全島をまわり台湾の空手についても一通り研究しました。

知花さんと私

知花朝章さんから、知花家に伝わる公相君を直接伝授されたのは一九一四年（大正三年）のことです。私が首里小学校に勤務している時に、首里当蔵の青年会館倶楽部主事を拝命。地域の青年たちに空手を教えている時に、首里の区長しておりました知花朝章さんは、よく立ち寄って、青年たちの型を批評していました。その関係で、私は知花さんと親しくなり、その流派の公相君を直接伝授してもらったのです。知花公相君は、糸洲派の公相君よりも華やかなところがであった。私は教授には糸洲先生の型を教えていたが、演武会では大抵、知花公相君を紹介した。

知花さんは知花殿内の知花里之子で、武術にも秀で力も強かった方でした。綾門大綱引きの旗頭持ちは、首里士族の子弟から選ばれた者がやる習わしであった。知花さんが旗頭役を務めた時には、旗頭を支える四つ縄を引かずに軽々と持って歩いたぐらい強力の持ち主でありました。

※知花朝章とは、親清派頑固党の琉球救国運動の中心的存在で、一八九五年（明治二十七年）の日清戦争で清国の敗北を見た知花朝章は琉球救国運動を放棄して、明治二十八年一月、浦添朝忠、富盛朝直ら二六人と帰国。後に首里区長になる経歴を持つ。

台湾に渡る

遠山夫妻は大正十三年に台湾に渡り、音楽教育を主体にした幼稚園を経営する。遠山は八年間滞在し、台湾全土を回り、台北の陳仏済や台中の林献堂に支那拳法を修得したと言われる。

※当時の台湾は一八九五年（明治二十八年）から一九四五年（昭和二十年）まで日本統治され、教育は日本同様の初等教育や幼稚園教育が一八九五年（明治二十八年）から行われていた。沖縄からも多くの教師や巡査、出稼ぎ労働者などが職を求めて台湾へ渡っている。

上京

一九三二年（昭和七）に帰国。東京に生活の場を移す。鳩山和夫・春子夫婦の新教育思想に共鳴し、鳩山幼稚園の園長に就任。また思想家頭山満に共鳴して、親泊から遠山に改姓したのもその頃である。幼稚園経営のかたわら、浅草石浜小学校前に「修道館」を設立。三井合名会社において唐手演武、石嶺流祖、兼島信栄（三五歳）と東京や近隣で空手普及の演武大会開催、遠山寛賢主催の演武大会を川崎鶴見市において開催。比嘉清徳、比嘉良仁、泉川寛喜、金城裕らと空手演武大会開催し、「沖縄正統空手道」の名のもと沖縄空手の普及に専念にした。

※思想家頭山満とは国家主義者右翼の巨頭。

空手に流派はない

遠山の無流派主義とは「徒手空拳、身に寸鉄を帯びずに、人間を対象に唯一最善と思う攻防の秘術を振るって自分を守り、さらには危急に際しては、進んで相手を撃退する。真剣至上もっとも厳粛なるべき妙術に、二通り、三通りも変わった流派の致技妙法はあるべき道理はない。すべて沖縄正統空手道である」と考え、生涯流派を名乗ることはなかった。そのため当時の流派を名乗った空手家と議論を戦わしている。

摩文仁賢和糸東流批判

糸東流の摩文仁賢和君に、流派を名のったその真意を問うたところ、摩文仁君曰く、「単に空手道というより、流名をつけた方が格好つくし、また恩師を思慕する意味から意義がありはしないか。要するに軽い意味で名のった流名で、あなた方の意向を聞いてから名乗るのが順序でした」との返事であった。

摩文仁君の空手は、私たちと全く同じく糸洲、東恩納両拳聖の他に新垣（世璋）翁、山根（三良）、大城（朝恕）翁、松村（宗昆）翁の息も多分に受けて研究している。

要するに私たちや摩文仁君の空手は、拳聖松村、糸洲、屋部、大城など古今の名人先哲の流れを総括統合した唯一の正統空手道であって、流も派もない正真正銘の沖縄の空手であるから、流名は結局、無意味に帰するわけである。

宮城長順剛柔流批判

東恩納翁の高弟として、その奥義を極めた宮城君が、どんな錯覚を起こしたのか自分の空手に剛柔流とうっかり名乗ってしまったのである。宮城君にその流名の理由を聞いたところ、曰く「世間の人々が、いまだに空手に対して認識不足なので、その全貌を剛柔の二字でわかりやすく表現した」と言うことであった。

およそ徒手空拳の空手は、法の如何を問わず、剛法と柔法の二法の範囲を出ないのである。拳闘は空手の剛法であり、柔道は柔法である。空手武術は剛法と柔法の二法を包含している武道であって、柔法にも柔剛の使い分けがあり、剛法にも柔剛の使い分けがある。法の柔、剛と使い分けの柔、剛が千変化の妙技になって現れるのである。すなわち、突き、貫き、切り、蹴り、踏み逆技は剛法であり、投げる、倒す、押す、絞める、捕える技は柔法である。要するに空手は剛柔陰陽の二法を出ない武道であるに尽きるのである。

船越義珍松濤館流批判

「船越義珍の空手は糸洲の傍系であり、糸洲の直系に連ならない者は沖縄空手の正統とは言えない」と主張して、空手の本家を巡って論争している。争点の一つに遠山は、沖縄県師範学校本科で糸洲から学んだ者のみが糸洲の後継者であると主張したのであるが、遠山の筋違いである、船越義珍の足跡年譜を見ればわかることだが、船越は幼少の頃から、糸洲に師事し、武術空手を学んでいることからすれば、遠山が師範学校で糸洲に学んだのは体育空手であり、本末転倒であると言わざるを得ない。また遠山が師範学校で糸洲から唐手を学んでいる時は、船越義珍はすでに四〇歳、小学校教諭として児童の空手普及に情熱を燃やしている時であり、ましてや沖縄を代表し公の場で空手演武を紹介している立場にある。

遠山は自著「空手道大観」において、昭林流、昭霊流について「この二流が現在実在しているかのように世間に伝えられているが、これは史実の上に何らの確たる根拠も考証もない」と断じているが、これもまた遠山の認識不足である。昭林流、昭霊流の名が世に出るのは、師として尊敬する糸洲の糸洲十訓にある前文であり、また糸洲の盟友である安里安恒の「沖縄の武技―唐手に就いて」において、昭林流、昭霊流はワイシンザン、イワー、アソンの持ち込んだ流儀であると明確に述べており、両大家の共通の認識である。

遠山の空手観に疑問に思うところは、随筆「知花さんと私」の中に「知花公相君は、糸洲派の公相君よりも華やかなところがであった。私は教授には糸洲先生の型を教えていたが、演武会では大抵、知花公相君を紹介した」と述べていることである。型の所作には一々意味があるわけだが、師の糸洲の公相君は見栄えがしないから、華やかな知花の公相君を演武会には演じたとはどういう事か、理解に苦しむところである。

むすび

遠山は生涯無派主義を貫き、自らの空手道に流派名をつけなかったが、「沖縄正統空手道支那拳法」を命名し、「修道館」道場を設立。主に関東方面で活動する。

防具付き空手道競技の普及をめざし、一九五一年（昭和二十六年）に旧・全日本空手道連盟（現在の全日本空手道連盟練武会）が発足した際には修道館が本部となっている。

著書

「空手道大宝鑑」「護身練胆空手道」「奥義秘伝空手道」　昭和三十一年発行。

参考文献

仲宗根源和著「空手研究」　榕樹書林

比嘉清徳「武道春秋」　武道タイムス　昭和四十一年

雑誌「おきなわ」一九五一年二月

遠山寛賢著「空手道大鑑」　鶴書房

糸東流の祖　摩文仁賢和（まぶにけんわ）（一八八九〜一九五二）

首里生まれ、摩文仁賢宝の次男。

師は糸洲安恒、後に東恩納寛量に学ぶ。警察官出身。

足跡（満年齢）

一八八九年（明治22年）　　・11月14日生まれ。

一八九四年（明治27年）５歳　・日清戦争始まる。

一八九八年（明治31年）９歳　・徴兵令施行。

一八九九年（明治32年）10歳
・又吉盛博からナイハンチを習う。

一九〇二年（明治35年）13歳
・糸洲安恒（71歳）に師事。

一九〇四年（明治37年）15歳
・日露戦争始まる。

一九〇五年（明治38年）16歳
・師範学校、一中に唐手が採用される。

一九〇九年（明治42年）20歳
・宮城長順の薦めで東恩納寛量（56歳）に師事。
・熊本第五師団歩兵第二十三聯隊に入隊。

一九一二年（大正元年）23歳
・除隊後、宮城長順に勧められ沖縄県警察入学。

一九一五年（大正4年）26歳
・6月6日、那覇署巡査教習所において警官撃剣大会に首里署から出場。
・3月、糸洲安恒（84歳）、10月、東恩納寛量（62歳）死去。

一九一八年（大正7年）29歳
・長男賢栄誕生。
・自宅に「唐手研究会」を設立。
・久邇宮・華頂宮両殿下が来沖の際、師範学校において唐手演武を行う。

一九二〇年（大正9年）31歳
・名嘉真朝増（20歳）が師事。
・宜野湾巡査駐在所勤務。（沖縄県警察職員録）

一九二四年（大正13年）35歳
・県立水産学校、師範学校、巡査教習所空手道嘱託教師。

一九二五年（大正14年）36歳

・3月28日、秩父宮殿下御台臨演武記念において唐手演武。

一九二六年（昭和元年）37歳

・3月29日、高松宮殿下来沖。県立師範学校において師範摩文仁賢和が受け身の型と壹百〇八（スーパーリンペー）を演武。

・3月、「沖縄唐手倶楽部」設立。会長本部朝勇、主任教授に摩文仁賢和、宮城長順がなる。

一九二七年（昭和2年）38歳

・嘉納治五郎と永岡秀一範士が柔道有段者会道場開きのために来沖。この時に摩文仁賢和、宮城長順が空手演武を披露する。嘉納治五郎は唐手を全国へ広めることを勧める。

一九二八年（昭和3年）39歳

・大阪へ移住。

・富名腰義珍著「空手道一路」に富名腰義珍先生還暦記念誌文集「空手術修行者の心得」寄稿。

・関西大学空手部の師範となる。

・大塚博紀が師事。

一九二九年（昭和4年）40歳

・関西の各学校空手師範を辞任して、一時、和歌山の同郷人のもとに身をよせた後、大阪の西成区に居を構える。

・関西空手術研究会創設。

一九三一年（昭和6年）42歳
・剛柔流を名乗る。
・摩文仁流を名乗る。
一九三二年（昭和7年）43歳
・住吉神社において空手演武。
一九三三年（昭和8年）44歳
・6月、関西大学にて宮城長順と空手講習会において記念撮影。
・慶応大学空手研究会三田道場訪問。富名腰義珍、小西康裕、長男摩文仁賢栄と共に記念撮影。
・「琉球唐手」発行。
一九三四年（昭和9年）45歳
・「攻防自在護身術空手拳法」3月5日発行。
・「攻防自在唐手拳法十八の研究」10月発行。
・平信賢（37歳）が師事。
・大阪に「養秀館」道場を設立し、糸東流の流祖となる。
一九三五年（昭和10年）46歳
・日中戦争。
・仲宗根源和、摩文仁賢和共著「攻防自在護身拳法空手道入門」発行。
一九三八年（昭和13年）49歳
・仲宗根源和、摩文仁賢和共著「攻防拳法空手道入門」3月25日発行。
・京都大日本武徳会武徳祭に出席（山田辰雄、大塚博紀、小西康裕、上島三之助、山口剛玄等と記念撮影）

一九三九年（昭和14年）50歳　・糸東流を大日本武徳本部に登録する。
一九四〇年（昭和15年）51歳　・長男賢栄が大阪第八連隊に入隊。
　　　　　　　　　　　　　　・大日本武徳会より空手練士号を授与される。
一九四一年（昭和16年）52歳　・太平洋戦争始まる。
　　　　　　　　　　　　　　・「武道即生活」を寄稿（月刊文化沖縄第二巻三月号）。
　　　　　　　　　　　　　　・「日本武士道の一分派として確立せる空手道」を寄稿（月刊文化沖縄第二巻五月号）。
一九四二年（昭和17年）53歳　・大日本武徳会より達士号授与される。
一九五二年（昭和27年）63歳　・5月23日死去。

幼少時代

摩文仁賢和は幼少の頃、すこぶる虚弱のためなんとか強健な身体になりたいと思い一三歳頃に糸洲安恒に師事し、後に親交のあった宮城長順の紹介で、二〇歳の時に東恩納寛量に師事する。

警察官時代

一九一二年（大正元年）二三歳、沖縄県警察学校入学。転勤に伴い沖縄各地を回る中で、棒術を新垣、サイ術を多和田真八、添石流棒術を添石から学び、あらゆる沖縄伝統古武術を習得する機会を得る。それを研究仲間に紹介して、互いに研鑽する毎日だった。

警官撃剣大会出場

一九一五年（大正四年）六月六日、那覇巡査教習所において首里、名護、嘉手納、与那原、宮古、糸満の各署の巡査による撃剣大会において摩文仁賢和対藤田圭助の対戦。摩文仁は２対０で敗退。

（琉球新報　大正四年六月七日）

唐手研究会設立

一九一八年（大正七年）に唐手研究会を自宅に設立。冨名腰義珍、大城朝恕、知花朝信、徳田安文、城間真繁、徳村政澄、石川逢行等が参加。一九二五年（大正十四年）十月に念願の沖縄唐手倶楽部を設立。会長に本部朝勇、主任教師に宮城長順、摩文仁賢和がなり花城長茂、許田重発、大城朝恕、知花朝信、呉賢貴等が参加する。（摩文仁賢栄談）

御前演武

昭和元年三月二十九日、高松宮殿下来沖。県立師範学校において歓迎唐手演武を開催。プログラム

・唐手準備運動並びに補助運動……………佐藤山安衛
・三戦（サンチン）……………………………仲井間元楷
・六機手（ロッキス）手の変化………………安座間喜壽
・周氏の棍……………………………………喜久里正弘

・佐久川の棍……………………………神里福二
・壱参（セイサン）……………………瀬名波達徳、仲座方永
・チンジュンリン………………………喜久里正弘
・力石の使用法…………………………安座間喜壽、瀬名波達徳
・受け身の型・壹百〇八（スーパーリンペー）…師範摩文仁賢和

（「沖縄教育第一五二号」）

大阪時代

嘉納治五郎の勧めにより、一九二九年（昭和四年）大阪に居を移し関西の大学や大阪の明星女学校において空手指導講師となる。「明星」「青柳」の女子用の形を創案して女子空手の普及に努める。

糸東流を名乗る

摩文仁は初めから「糸東流」を名乗っているわけではない。大阪市西成区鶴見通りと大阪市港区市場通り（尚進館道場）に二つの道場を持ち、一九二九年（昭和四年）の入門者募集のチラシには「日本拳法空手術教授剛柔流　師範摩文仁賢和」とあり、「剛柔流師範」を名乗っている。昭和六年には「摩文仁流」と名乗る。昭和九年には大阪市西成区旭南通りに「養秀館」道場を開いたときは、師である糸洲安恒と東恩納寛量の頭文字をとって「糸東流」と改める。

その命名のいきさつを仲宗根源和は「摩文仁先生は、東恩納先生に師事し、宮城先生共に東恩納先生

門下の双璧としてその流派に重きをなしていた関係上、宮城先生が剛柔流の名称を始めた時に、共に剛柔流を名乗ったのである。ところが、摩文仁先生は、正伝糸洲派拳法の大家として剛柔流だけの行き方とは異なり、糸洲派を最初に教授し、後に東恩納先生の流派を併せて教授すると言う方法をとっているので、最近では糸洲、東恩納両先生の頭字を一字ずつ頂いて新たに「糸東流」を名乗る。

寄稿文

武道即生活について

「現今我が国民の多くは、男と言わず、女と言わず古きを温めて、新しきを知ると言う意を忘れて、欧米皮相の文明に心酔して心身ともに不健全となり、しだいに軽薄に流れつつあるのは、はなはだ慨嘆にたえない次第である。このような国民の気風をなくすためには、武道を即生活にいれるのが非常に効果あると信ずるのである云々。(以下略)

(月刊「文化沖縄」三月号)

日本武士道の一分派として確立せる空手道について

空手道が本土に紹介されたのは一九二二年（大正十一年）頃で、帝都を中心にして、全国に普及されつつある。しかし未だに遺憾に思うことは、空手が沖縄において発達したものであるが、交通が不便のために、他武道のように全面的に接触する機会が与えられなかった結果、今日においても空手がいかなる物であるか認識を欠いた人たちが多く、未だに支那武術であるかの如く誤解を持つ向きもある。また大日本武徳会では、空手道を柔道の部に編入して毎年五月の武徳祭に出演させ、空手道教士三名、練十一六名を出しているが、しかし柔道と空手とは同素異体の武道である。その歴史的、地域的発達過程の相違、演練方法の相違、技法の主眼点を異にしていることからすれば、将来は空手道範士が多く出て、柔道の一部ではなく柔剣道と同じように独立して、非常時日本の国防武道として武道報国の実を挙げることを切望して止まない次第である。

（月刊「文化沖縄」四月号）

むすび

摩文仁賢和は、糸洲系統、東恩納系統の型を五〇種類近く修得したと言われている。しかし「元来空手の型は非常に多い。しかしすべてこの型を知るからと言って強くなるものではない。型の数は少数でよく、狭く深く本当に理解し完全に自身のものにしてしまうことが必要である。むかしの大家は型を多く知っている人は少ない」と述べている。では何故、数々の型を修得したのか。思うに、後世に型を正しく継承する意図があったのではないか。

著書

「琉球唐手」　発行昭和八年発行

「攻防自在唐手拳法十八（セーパイ）の研究」　昭和九年発行

「攻防自在護身術空手拳法」　昭和九年発行

「攻防拳法空手道入門」　摩文仁賢和・仲宗根源和共著　昭和十三年発行

参考文献
摩文仁賢和著「攻防自在護身術空手拳法」　榕樹書林
摩文仁賢和、仲宗根源和共著「攻防拳法空手道入門」　榕樹書林
摩文仁賢栄著「武道空手の招待」　三交社
宮城長順著「唐手概説」
月刊「文化沖縄」三月号、四月号
「沖縄教育」第一五二号　大正十五年
「沖縄県警察職員録」

異色の三人の武術家

明治末から大正にかけて異色の三人の武術家が現れる。上原清吉、宮城嗣吉、東恩納亀吉（後の寛）である。三人は時を同じくして武芸に励み、各自の道を歩んで、沖縄の武術発展に尽力する。

琉球王家秘伝武術本部御殿手十二代宗家　上原清吉（うえはらせいきち）（一九〇四〜二〇〇四）

小禄村生れ。上原蒲戸の五男。

足跡（満年齢）

一九〇四年（明治37年）　・3月24日生まれ。

一九一六年（大正5年）12歳　・7月13日、本部御殿手十一代宗家本部朝勇に師事。

一九二一年（大正10年）17歳　・5年間は腕力、瞬発力、脚力、跳躍力などの体力つくりと歩き方、突き、蹴りの基本技の鍛錬を行う。

・武器術の訓練を始める。

一九二二年（大正11年）18歳　・真冬の海中訓練や馬術訓練を行う。

一九二三年（大正12年）19歳　・本部朝基（53歳）と3か月間、取手の稽古を行う。

・首里城南殿にて師、本部朝勇と「ウフクン（大君）・公相君大）」演武する。

・大勇マチャー文徳・金城松と出稽古を行う。

一九二四年（大正13年）20歳　・徴兵検査。

・那覇大正劇場にて「ウフクン（大君）」を演武する。

・本部朝茂へ本部御殿手を伝授のため和歌山へ渡る。

・和歌山在住の上地完文と実戦稽古を行う。

一九二六年（昭和元年）22歳　・琉球王家秘伝武術本部御殿手第十二代宗家となる。

一九二七年（昭和2年）23歳　・師、本部朝勇より印可証明二巻の巻物を授与。

一九二八年（昭和3年）24歳　・12月17日次兄がいるフィリピンへ向かう。
・神戸において身体検査合格。旅券を得てフィリピンへ向かう。
・3月21日、師本部朝勇死去。
・フィリピン・ダバオで武道場開設。
・昭和天皇御大典記念演武大会、フィリピンにて沖縄代表（3名）となり演武を行う。
一九三九年（昭和14年）35歳　・剛拳の域が頂点に達し、剛拳の鍛錬を止め柔拳の稽古に入る。

一九四一年（昭和16年）37歳　・太平洋戦争起こる。
・フィリピンで軍属徴用され各地を転戦。
一九四五年（昭和20年）41歳　・終戦。

一九四七年（昭和22年）43歳　・3月に帰国。

一九五一年（昭和26年）47歳　・11月3日、宜野湾市に武道場開設。

一九六一年（昭和36年）57歳　・3月5日、「本部流」を命名し、本部流古武術協会創設。会長就任。
・11月、那覇劇場での第一回沖縄古武道大会においてジッチンを演武。
一九六二年（昭和37年）58歳　・沖縄での八光流柔術講習会に参加。

一九六三年（昭和38年）59歳
・熊本県大洋デパート沖縄物産展にて翁長武十四と演武。

一九六四年（昭和39年）60歳
・宜野湾市大謝名に聖道館を開設。
・東京オリンピック。

一九六五年（昭和40年）61歳
・4月28日、全沖縄空手古武道連合会理事長就任。

一九七〇年（昭和45年）66歳
・琉球王家秘伝武術「本部御殿手」と命名し初めて公開する。
・本部御殿手古武術協会設立。会長就任。

一九七六年（昭和51年）72歳
・神戸で開催された国公立大学空手道選手権大会において、本土で初めて本部御殿手の公開演武を行う。

一九七八年（昭和53年）74歳
・台湾武術団との交流に参加（台北、台中、彰華）。

一九七九年（昭和54年）75歳
・本部朝基の息子、朝正に大阪の大道館において本部御殿手の特訓を始める。

一九八二年（昭和57年）78歳
・4月20日、全沖縄空手古武道連合会会長就任。

一九八四年（昭和59年）80歳
・日本古武道協会へ加盟。
・第九回岡山武道大会において本部御殿手を公開演武。

一九八七年（昭和62年）83歳
・日本武道代表団として欧州へ派遣される。

一九八八年（昭和63年）84歳
・オーストラリア建国二〇〇年記念世界古武術文化演武大会参加。

一九九一年（平成３年）87歳　・日本武道館、第十四回日本古武道演武大会にて演武。
一九九二年（平成４年）88歳　・著書「武の舞　琉球王家秘伝武術本部御殿手」を刊行。
二〇〇三年（平成15年）99歳　・宗家第十四代を本部朝基の子息本部朝正に譲る。
二〇〇四年（平成16年）百歳　・４月３日死去。

修業時代

一九一六年（大正五年）七月に琉球王家秘伝武術本部御殿手十一代宗家本部朝勇の弟子となったのが一二歳の時である。

武術の稽古は行商の合間をぬって朝昼晩行われ、朝は若狭海岸、昼は辻原墓地で行う。夜は師、朝勇は二、三名の門弟たちに唐手の型を中心に教えていたが、見学のみで、唐手の型の稽古は一切禁じた。一七歳になるまでの五年間、腕力、瞬発力、脚力、跳躍力などの体力づくりとひたすら歩き方、突き、蹴りの基本技の鍛錬のみであった。一七歳から二二歳まで武器術を含む実戦技法の鍛錬を行う。一番厳しくつらい鍛錬は、真冬の海中で首までつかり大きな声で歌う事だった。一八歳になると馬術の稽古を読谷村の座喜味城跡の近くの「座喜味馬追い」で訓練を行う。

辻町での掛け試しは禁じられていたので、一八歳の頃になると師に教えを乞いに来た武術家たちの相手役を務め、また師と一緒に他の師範のもとを訪ね出稽古を行う。

演武大会でウフクン（大君）を演武

一九二三年（大正十二年）、一九歳の時、首里城南殿において当時の有名な武術家たちが参加しての演武大会が開催され、喜屋武朝徳が夫婦枕割り、私は「ウフクン（大君）」の型を演武。大正十三年、二〇歳の時、那覇大正劇場おいての演武大会でも「ウフクン（大君）」を演武したが、一般の前では御殿手を公にすることは禁じられていた。

本部朝基との稽古

一九歳の時、本部サールーこと本部朝基との三か月間の取手稽古をした。「はじめは、私の突きを朝勇先生が取手をかけて捌いて見せ、次に朝基氏が捌くと言う稽古でしたが、彼は思うように突きを捌くことが出来ず、取手が中々かからなかったものでした。そんなときには、私の突いてくる腕を叩き落とすこともありました。何しろ剛拳ですので、叩き落とされる度に、私は腕が折れるのではないか思ったものです。その痛さはたとえようのない痛さであった。朝勇先生から「それでは取手の稽古にならない」とたしなめることも暫しでした。

大勇マチャー文徳・金城松との出稽古

福建省で大勇として武名を馳せたマチャー文徳こと金城松のところへ行き、出稽古を行う。その時、師から文徳はいきなり仕掛けて来るから気をつけなさいと言われた。案の定いきなり仕掛けてきたので首尾よく対応して稽古を終えた。マチャー文徳から「イイナンジ、シチョーサー(よく稽古しているね)」と褒められた。突きのスピードや投げられてもしっかり受け身ができているのを見て、よく稽古している事を認めたのである。

虎の尾（とらじゅう）・本部朝茂へ家伝の武術を伝える

清吉は、一九二四年（大正十三年）二〇歳の時、師より二通の手紙を託されて和歌山に向かう。一通は師の子息、朝茂氏に本部御殿の武術を伝承するためのものであった。朝茂氏は「虎の尾（トラジュウ）」と称され、実戦におけるその強さがまるで虎のようであり、特にその敏捷さが虎の尾のようであったと言われた武人であった。

清吉は六か月間滞在して本部御殿手の技をすべて伝え、朝勇先生の願いであった本部家の血筋に、家伝の武術を伝えるという役目を無事果たしたのである。

上地流祖・上地完文との出稽古

もう一通の手紙は、和歌山滞在している上地流祖の上地完文氏と一週間稽古を行う事でした。「完文氏は私の使う手を何とかして知ろうと思ったらしく、必ず稽古場の砂を箒できれいに掃き、稽古に臨みました。私は師から武術家は相手の動きが分からない時は、足跡を見て動きを読もうとするものだ。といわれていたので、砂立ちと呼ばれる御殿手独特の立ち方を使って、足跡から足捌きを読むことが出来ないように稽古に臨んだ」。

師は常々「武の技を相手に知られることは、ただちに自分の生命の危機につながる。同じ手を二度続けて使ってはいけない」と話されていたのです。

武勇伝

剣道家と対戦

　フィリピン時代、戦時中のことである。鹿児島出身の剣道家の小太刀対素手の対戦は、相手が小太刀を振り下ろすところを清吉の手刀が一瞬速く相手の小手をしたたかに打ったために、腕を押さえてうずくまってしまった。相手は「手」の凄まじい威力を改めて知り、非礼をわびた。今度は居合術を教えると言うので、清吉は「沖縄にも居合があるからぜひ見てほしい」と言って、御殿手の居合（太刀の手）をした。この剣道家は「沖縄には太刀の技はないと聞いていたが、素晴らしい技だ。この技を持っているならば、私が教えることはなにもない」と言って白鞘の日本刀を一振りくれた。

中国武術家と真剣勝負

　華僑の中国武術家の蛮刀とは剣をもって対戦した。中国人は真剣を使用しての試合を行う。私は初めて真剣を使って試合に望んだ。ほとんどの場合、最初の一太刀で勝利を得ることが出来た。また向かい合った時点で「参った」という者も何人かいた。四、五〇人の人たちと試合をしたが、朝勇先生以上の使い手に出会うことはなかった。

むすび

　王族である本部家の長男だけに伝えられた琉球王家秘伝武術は、何の血縁もない上原清吉に伝授されて本部御殿手十二代宗家となる。上原清吉は十一代宗家本部朝勇が「御主加那志前（琉球国王）の武芸」

と称したものを「琉球王家秘伝武術本部御殿手」と命名し一般公開したのが昭和四十五年のことである。

著書

「武の舞　琉球王家秘伝武術本部御殿手」

参考文献

上原清吉著「武の舞　琉球王家秘伝武術本部御殿手」BAB出版局

上地完文監修「精説沖縄空手道ーその技法と歴史」

スヤーサブロー・宮城嗣吉（みやぎしきち）（一九一二〜二〇〇二）

首里鳥堀生まれ。父嗣明、母マズル、長男嗣栄、二男嗣吉、妹千代。

師、当間嗣善。

足跡（満年齢）

一九一二年（大正元年）　・3月4日生まれ。

一九一八年（大正7年）6歳　・師範付属小学校二年生の時に垣花小へ転校。

一九二三年（大正12年）11歳　・祖父が暴漢に襲われて死亡したことを知り、「マチワラ」を突きはじめる。

一九二四年（大正13年）12歳
・3月、那覇尋常高等小学校を卒業。

一九二五年（大正14年）13歳
・辻町でニシキーこと宮里栄之助から喧嘩を仕込まれる。
・ミーハギ当間の加那こと当間嗣善（39歳）に師事する。

一九二七年（昭和2年）15歳
・4月、本部朝基と巡り合う。
・本部朝基が新天地劇場において外人プロボクサー対空手の興業を行う。未成年者ということで出場できず。

一九二九年（昭和4年）17歳
・その頃から遊郭街辻界隈で、スヤーサブロー（首里三郎）として名を馳せる。
・沖縄県警察講習所の柔道教官玉那覇重夫から柔道を習う。
・垣花で空手道場を開く。

一九三〇年（昭和5年）18歳
・父嗣明（42歳）死去。
・仲宗根源和を案内して屋部憲通、花城長茂、喜屋武朝徳、知花朝信、城間真繁を紹介する。

一九三一年（昭和6年）19歳
・兄嗣栄が小倉の野戦重砲兵第六連隊へ入隊。

一九三二年（昭和7年）20歳
・空手行脚（北海道・東京・京都）。

・5月、徴兵検査・甲種合格。
・兄嗣栄戦死。
・仲宗根源和企画による空手演武会を那覇昭和会館、中頭地方事務所、糸満小学校会場において宮城長順、本部朝基、喜屋武朝徳、知花朝眞等と演武を行う。

一九三三年（昭和8年）21歳
・3月、及川古四郎海軍大将連合艦隊来沖。歓迎会において空手演武を一人で行う。
・6月、佐世保海兵団へ入団。四等水兵となる。
・海兵団で6か月の訓練を受け、三等航空兵へ昇進。
・佐世保海軍航空隊配属。
・艦隊が佐世保に入港するたびに、よく空手演武を披露する。

一九三六年（昭和11年）24歳
・5月、現役満期となり帰郷。再び3か月で召集され、上海及び廣東攻略に参戦。

一九四〇年（昭和15年）28歳
・4月、兵役退団し、帰国。
・小禄飛行場に配属。6か月で再び佐世保に召集。
・小禄飛行場の海軍機の燃料補給係となる。

一九四四年（昭和19年）32歳
・「十・十空襲」、那覇飛行場航空局官舎勤務。

一九四五年（昭和20年）33歳
・6月23日糸満市伊敷の轟の壕から避難民四九一名の大救出を行う。
・米軍より宣撫工作員に指名され、森田孟睦、堀川徳栄ともに数々の避難民の救出に当たる。

一九四六年（昭和21年）34歳
・屋嘉捕虜収容所において捕虜日本兵のボスを一撃で倒す。
・米軍政副長官ヘイドン准将のハウスマネジャーとなる。

一九四八年（昭和23年）36歳
・沖縄初の泡瀬ゴルフ場を造成。
・北中城村屋宜原で米国独立祭において宮城嗣吉、宮城長順、知花朝信、金城兼盛が演武披露。

一九四九年（昭和24年）37歳
・沖縄における最初の映画上映を始める。

一九五〇年（昭和25年）38歳
・単身米軍用機で上京し、松竹、東宝、新東宝の幹部と会い沖縄で娯楽映画を上映。

一九五二年（昭和27年）40歳
・沖映本館を建設。

一九五三年（昭和28年）41歳
・映画の発展によりドル獲得市場を開拓する。（日本映画年鑑）
・渋谷区の男子寮沖映（後の沖英）寮を崎山喜昌と寄贈。

一九五五年（昭和30年）43歳
・総勢一二〇名の松竹歌劇団を沖縄へ招聘。

一九六五年（昭和40年）53歳　・5月郷土演劇の振興に取り組む。
二〇〇一年（平成13年）89歳　・6月3日死去。

幼少年時代

嗣吉は一三歳の時に、母から祖父が暴漢一〇数人に襲われ死亡した話を聞かされ「祖父の仇は自分が取ってやる」と、その時から「マチワラ」を突き、チイイシ（力石）を持ち身体を鍛え始める。

那覇尋常小学校を卒業すると昼間は家業を手伝い、夜は波上、辻一帯を徘徊するうちニシキーこと宮里栄之助にケンカを仕込まれる。

師、当間嗣善

一九二五年（大正十四年）、一三歳になると当間嗣善（ミーハギ当間の加那）に師事し、本格的に空手の修行に励む。當間嗣善は糸洲安恒の弟子で、型の知花（朝信）、実戦の当間（嗣善）と言われ、後に剛柔流流祖となる宮城長順は暇さえあれば当間嗣善のところへ訪問するほどの首里派では実力ナンバーワンと言われた武士であった。

本部サールーと巡り合う

一九二七年（昭和二年）一五歳の時に一世を風靡した空手の達人本部サールーと巡り合う。この機会にあこがれの本部サールーとの付き合いが始まり「イモ買ってこい」「豆腐、スクガラス買ってこい」「酒買ってこい」といった使い走りの毎日を過ごした。本部サールーは、実戦家で学は無かったが「論より証拠」、実際に立ち会うことが自らの哲学に徹した人であった。

スヤーサブロー（首里三郎）で名を馳せる

一九二九年（昭和四年）、辻町一帯において「掛け試し」で培った実戦空手は、一七、八歳頃になると「スヤーサブロー（首里三郎）」として名を馳せるようになる。またその頃、沖縄県警察学校柔道教官五段、玉那覇重夫警部から柔道を習う。垣花で空手道場を構えたのもこの時である。

空手道普及に尽力

一九三〇年（昭和五年）、東京から仲宗根源和氏が私を訪ねて来て「本土中央で船越義珍先生が「唐手術」として普及、発展させている武術を柔道、剣道同様に沖縄の空手にも「道」を取り入れ、本土中央の武道仲間入りをしたいので「協力を頼む」と頭を下げられ、私は県下の屋部憲通、花城長茂、喜屋武朝徳、知花朝信、城間真繁の各先生方を仲宗根氏ともに訪ね案内した。また仲宗根氏は「君が一番尊敬する先生は誰か」と聞かれたので、当時その道では「神話的な達人」本部サールーと答えた。

しばらくして仲宗根氏は各先生方の意見をまとめ、空手演武会を企画開催した。

空手演武会

昭和七年に那覇昭和会館、中頭地方事務所、糸満小学校において空手演武会が開催された。当時の空手の大家、本部朝基（ナイハンチ）、宮城長順（サンチン）、知花朝信（パッサイ大）、城間真繁（五十四歩）、喜屋武朝徳（北谷屋良クーサンクー）、そして弱冠二〇歳の宮城嗣吉は「泊松茂良パッサイ」を演武する。

昭和九年に私が佐世保海軍航空隊入隊中に仲宗根源和から「君の協力で、沖縄空手道振興協会も結成の運びをみた」と礼状と記念写真を届けられたのである。

空手行脚　北海道・東京・京都へ

昭和七年の五月、山口喜一北海タイムス社長から「沖縄のカラテに興味がありそれに接したい」とのことで招待状が舞い込んで来た。手紙には北海道帝国大学在学中の沖縄出身の吉田陽と冨名腰義珍の推薦によるものであった。

当時、関東や関西に広まった空手は、北海道では初めての事で、札幌では北海タイムス主催の演武会や警察官に実戦的組手の解説、北海中学校や各中学校での空手演武を行う。その後、北海中学校の柔道教官・中垣氏の紹介状を持って講道館の嘉納治五郎、三船久三、長岡先生（永岡秀一の間違い）に合うことになった。東京には二か月滞在して、冨名腰義珍氏の唐手術の普及も見聞した。私は空手行脚で「武と言うものは勝負を決するものとばかりしか頭になく、行く先々で試合を申し入れたが、誰一人請け合ってくれるものはいなかった」。今考えると無知、無謀ぶりは物笑いである。東京から友人の玉那覇重夫がいる京都に向かった。

宮城長順との確執

一九三三年（昭和八年）三月、及川古四郎海軍大将連合艦隊で高松、賀陽、北白川の三殿下が来沖。歓迎会で空手演武が行われることになった。人選の結果、宮城長順（五六歳）、喜屋武朝徳（六三歳）、花城長茂（六四歳）、知花朝信（五八歳）、城間真繁（四三歳）、弱冠二一歳の私が選ばれた。ところが宮城長順から「辻で暴れ、人ばかり殴るスヤー三郎の出場は好ましくない」と物言いがつき、私は除名されたのである。

しかし連合艦隊の軍医長・保利信明少将の取り計らいで、海軍入隊を三か月に控えた宮城嗣吉のみが良いと言う事になり、私一人で御前演武を行うことになった。無事、三宮殿下の前で空手演武を披露した帰りに、照屋那覇市長から「宮城君、三宮殿下が君の演武をしきりに写真を納めていたよ」とお褒めの言葉を頂いた。

一芸は身を助く、私は保利信明少将から海兵団長・和田専三海軍大佐、鎮守府・左近寺正造海軍中将あての紹介状を手渡されて退艦した。

日本海軍において空手紹介

一九三三年（昭和八）年六月、四等水兵として佐世保海兵入団。六か月の訓練の後、三等航空兵へ昇進し、佐世保海軍航空隊へ配属された。その時、艦隊が入港するたびに空手演武を披露し沖縄男児の意気を示し、同郷人から大歓迎されたものである。

この時の嗣吉の息子たちの証言によると「海軍に入った時、艦隊で一番力の強い男に、自分の首を曲げさせたが、いくらやっても曲げることが出来なかった。次にうつ伏せになり、ふくらはぎの上に一番体重の重い人を乗せ、足と腰の力で持ち上げ、周囲を驚かせたと言う。また、戦時中、波の上にあった大砲を三人がかりで持てないものを親父一人で持ち上げたそうです。六〇歳頃には一二五キロのバーベルを人差し指と中指ではさんで持ち上げたものです」と語っている。

終戦

決死の大救出作戦

これは住民救出作戦に従事する日本語将校のジェイムズ・ジェーファソン中尉と宮城嗣吉、玉城朝子三人による決死の大救出作戦物語である。

轟の壕（糸満市伊敷）に数百人の避難民が潜んでいた。そこへアメリカ軍の壕を爆破して封鎖開始の直前、日本海軍兵士が数名やって来た。その指揮官が知る人ぞ知る空手の達人、宮城嗣吉兵曹長だった。しかも根っからの海軍魂の持ち主で、絶対に日本が勝つと信じていた男である。宮城は空手で負けたことがなく、アメリカ兵でも一対一なら倒す自信があったが、戦争では空手は何の役にもたたなかった。

六月二十八日、壕はアメリカ軍に包囲され、最期の時を迎えようとしていた。宮城兵曹長は住民が死に直面しているのに何もできないでいる自分が情けなかった。何も知恵は出てこない。ただ死を待つしかないのかと苦悩した。その時、一人の女性が立ち上がり「皆さん投降しましょう。私は玉城朝子と申します。アメリカの兵隊さんが皆さんを殺すことはありません。皆さんここを出ましょう」。宮城は「私は軍人だ。降伏するわけにはいかない。そんな恥ずべきことはできない」と反対した。

彼女は静かに言った。「降伏するのではなく、生きるのです。生まれる者は、みんな死んでいきます。

精一杯生きる。そのために生かされているのではないでしょうか。今、このまま死んではもったいないことです。沈んだ太陽はまた上がります。皆さん、太陽の下に出ましょう」（中略）宮城嗣吉はすべての迷いを振り払った。「よし、この壕を出よう」。彼は奥に潜んでいる避難民に「皆さんここを出ましょう」と、宮城兵曹長の一声で避難民全員が壕の出口に向かった。まぶしい太陽の光にクラクラする者がいたが、宮城らが手を差し伸べて険しい坂を上って行った。こうして宮城嗣吉と玉城朝子は壕に潜んでいる四九一名の住民を救出したのである。

ジェーファーソン中尉は、この勇気ある宮城嗣吉に宣撫役を依頼し、他の壕に潜んでいる避難民大救出作戦を次々と展開したのである。

（上原正稔日記「暗闇から生還したウチナーンチュ」）

屋嘉捕虜収容所の武勇伝

一九四六年（昭和二一年）、外間守善著「私の沖縄戦記　前田高地・六十年目の証言」によれば、「屋嘉捕虜収容所においてスヤーサブロー・沖縄一強いと言われていた宮城嗣吉と同室だった。その収容所内では日本人部隊のヤーさん崩れ者たちが徒党を組んでのし歩き弱いものいじめをしていた。ある日、沖縄人部隊が彼らのいじめにあった。その時、いじめを止めようとした宮城嗣吉とそのボスと口論になった。柔道六段のボスはやにわに拳を突きだし、宮城さんを殴った。宮城さんは「先に手を出したのはボスの方だよ」と言う事を米兵に身ぶりで伝えかと思うと、あっという間に大男を組み伏せて膝で押さえ、身動き一つさせなかった。ボスは降参した。宮城さんは軽く服の泥払いをして、何事もなかったかのように引き上げた。集まった大勢の人たちは殺気だっていて、あわや大乱闘になりかけていたが、宮城さんの物静かな様子に気圧されて騒乱は回避された。宮城さんは日常的にはいつも穏やかで優しかった。南部の壕内に潜んでいる日本兵救出の危ない作業には、宮城さんが進んで参加した。しかし宮城さんたちの救出作業は命がけだったと言う。南部の轟の壕で軍民あわせて一五〇〇人余の命を救ったのも、太田少将ら海軍の将兵が自刃した海軍壕に入っていって確認したのも宮城さんたちの手によるものだった。

米軍に初めて空手紹介

一九四八年（昭和二三年）、北中城村屋宜原で米国独立祭が開かれ、沖縄の空手と柔道が余興として披露された。米軍はボクシング。世界チャンピオンとか言って、大男黒人ボクサーが出場した。六ラウンドで相手米人ボクサーをマットに沈めた。われわれ沖縄側は、空手を宮城嗣吉、宮城長順、知花朝信、金城兼盛らが型を披露した。すると黒人ボクサーは、われわれの空手の型だけをみて手まね、足まね「沖縄ダンス」といって軽蔑するような態度を見せた。私は佐世保海兵団時代に体得した頭でのビン割りや畳針の腕刺し等ヤマシ術を披露して見せ、黒人ボクサーにもやってみろと言うと、さすがのボクサーも驚きたじろいでいた。

役者儀保松男の華麗な泊公相君

私は伊良波尹吉一座の公演中に儀保松男の泊公相君の演武を見る機会があったが、私は今だかつて彼ほどの「公相君」の使い手を見たことがなく、演武後、楽屋を訪ねて教えを乞うたら「人はそれぞれに得意があるもの、その得意を生かすことだ」と言われた。儀保の舞踊の美しさ、素晴らしさは空手の鍛錬からきたものか、また儀保の固唾をのむ演武は舞踊の至芸からくるものか「演武」と「演舞」の鍛錬が一体であることは間違いないと思われる。儀保の空手の師匠は一五、六歳の頃に「ジンメー小」こと比嘉仁明から習い、首里手の使い手、新垣安吉との交遊や喜屋武朝徳や本部朝基が一目おいていた「板良敷のアカータンメー」こと板良敷朝郁にも、教えを乞い武の道に入らんことを苦心したと言う事であった。

（沖映演劇「宮城嗣吉名優紹介・儀保松男の追憶」　昭和四十九年）

座右の銘

「武は日常生活にあり」

むすび

沖縄空手発展の隠れた功労者

空手を一四歳の時に当間嗣善に習い、まっとうな空手を身につけるも、辻町で「掛け試し」三昧で武を練り上げて、弱冠一七歳にして「スヤーサブロー」としてその武名を馳せ、義侠心の強い武人である。

空手を初めて北海道や日本海軍において紹介。戦後になると北中城村屋宜原の米国独立祭において、初めて米軍に空手を紹介したのも宮城嗣吉である。また嗣吉は本場沖縄で、低迷している空手を、仲宗根源和に当時の空手の大家を紹介して、各地での「空手演武会」開催、「沖縄空手道大家の座談会」「沖縄県空手道振興協会設立」「空手道基本型十二段制定」の運びとなったのも嗣吉の協力があったからである。

そして一九八四年、世界中に空前の空手ブームを巻き起こした空手映画「ベスト・キッド」の主人公に空手を教える「ミヤギ」のモデルは宮城嗣吉である。その意味からも沖縄空手発展の隠れた功労者である。

参考文献

「私の戦後史第五集」　沖縄タイムス社
外間守善著「私の沖縄戦記　前田高地・六十年目の証言」　沖縄タイムス社
船越義彰著「スヤーサブロー・宮城嗣吉物語」　沖縄タイムス社
昭和四十九年沖映演劇「宮城嗣吉名優紹介・儀保松男の追憶」
「月刊沖縄」八月号
上原正稔日記「暗闇から生還したウチナーンチュ」
佐野眞一著「沖縄　だれにも書かれたくなかった戦後史」　集英社

東恩納亀助（後に寛に改名）（一九〇三〜一九六八）

具志頭村出身。

東洋大学で本部朝基に師事。

足跡（満年齢）

一九〇三年（明治36年）　　・生まれ。

一九二四年（大正13年）21歳　・沖縄師範学校卒業後、教員となる。

一九二九年（昭和４年）26歳　・東洋大学入学、本部朝基に師事する。

一九三三年（昭和８年）30歳　・８月18日から12月20日まで陸奥瑞穂とともにハワイ各地で空手の講習会及び実演大会を行う。

一九四一年（昭和16年）38歳　・太平洋戦争始まる。

一九四五年（昭和20年）42歳　・終戦。

一九五〇年（昭和25年）47歳　・２度目のハワイへ渡る。

一九六四年（昭和39年）61歳　・３度目のハワイへ渡る。

一九六六年（昭和41年）63歳　・東京オリンピック。

一九六七年（昭和42年）64歳　・４度目のハワイへ渡る。
　　　　　　　　　　　　　　・交通事故で脳挫傷を負う。

一九六八年（昭和43年）65歳　・5月26日死去。

ハワイでの唐手紹介

ハワイ報知布新聞によると一九三三年八月十八日、日本における武道唐手の達人東恩納亀助と陸奥瑞穂の二人は暑中休暇を利用し約三か月の予定で、唐手術に関する講演のため来布。

陸奥瑞穂は青森県出身の法学士で東京帝大唐手研究会の副会長。かつて中国や沖縄県に行き、唐手の歴史を訪ね実際的方面を研究し、その奥義を極め、東京帝大唐手師範の外、慶応、早稲田、東洋、明治、中央、法政などの連盟の師範、当年三五歳。

東恩納亀助は沖縄県具志頭村出身で、東洋大学の学生体育助手、当年三〇歳。唐手の達人で陸奥氏とともに唐手連盟のリーダーである。

唐手巡演記

東恩納亀助は著書「楽園の布哇」に八月二十九日から十二月十三日までの約五か月間、ハワイ全土において唐手の実演の様子を日記風に記している。

上陸第一歩

師である本部朝基は去年、ハワイに向かうが上陸不許可になり、泣く泣く帰国していることから、亀助は上陸できるか一抹の不安を覚えた。

上陸前に移民局に送られ検査を受ける。検査は、視察の理由、滞在期間、所持金、知人親戚の有無、宿泊などを問われた。幸いに二人は上陸を許可された。

瞼の母との再会

私の二〇有余年の生活は九歳の時に、那覇の波止場で別れた母を思うのみで、地位も、名誉も、金も、恋も、妻子も、異国にいる母ほどには恋しくなかった。友の母を見てはわが母もかくあらんと幾度か母恋しの涙におそわれた。温かい母の慈悲を知らぬ不幸者の話を聞けば、独りで腹立つこともあった。ついに八月二十三日、二二年ぶりに瞼の母に逢うことが出来た。

一九三三年（昭和八年）

8月18日・陸奥瑞穂と秩父丸でハワイに上陸。

8月23日・九歳の時に、別れた母親と二二年ぶりの再会。

8月29日・ホノルル・スターブレチン社表敬訪問。アレン社長に五分板三枚割りを人差し指第二関節で披露。

9月3日・ハワイ知事ローレンスに板割り、型、組手を紹介。

9月5日・ホノルル市警察官約一〇〇名の前で唐手実演。

9月10日・ホノルル市マキキ街シビック会館二〇〇〇名の前で唐手実演。太平洋上の世界の舞台で唐手を一般人に紹介した最初であった。

ハワイ報知新聞はこの唐手実演大会について、次のように報じている。入場料七五仙、五〇仙、二五銭。演目 ①獅子舞 ②御前風メーカタ ③薙刀漫才 ④棒 ⑤サイ ⑥青年団唐手取組 ⑦余興 ⑧陸奥、東恩納両氏実演 ⑨その他飛び入り。ハワイで初めての唐手公開紹介と言うので、内外人の興味を呼んで来観者約二〇〇〇人、試合でなく単にデモンストレーションだのに、これだけの観客が集まったことは、唐手に対しいかに一般の関心深いかが察せられた。

柔道着に着替えた両師範は、はじめに拳、肘、足で五枚重ねの板をパチンパチンと割って拳法の威力を実証した。ナイハンチ、クーサンクーなどの拳法の型が演じられてからリングの両師範は上受け、下受け、内受け、足の攻撃防御、対座の攻撃防御、二人攻めの防御などを次から次へと試演した。ハヤブサの如きその行動の一つ一つに拍手を受けた。次に短剣と無手、長剣と無手は実刀を用いて行われた。

以上の各試演によって唐手が武術として、また護身用としていかに霊妙なものであるかが、十分に会得された感があった。外人の中には帰る際に早くも手真似、足真似する者もあって、彼らはこの東洋の武術に痛く、感嘆の態であった。

尚、唐手が外国の地で一般的に紹介されたのは、これが最初で、唐手史上特筆されるべきものである。

9月12日　・ホノルル唐手青年会を組織し、会員六〇名に唐手を伝授。
9月20日　・ドクトル上原興吉、開教師與世盛知郎、大城亀沖縄県人会長の主催による歓迎会において唐手実演。
10月13日　・佛教青年会において布哇朝日新聞、布哇毎日新聞、火山新聞社後援による唐手演武大会開催。最初にオーラア学園の五年生二名による「ナイハンチ」の演武。浦崎政一氏の「クーサンクー」の演武、自分は喜屋武行雄青年と型や組手を演武する。
10月14日　・本願寺ヒロ中学校で唐手実演と「日本精神の如何なる根拠を持つか」と題して講演。
10月18日　・九回船の唐手実演大会。
10月20日　・ワイナク沖縄県人会主催唐手実演大会。
10月21日　・首里、国頭出身の多いベベエキヨ向上会の唐手実演大会。
10月23日　・母がいる町オーラア佛教青年会の唐手実演大会。
10月28日　・ホノカアの唐手実演大会。
10月30日　・コハラ有志主催の唐手実演大会。
11月4日　・キリスト教信者の集まりで、唐手実演してハワイ島での唐手巡演終了。
11月15日　・陸奥瑞穂氏の送別実演大会。
11月22日　・陸奥瑞穂、龍田丸で帰国。

11月25日　・一人で無料講習会開催。
12月4日　・具志頭村同郷人在住のカウアイ島へ渡る。
12月6日　・ケカワ青年会と唐手実演大会。
12月9日　・マナ、マカベリ、カラヘア唐手実演大会。
12月11日　・マカベリ唐手実演大会。
12月13日　・カラヘア唐手実演大会。終了。

ハワイでの唐手巡演は、主催側との金銭的なトラブルがあったのか、陸奥瑞穂は一足早く帰国する。このことを東恩納亀助は、「二人の間に、いろいろな悪風評もあったが、それはすべて招聘者の無責任にあった。私は陸奥氏が安全に帰国できるよう経済工作をしたが、かえって陸奥氏の反感を買った。しかし、よくよく我々が金で買われた小鳥となって、武道の宣伝をしようと思ったのが、間違いだったのだ。あまりに我々を愚弄するのも程がある。腹は立つけれども旅烏泣き寝入りして、陸奥氏を日本に送った」。その後、私は招聘者と手を切り、無料で十二月十三日まで唐手実演会を終え、十二月二十日に太平洋丸で帰国。ハワイでの五か月間の唐手実演大会は二〇余回、割った五分の板の数は一三〇枚にも及んだ。

※陸奥瑞穂（一八九八～一九七〇）

旧姓高田、青森県出身。慶応大学法学部法律学科卒業。東京大の唐手研究会の副会長（昭和九年）、大正十二年、

三五歳にして東京帝大、慶応、東洋、明治、中央、法政などの唐手連盟の師範。師は船越義珍。若いころに沖縄や中国に行き、唐手の歴史を訪ね研究した著書に『唐手拳法』がある。

むすび

海外において初めて空手を紹介したのは、屋部憲通と宮城長順が通説になっているが、何と東恩納、陸奥は、ハワイ島、マウイ島、ホノルル島、カウアイ島のハワイ全土において空手の実演、大会、講習会を大々的に行っているのである。二人のハワイでの唐手実演大会はハワイやアメリカ本土への空手普及に大きな影響を与えたと言われている。

亀助は、東洋大学卒業後は生活の場を群馬県におき、本部会群馬大道館は東恩納亀助の系統だと言われている。

著書

東恩納亀助著「楽園の布哇」

参考文献
東恩納亀助著「楽園の布哇」　楽園の布哇社
東恩納亀助寄稿「唐手の話―起源、系統、変遷と武人」
琉球新報　昭和十年十二月十〜十八日

ハワイ報知新聞　一九三三年八月十六日
「東大空手部創立七十五周年記念文集」

琉球古武術の大家

屋比久孟伝（やびくもうでん）（一八七八〜一九四一）

首里生まれ。
小学校教員、琉球古武術研究会設立。
師は知念三良、金城大筑。

足跡（満年齢）

一八七八年（明治11年）　・生まれ。
一八七九年（明治12年）　1歳　・琉球処分。
一八九四年（明治27年）　16歳　・日清戦争。
一八九六年（明治29年）　18歳　・この頃師範学校入学。
一八九八年（明治31年）　20歳　・徴兵令施行。

一九〇四年（明治37年）24歳　・入隊？
一九〇五年（明治38年）25歳　・日露戦争。
一九一一年（明治44年）33歳　・師範学校、一中学校に唐手採用。
一九一五年（大正４年）37歳　・琉球古武術研究会設立。
　　　　　　　　　　　　　　・師糸洲安恒死去。
一九二九年（昭和４年）51歳　・小学校教員辞職。
　　　　　　　　　　　　　　・上京。東京笹塚に居を構え、空手と琉球古武術の普及活動を行う。
　　　　　　　　　　　　　　・平信賢が師事する。
一九三二年（昭和７年）54歳　・その頃、明治大学において琉球古武道を指導。
一九三三年（昭和８年）55歳　・平信賢が群馬県伊香保道場へ屋比久孟伝を招聘。
　　　　　　　　　　　　　　・8月平信賢（36歳）へ琉球古武道師範免許授与。
一九四一年（昭和16年）63歳　・死去。

琉球古武道保存振興会人脈系統図によれば

公相君―佐久川里之子春郷（唐手佐久川）―知念筑登之親雲上司那（油屋山城）―知念親雲上三良（山根ぬウスメー）―屋比久孟伝―平信賢―赤嶺栄亮とある。

屋比久孟伝は、衰退する琉球古武道を憂い、明治四十四年「琉球古武術研究会」を設立する。昭和四年に小学校教諭を辞職し、上京。東京笹塚に居を構え、警視庁、明治大学、公民館などで琉球古武術の指導を行う。昭和四年に平信賢が師事したことにより、屋比久孟伝の遺志は平信賢に引き継がれる。

※平信賢（一八九七年六月一二日〜一九七〇年九月一日）

久米島仲里真謝に生れる。

一九二二年（大正11年）25歳の時、上京。奇しくもこの年に上京した船越義珍と出会い師事する。また一九二九年（昭和4年）に東京にやって来た屋比久孟伝に師事し、琉球古武道（棒術とサイ術）を学ぶ。一九三二年（昭和7年）群馬県伊香保に「松濤館」支部を開設し、空手と琉球古武道の指導にあたる。一九三三年（昭和8年）屋比久孟伝より琉球古武道師範免状を授与される。

一九四〇年（昭和15年）10月に帰郷し、琉球古武道が衰微していくのを憂い「琉球古武道保存振興会」を設立し、沖縄各地に残存、埋没していた武器術の型をまとめ、8種の武器からなる42の型を集大成し、琉球古武道の普及に尽力する。著書「琉球古武道大鑑」一九六四年（昭和39年）発行。

参考文献

「沖縄空手古武道辞典」　柏書房

平信賢著「琉球古武道大鑑」　榕樹書林

隠れ武士

隠れ武士と称される武人は、一子相伝、門外不出、秘密主義の傾向が強く、血統一子のみ相伝されていることから、世間にはあまり名は知られていない。そしてその流儀も失伝している。

大勇・マチャー文徳（ぶんとく）・金城松（きんじょうまつ）（一八六七〜一九四五）糸満出身。職業船頭。

足跡（満年齢）

一八六七年（慶応３年）　　・生まれ。

一八七九年（明治12年）12歳　・琉球処分。

一八九二年（明治25年）25歳　・長男松誕生。

一八九四年（明治27年）27歳　・東恩納寛量（39歳）、赤嶺ウメーと山原船で渡清？

一八九八年（明治31年）31歳　・徴兵令施行。
　　　　　　　　　　　　　　・上地完文が仲間と徴兵忌避して渡清。
　　　　　　　　　　　　　　・金城松が脱清人・徴兵忌避者を山原船で幇助し、台湾で捕縛される。
一九二二年（大正11年）55歳　・上原清吉（18歳）に稽古をつける。

一九三四年（昭和９年）67歳　・三男参次郎の結婚式において祝座演武を行う。

一九三七年（昭和12年）70歳　・日華事変を批判する。
一九四五年（昭和20年）78歳　・石川収容所において栄養失調で死去。
マチャー文徳は、仲井間憲里の師劉龍公から「大勇」と言わしめた武人として、中国福建省界隈では有名であったと言われる。

逸話1
白鶴拳の達人、呉賢貴が言うには「マチャー文徳は謙譲の美徳の権化のような人で、自己の能力や功績を人の前で誇示するような人ではなく、自己の武勇に関しても中勇の下であると謙遜するのが常であった」と語っている。

※中国では武の勇者を「大勇」「中勇」「小勇」と位分けして「大勇」は武技が超一流に達した武人を言った。

逸話2
後に本部御殿手十二代宗家となる若き一八歳の上原清吉と出稽古を行う。

逸話3
宮城長順が弟子の新里仁安と比嘉世幸を連れてマチャー文徳宅を訪問し「奥義を見せて下さい」と頼むと、カチャーシーみたいに軽快に踊りはじめた。それを見た新里仁安は「馬鹿にするな、奥義を見せろ」とかかっていったところ、踊りが一瞬にして投げ手に変わって、投げ飛ばされたと言う。

逸話4

柳宗悦著「琉球の人文に」によれば「この写真は貴重である。なぜなら琉装の男はもうほとんど見かけなくなったからである。しかも白いふさふさした髯の立派な老人である。着付けも昔のままで少しも新しい風が加わってない。男の琉装は実に立派なのであって、今の和装よりはるかに堂々とした趣がある。糸満の男は性格が強く、そのためにこのように風習を破らぬ者が残っているのである。この写真はある葬式の折、歩いている所を撮影したのであるが、歳をとっても昔くずさぬ糸満の男、素晴らしい格のある光景を示しているではないか」とマチャー文徳の威風堂々とした琉装姿を賛辞している。

その写真を見ると、なるほど両手の拳をしっかり握り、肘を軽く引き、目は前方に見据えて歩いている姿は一分の隙もない。

柳宗悦はこの老人が空手の達人であったとはつゆ知らずに撮影したものと思われる。

逸話5

一八九三年（明治二十四年）、二四歳の時に、東恩納寛量（三九歳）、赤嶺ウメーと渡清する。その時の渡清目的は何だっただろうか。空手修行のために中国へ向かったのではあるまい。おそらくトーイチベー（唐行倍）を目論んだ渡清に違いない。それを裏付けるのが次の逸話である。

逸話6

一八九八年（明治三十一年）五月二十七日付け琉球新報よれば、四月十五日小湾浜より支那へ脱走せんとしてとり押さえられたる首里士族大里朝恭（32歳）は放免後、再び脱清を企て首里の嵩原元章、城間次良（21歳）、久米の大田佐才（20歳）、本部村の崎浜秀二（18歳）、嘉手川松（22歳）、具志堅松（22歳）、我那覇亀（23歳）八名と船頭金城松（31歳）が台湾へ漂着して捕えられる。

逸話7

船頭金城松と一三名が九日与那原港より脱清するが出港後四日目に暴風にあい十八日、台湾に漂着したところを捕えられ、宮島丸で那覇警察署に護送された。その時の姿が全員乱髪であった。その理由を聞くと、暴風にあい難破したので頭髪を切断し一命が助かるようにと竜宮の神に祈ったと言うのである。

君たちは前にも脱清を企て捕えられ、今度は暴風にあい捕えられ、髪を切って竜宮の神に命乞いをしたが、今後また頭髪を蓄えて結髪してまた脱清を企てるつもりであろうが、その時は見放されるであろうから、そのまま乱髪となり、改心して今後国家のために尽くせば県民は喜んで君たちを歓迎するから、非を改めて脱清を止めよとある。

明治三十一年と言えば徴兵令が施行された年である。この年は沖縄から五〇名近くの若者たちが、徴兵を忌避して中国へ密航していることから、マチャー文徳はこの徴兵忌避者を幇助して福州へ渡ったに違いない。

つまり山原船で生業とする東恩納寛量と同業者であったと考えられる。

むすび

マチャー文徳は生涯弟子をとらなかったため、武歴については定かではない。いつ頃中国へ渡り、何年間滞在し、師匠や流儀が分からないまま、彼の武技は失伝している。

参考文献

上地完英監修「精説沖縄空手道―その歴史と技法」
後田多敦著「琉球救国運動・抗日の思想と行動」出版舎Ｍｕｇｅｎ
「沖縄県警察史」
「琉球新報」明治三十一年五月二十七日

湖城流　湖城一族（こぐすくいちぞく）

湖城流は、湖城嘉富によって戦後命名されたと言われているが、一九七五年に道場を閉鎖。湖城流の存在はさほど知られていない。

流祖　湖城親方（蔡肇功）

蔡肇功湖城親雲上は一六七八年に、王命（尚貞王）により暦法を学ぶために福州に派遣され、四年間学んで帰国。司暦官となり「大清時憲暦」を国中に広めた（県史編纂資料）。武歴は見えない。

初代　湖城親雲上蔡世昌（?～一七九八）

一七五八年の官生に合格。北京の国子監に留学。官生始まって以来の秀才ともいわれ、一七六三年に帰国。また一七八二年には進貢使となる。一七九七年に尚温王の国師となり、国学創設、官生制度改革などを推進する。このことが久米村から非難を浴び、国学の初代学長に内定しながら、開学を待たずに一七九八年に病没した。武歴は見えない。

二代　蔡昌偉（一八一六〜一九〇六）

湖城親雲上徳昌の事で、一八七四年最後の進貢使。脱走在清人明細表によれば、湖城徳昌　那覇久米村七九番地士族、親雲上北京大通事、六三歳とある。蔡徳昌は明治七年尚泰王の命により清国進貢使として久手堅船にて渡清するが、在留中に日本政府の進貢及び慶賀などの派遣禁止発令にあい、そのまま清国に留まり、琉球救国の応援を清国政府に嘆願のため活動を起こす。

三代　湖城以正（一八三二〜一八九一）

以正は一八七九年（明治十二年）の琉球処分により、琉球救国運動のため当時の黒党（頑固党）と協議の上、明治十二月旧三月に国吉船で脱清し、福建で待っている同志に琉球処分の情勢を報告する任務にあたる。

脱走在清人明細表には、徳昌の長男、那覇久米村七九番地士族、親雲上旧役不明、三六歳の時に渡清。とある。

湖城大禎（一八三七〜一九一七）

以正とは従弟の関係にあり、系譜には中国に渡り儒学、中国兵法、中国槍、弓術を修め、唐手はワイシンザンに師事したと言われ、東恩納寛量と「三戦論」を激烈にたたかわせた。

四代　湖城嘉宝（一八四九〜一九二五）

系譜には唐手、棒、杖術を修め、湖城流杖術を編み出したとある。また、福州において唐手道場を開いたとされるが、湖城流系譜には記録はない。

五代　湖城再鏡（一八七三〜一九四一）

系譜には唐手、棒術、柔術を修めたとある。

湖城流の型

・正真型（子）・不動型（丑）・陳風型（寅）・十文字型（卯）
・雲竜型（辰）・合気型（巳）・正眼型（午）・動光型（羊）
・天地型（申）・吸下型（酉）・地正眼型（戌）・一文字型（亥）

むすび

一八七九年（明治十二年）の琉球処分を境に湖城一族は徳昌、以正、以恭、以譲とともに福建琉球館を拠点にして琉球救国運動を展開する。

四男以恭は何度か福州を往来して、明治末期に福州で客死、父親の徳昌も清国で客死する。

湖城一族の足跡は湖城流系譜とは大分異なる。問題は湖城流の流儀はいつ、だれが伝えたかである。

湖城流系譜によれば、湖城親方（蔡肇功）が一六六五年頃、康熙帝から中国兵法皆伝証を授与され、一族に伝授したとあるが、しかし実際は一六七八年に福州へ暦法を学ぶために派遣されたのである。またその頃の琉球は薩摩侵攻から七〇年後のことで、摂政羽地朝秀が琉球国復興に躍起になっている時であり、中国兵法を学ぶような環境にはない。

三代目以正は、湖城流系譜には福建でイワーに師事し、師の代役を務めたことから三六歳の時に帰国とあるが、実際は逆に渡清している。

参考文献

上地完英監修「精説沖縄空手道―その歴史と技法」
後田多敦著「琉球救国運動・抗日の思想と行動」出版舎Ｍｕｇｅｎ
「県史編纂資料」

2　明治・大正期の空手事情

沖縄の空手は、空手の近代化を進めた糸洲安恒から日本空手道の生みの親、船越義珍を経て、中央へ進出するわけだが、普及活動は決して一人でできるものではない。沖縄空手の持つ体育的効果を認識して文部省に上申したのが県視学官小川鋠太郎である。空手を熱心に全国への紹介を勧めたのは講道館の嘉納治五郎であり、混迷している本場沖縄の空手界をまとめるために奔走したのは、文化人の仲宗根源和である。そして戦後、GHQから柔道、剣道などの武道禁止令から空手を救ったのは大濱信泉である。

県視学官小川鋠太郎(おがわしんたろう)

千歳強直（千歳流開祖）によれば、門外不出とされてきた唐手がどのような経過をもって世に出たかと言うと、一九〇一年（明治三十四年）、首里尋常小学校で糸洲安恒先生が授業後、一時間ほど好きな唐手を教えていた時の話である。ある日の校内身体検査の時、他の学校と比べて四肢五体が均整に発達した児童が多いことに驚いた校医や軍医が、「これは素晴らしい。一体どのような体育指導を行っているのか」と話題になったのが事の始まりであった。特に当時は、欧米諸国に追いつき追い越せ、富国強兵、質実剛健の気風の盛り上がっていた時代だから尚更だった。

それらの事は、一早く当時の県視学官小川鈱太郎に報告された。視学官小川は、糸洲先生に唐手についての特長などを熱心に聞かれ、唐手の持つ体育効果を認識理解され、大きな感激を持って文部省に上申された。こうして明治三十八年、体育の正課として県立師範学校、県立第一中学校に公認認可されることになったのである。糸洲先生は唐手が正式な科目に認可されると、師範学校に移り、一九一五年（大正四年）三月十一日八四歳、永眠されるまで空手道の普及に務められた。

（「千歳強直翁晩年の力必達集」より）

※小川鈱太郎は沖縄県師範学校第十二代校長（一八九六年六月～一八九九年六月二十八日）として赴任。その後、一八九九年（明治三十二年）付けで、新設官職、沖縄県視学官拝命し、一九〇三年（明治三十六年）一月十五日に辞任している。

岐阜県出身。

嘉納治五郎（かのうじごろう）と空手

一九〇八年（明治四十一年）沖縄からはじめて七月京都武徳殿大日本柔剣道青年大会に出場。剣道に橋口達雄、石原笑古、他一名、柔道に徳田安貞ほか二名が参加。その時、武徳会の希望により師範学校の徳田安貞（二〇歳）は大会に先立ち唐手演武を行う。その時、役員席で観覧していた嘉納治五郎博士は固唾をのんで注視する。

（「大日本武徳会報第九号」）

一九一一年（明治四十四年）四月に県師範学生三年生、前原信明、平田喜眞、金城睦良、島袋盛敏、伊禮門恒禎、山内盛彬六名が東京へ修学旅行した時に、嘉納治五郎は講道館に招待し、唐手の演武、形、板割り等を観る。この沖縄からの若者たちは、当時の日本体育界の最高権威者、柔道の元祖嘉納治五郎を前にして、臆することなく唐手は柔道より優れていることを説き、琉球の拳というものは柱を折るぐらいは朝飯前である。金城君が七分板を一撃のもとにたたき割り、次に伊禮門君も同じく苦もなく七分板を叩き割って見せたところ、さすがの嘉納先生は、感服の色を表された。困ったことに今度は碁盤を割ってくれと持ってきたので、私は「丁重な品ですから勿体ない」というと、先生は「ニヤリと笑われてナーニそんなことはない」と言われた。ああ、前途有望なるわが唐手部は今や帝国の中心たる東都の真中で紹介されて、体育王嘉納先生の賛辞を受けた。唐手なるものが、近い将来において世界的体育法として天下に紹介される日が来ることを願う。諸君奮励せよ。と勇ましい修学旅行記を書いたのは、琉球古典音楽の中興の祖となる若き日の山内盛彬である。

（龍潭創立四十周年記念沖縄県師範学校学友会唐手部記録）

一九二二年（大正十一年）五月、文部省主催「第一回古武道体育展覧会」に空手の紹介のため富名腰義珍が上京。六月に嘉納治五郎に招かれ講道館において富名腰義珍は「クーシャンクー」を儀間真僅は「ナイハンチ」と組手演武を行う。沖縄空手は、この機会に中央進出の大きな一歩を踏み出したのである。

一九二七年（昭和二年）一月三日に嘉納治五郎が那覇久米町の柔道場・尚道館において、柔道有段者会道場開きのめに来沖。空手演武に接して摩文仁賢和や宮城長順等に、空手の全国への普及をすすめる。その以後、摩文仁、宮城は関西方面を起点に空手の普及に乗り出したのである。

（龍潭創立四十周年記念沖縄県師範学校学友会）

仲宗根源和と空手

本部村渡久地生まれ。一九一五年(大正四年)、沖縄師範学校卒後、東京で堺利彦らの社会主義運動に参加。無産者新聞の発行人となる。一九二七年(昭和二年)頃から郷里の空手に強い関心を持ち、空手道発展のためにいろいろな企画を打ち出す。

著書に「唐手道大観」昭和十三年、「武道極意物語」「空手研究」昭和九年、「空手の話」昭和十四年、摩文仁賢和共著「攻防拳法空手道入門」昭和十三年に刊行。

各地で唐手演武会を開催

仲宗根は、昭和五年に東京から帰郷し、スヤーサブローこと宮城嗣吉を介して、県下の空手家屋部憲通、花城長茂、喜屋武朝徳、知花朝信、城間真繁を訪ね、各大家の意見をまとめて、各地で空手演武会を企画開催する。

一九三二年(昭和七年)に空手演武会を開催。那覇昭和会館、中頭地方事務所、糸満小学校において宮城嗣吉は「泊松茂良パッサイ」、宮城長順が「サンチン」、本部朝基が「ナイハンチ」、喜屋武朝徳が「北谷屋良クーサンクー」、知花朝信が「パッサイ大」、城間真繁が「五十四歩」を演武。この演武会には伊野次郎県知事をはじめ、屋部憲通、花城長茂の大御所はもとより空手や柔道関係者が列席し、沖縄では初の試みで、盛大な演武会となる。

沖縄空手道大家の座談会

一九三六年（昭和十一年）十月二十五日、琉球新報主催「沖縄空手道の大家の座談会」。出席者は、花城長茂、喜屋武朝徳、本部朝基、宮城長順、許田重発、知花朝信、城間真繁、小禄朝禎、空手研究社の仲宗根源和、琉球新報社長太田朝敷、同主筆又吉康和、同理事山口全則、記者玉城、県立図書館長島袋全発、学務部長佐藤幸一、県警務課長北栄造、県保安課長護得久朝昌、県体育主事古川義三郎、作家安藤盛、聯隊区司令部副官福島橘馬。

仲宗根源和　空手が東京で初めて紹介された時は「唐手」と言った。学校ではこれではいけないということで、一時は「から手」と書いた。これからは日本武道としての発展のために「空手道」という字に統一したらどうか。皆さんの意見をお願いします。

花城長茂　むかしは「唐手」または単に「手」と言った。徒手空拳で闘う意味である。

宮城長順　一般に「唐手」と言っているので、そう使っているが、これは軽い意味のものです。私のところには「手」を教えてくれと見えるのがほとんどです。これからすると「手」と言ったようです。

小禄朝禎　本県には以前から固有な「手」があったのですか。

宮城長順　本県では「手」である。柔道、剣道、ボクシングと同様に進歩改善されてきた。

花城長茂　私の古い帳面には、みな「空手」文字を使ってあります。一九〇五年（明治三十八年）から「空手組手」と書いて使っている。

城間真繁　私は中等学校で教えているが、「唐手」の文字を生徒は喜ばない。それで拳法と書いて「カラテ」と読ませている。武器を使用しない武道という意味から「空手」と書くのが良いと思う。

太田朝敷　「空」の字を嫌いな者はいないが、「唐」の字を嫌いだと言う人がある。

宮城長順　私がハワイへ行った時、「唐手」と言うと支那人は親しみを持つようですね。

島袋全発　本県では空手の事を単に「手」、中国からきたものを「唐手」と言って区別した。

古川県体育主事　空手が流派によって多様に分かれているが、統一が必要と思う。統一をして日本空手道の型というものをつくる必要があると思う。例えば日本空手型として十種定めるとして、その名称も日本語に直して、柔軟の型、攻撃の型というように術法と中身を一致させる。それから空手の試合化を図り、勝負法を研究する。また服装も一定させ中味と型式を統一したいと思う。

宮城長順　術語については将来、統制が必要である。型についてはそれぞれの先生方による古式の型として残し、全国的なものは新しく編み出した方が良い。古式の型を残して、新しい型を編み出さないと将来、空手は世の中から見捨てられてしまうのではないかと思う。私は確信しています。

※唐手は敵性語？

この座談会は「空手表記」や空手振興協会の組織づくり、型の統一および術語の問題など空手の普及について話し合いがされているが、この座談会からは、かつて野球が、敵性アメリカのスポーツであるから、その関連用語には徹底した英語排除が行われたように、「唐手」は、敵性中国を想起させる「唐手」を「空手」に替え、型の名称も日本語に替えると言う内容である。

この座談会には、本部朝基と喜屋武朝徳も出席しているが、一言も発言していない。二人の胸の内は、唐手（トウディ）という沖縄風の発音から、師範学校や各学校に採用されるとヤマト風の唐手（カラテ）に改められ、さらに「唐手」から「空手」となり、沖縄の役所や学校などでは、何でもヤマト風に改められてしまったとの複雑の思いがあったに違いない。

沖縄県はこの座談会の十月二十五日をもって、平成十七年三月二十九日「空手の日」に制定した。

沖縄県空手道振興協会設立

一九三六年（昭和十一年）十二月二十五日に仲宗根源和の呼びかけで沖縄県空手道振興協会を発足。会長に県知事、副会長に聯隊区司令官、県学務部長、那覇市長を推薦。指導部長に屋部憲通、幹事に花城長茂、会員に喜屋武朝徳、知花朝信、宮城長順、城間真繁、許田重発、協会宣伝部幹事に仲宗根源和。書記に真栄城朝亮。

そして「沖縄県空手道振興協会」が最初に手掛けたのが「空手道基本型十二段」の制定である。

空手道基本型十二段の制定

一九三七年（昭和十二年）三月二十八日に「空手道基本型十二段の制定」をする。仲宗根は、その制定に至るまでの経緯を「空手は沖縄に古くから伝えられている武道であるが、各指導者の伝統によって異なった型が幾通りもあって、広くこの道を普及する上に種々の不便が感じられていた。沖縄県空手道振興協会では、空手道普及の第一歩としてまず型の組織的統一化が問題になった。しかるに、従来の型はそれぞれ師より弟子に、長い伝統とその伝統を愛する人間自然の感情があって、これを統一化することは種々の困難が伴うのみならず、急速に無理に統一化することはむしろ不可能である。従来の型は古流の型として各自の伝統を保存して、別な新しい型を制定することに意見が一致した。

空手道基本型の特徴

(1) 老若男女の別及びその進歩発育の程度に応じて、適確なる教材を配当して練習することが出来る。

(2) 空手道の諸目的をなるべく容易に習得することが出来る。

(3) 記憶と練習に便利である。

(4) 古流型の諸動作を正確に習得するために便利である。

(5) 体育運動として体の各部を均整に鍛錬することが出来る。

(6) 動作と武道的精神の諸徳目を合致することが出来る。

従来は一人の先生について、空手の稽古をはじめた人が転居その他の止むをえざる事情のため、他の先生につかなければならぬ場合は、型を全部はじめから、やりかえなければならない不便があったが、新制定の基本型は、どの先生についても同じで、中途から他の先生につく場合も、そのまま継続していけるのである。

ところが昭和十二年、その年に沖縄空手界の重鎮である屋部憲通が亡くなり、そして支那事変がはじまると唐手は学校体育から姿を消し、警察のみに行われるようになる。さらに太平洋戦争を境に本部朝基、花城長茂、喜屋武朝徳、新里仁安、マチャー文徳ら名のある武人たちが次々と亡くなり、「沖縄県空手道振興協会」や「空手道基本型十二段の制定」は雲散霧消してしまう。

群雄割拠の空手界

一九四三年（昭和十八年）七月十七日の朝日沖縄新聞によれば、空手が文部省に認められて国民学校の正課となる。武徳会支部が中心となり県下の空手術師範、練士を集め空手術振興の対策を講ずることになった。すなわち本県空手界は群雄割拠の観を呈し、各権威者たちがそれぞれの流派を固守しているが、かかる状態では学園の教科にそのまま持ち込む訳にはいかず、国民学校並びに中等学校において、それぞれ適当させる空手術の形を新たに創案し、体系的な教授細目を作成する必要があり、結局武徳会支部において研究委員を指名して、昭和の空手術が編み出され、これを全国的に普及する段取りとなる筈で、これは専ら空手術の本場沖縄に課された責務であり、この際、本場空手界の大同団結によって全国少国民錬成にふさわしい理想的な新型の創案を期待されていると論評している。

むすび

仲宗根源和の功績は戦前、混迷する空手界をまとめ「沖縄県空手道振興協会」や「空手道基本型十二段の制定」は雲散霧消したけれども、組織運営の先鞭をつけ道を開いたこと。昭和十一年十月二十五に企画した「沖縄空手道大家の座談会」をして、沖縄県は十月二十五日を「空手の日」に制定したこと。

また散逸している空手の資料をまとめた著書「空手道大観」は空手の歴史を知る上で尤も重要な書となっている。

大濱信泉と空手

八重山石垣出身。第七代早稲田大学総長、早大初代空手部長、全日本空手道連盟初代会長、日本学生野球協会会長、プロ野球コミショナー歴任。

終戦の時、ＧＨＱが軍国主義の鼓吹に繋がるとして柔道、剣道、空手の日本古来の武道を禁止した。柔道、剣道は一時消えるが、その時に、大濱は空手をオリエンタル・ボクシングと称し、むしろ中国と東洋一帯を含めた西洋ボクシングと軌を一にしたスポーツであると説いて、禁止の対象から外した。大濱の奇知により空手は難を逃れる。

スポーツ空手の誕生

一九六一年（昭和三十六年）に学生空手部が暴力事件を起こし、新聞に報道されると文部省は「学校体育に関する諸問題についての改善」の項に「大学空手部の管理指導の適正化」をテーマにして、大濱信泉を座長に、全日本学生空手道連盟を発足。流派ごとに集約されていた学生空手の組織を、学校の教育体制を基に大学を単位とした全国組織に再編成を図り、試合制度を採用し、スポーツ空手として第一回全日本学生空手選手権大会を開催する。

昭和三十九年三月、文部省は大濱信泉を座長に、空手道の大同団結に対する懇談会を開催。同年十月、東京オリンピックを機として全日本空手道連盟を発足し、大濱信泉が初代会長をつとめ、中央組織を確立し、体協加盟の道を開いた。

手記「拳と徳」

武術と体育　元来武術は、腕力の用法が攻撃と防御との目的に向かって、技術的に組織化されたものである。発生的に見れば、武術は常に腕力の行使とする社会事情に刺激せられて起こり、その当初にあっては攻撃すること、防御すること自体が直接の目的であり、第一義的の重要性を持っていた。しかし、法治国家である現代においては、すべての武術はもはや発生当初の目的を失ったものである。

現代においては武術が武術として修練する場合においても、必ずしも術そのものの実用的価値の故ではない。むしろそれによって、心身を鍛えることが目的であって、武術といえども現代においては、体育の方法として、文化的価値を有するに過ぎない。

空手の試合について　およそスポーツは、本来武術的なものでも、試合によって勝敗を決する事を常道としている。しかし、私の知る範囲においては、空手には、ほとんど試合が行われていない様である。空手は空手空拳の術であると同時に、常に相手を仮想した上で、型にはめて技を演ずるに過ぎない所のいわば一人の空芸でもある。

それが空手の空手たる所以であり、また長所でもあるかも知れないが、しかしそこに、底知れぬ物足りなさが感ぜられてならない。この点において、空手はスポーツとしての重要要素の一つを欠いているのではないかとの感がある。空手の術それ自体としての実用的価値や現代生活においては、さほど重要ではなくなった今日において、後に残るものは、結局体育としての価値のみであろう。もしそうだとすれば、空手は体操と何ら変らないものになりはしないか。元来スポーツには体育としての価値以外に、精神的要素が伴い、しかもそれが相当重大な役割を演ずべきものとされている。闘争欲望、征服欲、または優越感などの満足感がすなわちそれである。しかし空手におけるがごとく、たとえそれが極致の闘争手段であり、征服技術であろうとも架空の相手に型を繰り返すだけでは、これらの諸欲望の満足は到底望まれない。仮に満足感があるにしても、それは単に仮想的のもの或いは観念的のものであって、決して実質的、現実的の満足感ではあり得ない。私は、この空虚感が空手のスポーツ化の前途に横たわる障害になりはしないかと、ひそかに憂えるものである。空手のすべての術や技が試合化され得るものとは思わない。しかし、ある範囲内においては、試合に仕組むことの可能なることを信じ、またその工夫を痛感するものである。空手の前途のために是非研究を要すべき重大問題だと思う。この提案を、空手を邪道に導くものと排斥する人がいるかも知れないが、しかし目的の上にすでに進化を認める以上、方法の上に変遷があってもむしろ当然のことである。伝統を守り、昔ながらの形においてこれを伝えるのみが、必ずしも正統派の任務とは思わない。

また「スポーツは、技を競い雌雄を決するところに興味がある。優越感は人間の本能的な欲求であると同時に、進歩の原動力である。しかし、空手道は伝統的に他の武道とは違って、本質的に試合とは相容れないものとされてきた。むしろそれは、いろいろな理由があるだろう。しかし型を繰り返すだけだと徒手体操と選ぶところはなく、現代スポーツとして興味が湧かない。空手道をスポーツの一種目として、その普及と興隆をはかるには、試合方式を取り入れる工夫が必要ではないだろうか」。

（仲宗根源和編「空手研究」　大濱信泉手記「拳と徳」）

むすび

戦後、空手界は、流派は流派を呼び、群雄割拠の混乱状態にあった。日本全体を代表する統一団体もなく、対外的に代表する中央組織もない。文部省は一九六四年、東京オリンピックを機として、大濱信泉を座長に全日本空手道連盟を発足させ、中央組織を確立して体協加盟の道を開いた。

今まで流派ごとに編成され、体型づけられていた空手を、都道府県を単位とした国体方式に編成、審判法を整備し、審判員制度を確立して、世界の国々にいたるまでその制度を普及するに至ったことは大濱信泉の功績によるものである。

大濱信泉の空手に関する年譜

一九〇八年（明治41年）16歳

・沖縄県立師範学校に入学。正課としての空手に接する。ピンアン、ナイハンチ、クーシャンクーなどを教わる。

一九三一年（昭和６年）39歳　・早稲田大学空手研究会会長。

一九三三年（昭和８年）41歳　・早稲田大学体育会空手部部長。

一九五二年（昭和27年）60歳　・早稲田大学体育局長。
・大学体育協議会会長。
一九五四年（昭和29年）62歳　・第６代早大総長・理事長。同空手部名誉部長。

一九六一年（昭和36年）69歳　・文部省設置による大学空手部管理指導に関する懇談会座長に就任。

一九六二年（昭和37年）70歳　・日本学生野球協会会長就任。
・全日本学生空手道連盟会長就任。
・文部省設置による空手界（社会人）の大同団結に関する懇談会座長。
一九六四年（昭和39年）72歳　・全日本空手道連盟会長就任。

参考文献

「大濱信泉」　文昌堂

仲宗根源和編「空手研究」（大濱信泉手記「拳と徳」）　榕樹書林

あとがき

沖縄空手の発祥、発展については、口伝や伝説をそのまま引用した空手の本が実に多いことか、また先師の著書には憶測が、随所に見受けられるのに、盲信したまま引用し、また孫引きをした論文や辞典まである。それだけ空手には、信頼できる資料が少ないことであるが、そこで沖縄空手の発祥・発展を調べるに際して、琉球史や文化をまず調べなければ、決して解明されないことを痛感した。

沖縄の武術史を調べて「空手」がハッキリして来るのは、尚穆王代以降である。一七五六年に冊封使公相君が数人の弟子と来流して披露した「拳法」を「新奇の組合術」と称したことから始まる。そして「空手」が世に知られるようになるのは、明治に入ってからで、空手が確立されてきて形も整えられる。首里手が、那覇には那覇手が発展し、二大潮流が生まれる。またその頃から、中国に渡り中国拳法を修業してきた若者によって中国拳法直伝の武術の流入や漂着民による拳法、トーイチベー（唐一倍）商人らの護身術としての中国拳法が流入する。

沖縄空手の発展には特徴があって、当時の武道家は、一人の師について生涯、武術を究めると言うのはほとんどなく、複数の師について武術を極めることを常とした。そのために沖縄空手は、師が入り乱れて空手の系図が作りにくい。また各指導者によって同じ型でありながら、幾通りもあって、従来の型がよくわからないまま現在に伝承されている。

なぜこのようになったかは、東恩納流祖の許田重発の言を借りれば「セイサンの型には寛量先生のセイサン、寛祐先生のセイサンがある。その他にもいろいろなセイサンの型がある。どちらが良いか、悪いかではなく、要は自分の体に合ったセイサンの型をしっかり稽古をすればよい」と言うのである。

つまりは、「空手は中国拳法が流入して、よく消化されて琉球人の体格に適当するように造りかえたものである」と言う事になる。

いまや空手の殿堂沖縄空手会館ができ、オリンピック種目となったからには、型の組織的統一化や術語の統一化を図らなければ、近い将来、混乱をきたすではないかと危惧する。

以上で一通りの沖縄武術史を述べてきたが、門外漢の自分ごときが微力に研究しただけでは、多くの手抜かりがあることと思っている。何とぞ、不備の点は、ご容赦願いたい。

平成二十九年九月三十日

勝連　盛豊

沖縄武術史年表

一一八七年　・舜天王即位（利勇を討ち王位に就く）。
一二六〇年　・英祖王即位。
一二六四年　・久米島、慶良間、伊平屋が中山に入貢。
　　　　　　・この頃、僧禅鑑来流し、仏教を伝える。浦添に極楽寺建立。
一二六六年　・大島諸島が中山に入貢。
一二九一年　・元、六〇〇〇の兵が琉球侵攻するも撃退。
一二九六年　・元、再び琉球侵攻するも撃退。
一三五〇年　・察度王即位。
　　　　　　・王号の始まり。察度が明国皇帝に朝貢。
一三九二年　・閩人三十六姓帰化。中国音楽、礼法などの文教が入る。（球陽）
　　　　　　・大交易時代の幕開け。
　　　　　　・初めて官生（留学生）を送る。
一三九六年　・武寧王即位。
一四〇六年　・尚思紹王即位。
　　　　　　・戦国時代に按司の使った棒の模型が存する？（沖縄一千年史）
一四一六年　・尚巴志、北山王攀安知を滅ぼす。攀安知名刀「千代金丸」は現存。
　　　　　　・当時の按司たちの使用する武器、武具はほとんど大和からの輸入。
一四二九年　・尚巴志、三山統一。第一尚氏王統誕生。
　　　　　　・その頃の役人は日本刀を帯刀。
　　　　　　・首里城築城。
一四四〇年　・尚忠王即位。
　　　　　　・護佐丸中城城築く。
一四五三年　・その頃、中国の「三眼銃」鉄砲伝来。
　　　　　　・王位継承めぐり「志魯・布里の乱」起こる。
一四五四年　・尚泰久王即位。
一四五八年　・「護佐丸・阿摩和利の乱」両雄滅ぶ。
　　　　　　・「万国津梁の鐘」を首里城正殿前に懸ける。
一四六六年　・尚徳王、喜界島討伐。
一四六九年　・金丸（尚円）のクーデター起こる。
　　　　　　・鬼大城賢勇滅ぶ。
一四七七年　・尚真王即位。
一五〇〇年　・尚真王中山・宮古連合軍が八重山オヤケ・アカハチの乱鎮圧。

- ・弓矢、斧、長剣、鉾、甲冑、大砲などがある。（成宗実録巻一〇五「琉球見聞録」）

一五〇五年　・久米島討伐。
　　　　　　・この頃から地方の按司を首里に住まわせ、帯刀を禁じる。
　　　　　　・地方のグスク（城）に地頭掟を派遣し、村々をノロに統括させる。
一五〇九年　・首里城正殿に百浦添之欄干の銘を設置。
　　　　　　・金銀のカンザシで身分の上下を定める。
一五一六年　・備中の三宅和泉守国秀、兵船一二隻で琉球討伐を謀るも島津藩が三宅を討つ。
一五二二年　・宮古の仲宗根豊見親が尚真王に宝刀治金丸献上。
　　　　　　・日秀上人来流。金武観音堂建立。
一五二四年　・京阿波根実基が宝刀治金丸の件で二度京都へ赴く。
一五三〇年　・尚清王、宮古支配強化を図る。
一五三四年　・尚清王冊封使来流。
一五三七年　・尚清王、奄美大島の与湾大屋親討伐。

一五五四年　・屋良座森グスク（城）砲台設置。
一五五六年　・尚元王、倭寇襲来を破る。
一五六一年　・尚元王冊封使来流。
一五七一年　・尚元王、奄美大島討伐。
一五七九年　・尚永王冊封使来流。
一五八四年　・戚継光編武術書「紀効新書」出版。
一五八九年　・尚寧王即位。
一五九一年　・琉球は戦争になれてないから、兵を送るに及ばない。
　　　　　　・秀吉が島津義久を通じて、琉球に朝鮮出兵の兵七〇〇〇人分の兵糧一〇か月分を命じる。
一五九二年　・謝名一族反乱、鎮圧される。この時毛鳳儀（池城）は槍を振るって奮闘したので「槍揮池城」として名を馳せた。
　　　　　　・亀井茲矩が琉球討伐を謀るが、秀吉が止める。
　　　　　　・秀吉、朝鮮出兵につき、琉球の軍役を督促する。
一五九五年　・戚継光編武術書「紀効新書」改訂版出版。
一六〇三年　・袋中上人来流。浄土宗を広める。

一六〇四年　・戚継光編武術書「紀効新書」校訂出版。
　　　　　・牛助春我那覇親雲上秀昌は薩摩からの琉球侵攻の案内を拒絶。
一六〇五年　・王府高官が「銃・大小二百挺」を保有？
一六〇六年　・尚寧王冊封使来流。
　　　　　・「この国の書や武芸を教えているのはすべて倭人である。」
　　　　　・城、壕もなく、武具はなまくらで数がそろっているだけである。また倭人は一〇〇〇名近くが刀を携帯して交易をしている。
（夏子陽「使琉球録」）
　　　　　・島津家久、幕府から琉球征討を許される。
一六〇九年　・島津の琉球侵攻。琉球が無条件降伏する。
　　　　　・尚寧王薩摩へ連行される。
　　　　　・全興盛津堅親方盛則が鹿児島で騎馬法習得。
一六一一年　・薩摩、琉球支配の「掟十五条」を発令する。
　　　　　・奄美大島諸島、薩摩に分轄される。
　　　　　・尚寧王、薩摩への誓詞を呈し帰国。
　　　　　・「按司掟」を廃して各間切に「地頭代」をおく。

一六一四年　・このころトリテ、ヰアイなど流行する。
（「沖縄一千年史」）
　　　　　・自了、兄の鏜棒法を笑う。（「球陽」）
一六一七年　・島津が琉球の日本化禁止令発布。
一六二一年　・茅元儀編『武備志』出版。
一六二四年　・八重山にキリシタン事件起こる。
一六二五年　・津堅親方が平民に落とされ薩摩から帰国。
一六二八年　・那覇に大和在番仮屋設置。
一六二九年　・初めて琉球使節・楽童子が天皇、将軍家光の御前で楽を奉じる。
一六三五年　・薩摩が琉球王の呼称を「国司」に改め、格下し、従属下を強調。
一六四〇年　・武魁春野国親雲上宗保が島津光久の前で暴れ馬「仲黒馬」を乗りこなし賞賛される。
一六四一年　・異国船に備え、西表に砲台設置。
一六四四年　・若狭の外間が薩摩で磨刀法を学んで帰国し、磨刀主取となる。
一六六三年　・天妃廟の東演武場において冊封使官兵演武を行う。（張学礼）

一六六七年
・羽地朝秀「羽地仕置」大和芸能奨励令を出す。

一六八三年
・尚貞王冊封使来流。
・国内に兵がいない。手に長い竿の鑓を持っているが、その先は寸鉄すらない。兵制はほとんど農民に任せている。
・親雲上（ペーチン）、筑登之（チクドゥン）は弓矢を習い、家には刀、鎧があった。この国は、城郭もなく戦いの装備も少ない。
・外敵の侵入には女神に頼む。
（汪楫「冊封琉球使録三篇」）

一七一九年
・尚敬王冊封使来流。
・国を運営し、官庁を運営する場合、文武の両系統が尊重されなければならないが、儀衛使、武備使、武官系がほとんどない。
・拳頭打（ていちくん）琉球語一覧に見える。
（徐葆光「中山傳信録」）

一七二八年
・蔡温三司官となり、薩摩の世になってからは、いたって静穏な国なので、武道は決して必要としない。
・薩摩に武具、武器は管理されて、渡唐の際に借りる。
（蔡温「夢物語」）

一七五六年
・尚穆王冊封使来流。
・辻山演武場において冊封使官兵を行う。（周煌）
・冊封使の公相君が数名の弟子連れて来琉。「公相君」の型を伝える。
・この頃は、唐手の名はなく新奇の組合術と称された。
（「大島筆記」）
・国吉親雲上良林（一七五〇～一八〇〇）、渡嘉敷筑登之親雲が、奈良原左衛門殿より槍術を習う。東苑(御茶屋御殿)で天覧試合を行う。

一七七八年
・上級士族の子弟は武士の嗜みとして示現流、からむとう・やわら、天龍槍、長刀などを稽古。
（阿嘉親雲上直識遺言書）

一八〇〇年
・尚温王冊封使来流。
・辻山演武場において冊封使官兵が槍の試合を行う。（李鼎元）

一八〇一年　・手ツクミと称して、薩摩那覇奉行所において瓦割り、手刀演武。（熊本範士「薩遊記行」）
一八〇四年　・首里手の祖松村宗昆生まれる。
一八〇八年　・尚灝王冊封使来流。
一八一六年　・英艦船バジル・ホール来流。
一八一九年　・劉衛流の祖仲井間憲里生まれる。
一八二四年　・松村宗昆が尚灝王の御附け武官となる。
一八二八年　・琉球王府武道検察官安里安恒生まれる。
一八二九年　・泊手中興の祖松茂良興作生まれる。
一八三一年　・近代空手の父糸洲安恒生まれる。
一八三八年　・御冠船踊り中秋の宴の演目に「武術唐棒」が見える。
一八四五年　・劉衛流祖仲井間憲里が龍劉公に師事。
拳法の型／サンチン・セーサン、ニーセーシー、サンセールー、セーユンチン、オーハン、パーチュー、アーナン、パイクー、ヘイクー、パイホー。
武器術／サイ、カマ、ティンベー、コン(棍)槍、タンコン、ゲキグワン、ビセントウ、タオファー、ダジョーの型が琉球に入る。
一八五〇年　・空手が沖縄から奄美大島に伝わり、拳法術ツクネスと称した。（名越左源太著「南島雑話」）
一八五一年　・ジョン万次郎が米船で来流。
一八五三年　・東恩納寛量生まれる。
　　　　　　・ペリー艦隊来航。
一八五四年　・ペリー艦隊再び来航。水兵殺害事件起こる。
一八五七年　・本部御殿手十一代宗家本部朝勇生まれる。
　　　　　　・尚泰王冊封使来流。
一八六六年　・屋部軍曹・屋部憲通生まれる。
　　　　　　・御冠船踊りの演目に「組棒」が見える。
　　　　　　・冊封使？　ワイシンザン、イワー、アソンが来流し首里手、那覇手の源流となる昭霊流、昭林流の流儀を伝える。
　　　　　　・その頃、泉州南安人が「チントー」「チンテー」「ヂーン」「ヂッタ」の型と手配りを伝える。
一八六七年　・久米村三六九会において初めて公の場で唐手演武が行われる。新垣通事（世璋）が「十三歩」、真栄里筑登之親雲上（蘭芳）が「籐牌」、眞栄田筑登之親雲上が鉄尺、眞栄田筑登之親雲上と新垣通事親雲上が棒並唐手と交手（組手）、新垣通事親雲上が「ちしゃうきん」、富村筑登之親雲上と新垣通事親雲上が「籐牌対棒」、池宮城秀才が「車棒」、富村筑登之親雲上が「壱百〇八歩」の型の演武。

一八六八年（明治元）
・近代空手道の祖船越義珍生まれる。

一八六九年（明治2）
・花城長茂生まれる。

一八七〇年（明治3）
・本部朝基、喜屋武朝徳生まれる。

一八七二年（明治5）
・琉球王府の武道検察官安里安恒（四四歳）が首里近郊の村々の演武会を視察。この頃から非常に武道が盛んで、青年子弟ばかりか、時の大家先生までも出て唐手を実演した。

一八七七年（明治10）
・上地流の祖上地完文生まれる。
・東恩納寛量（二四歳）が福州より帰国。ペッチュウリン、サンチンの型と鍛錬用具を持ち帰る。

一八七八年（明治11）
・屋比久孟伝生まれる。

一八七九年（明治12）
・琉球処分、沖縄県となる。
・琉球救国運動による脱清人、徴兵忌避者、唐一倍商人等が福州へ渡り、護身術としての空手が盛んになる。

一八八五年（明治18）
・少林流祖知花朝信生まれる。
・村芝居、村棒が盛んになる。

一八八七年（明治20）
・屋部憲通、花城長茂等一〇名が初の志願兵となり、軍隊に空手を紹介。

一八八八年（明治21）
・東恩流祖許田重発生まれる。

一八八九年（明治22）
・剛柔流祖宮城長順、金硬流祖又吉眞光、遠山寛賢、大城朝恕生まれる。
・糸東流祖摩文仁賢和生まれる。

一八九三年（明治26）
・沖縄の武具は玩具に等しく、武器は刀、槍、薙刀、弓矢、鉄砲、火焔筒、十手、捕縛、棒、柔術などあるが、他府県に同じである。
（笹森儀助著「南嶋探険」）

一八九五年（明治28）
・日清戦争勝利祝勝による集団棒スーマチが行われる。

一八九九年（明治32）
・小川鈨太郎沖縄県初の視学官就任。
・空手の近代化始まる。
・首里尋常小学校において放課後糸洲安恒が空手指導を始める。

一九〇一年（明治34）
・沖縄県視学官小川鈨太郎が、唐手を文部省へ具申。

一九〇二年（明治35）
・五月大日本武徳会委員部設立。

一九〇三年（明治36）
・空手海外普及の先駆者、東恩納亀助生れる。

一九〇四年（明治37）
・本部御殿手十二代宗家上原清吉生まれる。
・又吉眞光がティンベー、スルチン、ヌンティ、十三（セーサン）、五十四歩（ウーセーシー）、十七歩（ウーセーチー）を持ち帰る。

一九〇五年（明治38）
・師範学校、一中はじめ各学校に唐手採用。
・花城長茂が初めて「空手組手」を表記する。
・屋部憲通、花城長茂が生徒有志二〇人に、首里当蔵国学跡の沖縄銀行敷地内でナイハンチなどの練習を開始、時折那覇の東恩納寛量翁（五二歳）宅に通って、サンチンを稽古。師範学校では糸洲安恒に次いで屋部憲通や徳田安文、一中では花城長茂、二中では許田重発、那覇商業、警察では宮城長順が唐手の専任講師となる。

一九〇七年（明治40）
・八代六郎海軍大佐練習艦隊来沖。歓迎会において富名腰義珍が演武。

一九〇八年（明治41）
・糸州安恒が「糸洲十訓（唐手十ヶ条）」を著す。
・七月京都武徳殿大日本柔剣道青年大会初参加。剣道に橋口達雄、石原笑古、他一名、柔道に徳田安貞ほか二名の選手を派遣。その時、徳田安貞（二〇歳）が大会に先立ち唐手演武を行う。
・船越義珍（四〇歳）が唐手、又吉眞光（二〇歳）がトゥンクワー術を演武する。
（『大日本武徳会報第九号』）

一九〇九年（明治42）
・京都武徳殿大日本柔剣道青年大会。剣道の部に高嶺朝光、金城順則、柴田米三。柔道の部に三名出場。

一九一一年（明治44）
・師範学校の生徒六名が東京へ修学旅行の時、嘉納治五郎に招待されて唐手演武、形の解説、板割りなどを行う。
・京都武徳殿大日本柔剣道青年大会。剣道の部に島袋光裕、小川清、他一名、柔道の部に三名出場。

一九一二年（大正元）
・宮城嗣吉生まれる。
・呉賢貴来流。
・漢那憲和艦長、出羽大将第一艦隊が中城湾に寄港。下士官十数名が県立第一中学校において、一週間の唐手稽古を行う。

一九一三年（大正2）
・第一次世界大戦前年に勝利祈願、集団棒スーマチを行う。

一九一四年（大正3）
・安里安恒「沖縄の武技―唐手に就いて」を富名腰義珍・号松濤名で琉球新報に掲載。

一九一五年（大正４）

・御大典記念祝賀演武会において、冨名腰義珍がクーシャンクー、又吉眞光がトゥンクワー術を演武。

一九一六年（大正５）

・京都武徳殿大日本武徳会設立二十周年記念大演武会において冨名腰義珍がクーシャンクー、又吉眞光がトゥンクワー術を演武。

一九一八年（大正７）

・師範学校武術研究会開催。本部朝勇のショーチン、喜友名翁のパッサイ、山根三良の棒、屋部憲通が五十四歩の型を演武。

・摩文仁賢和（二九歳）が自宅に唐手研究会設立。知花朝信、大城朝恕、徳田安文、城間真繁、徳村政澄、石川逢行、冨名腰義珍等が参加。

一九一九年（大正８）

・大日本武徳会は剣術、撃剣を剣道へ、柔術を柔道へ、弓術を弓道へ改称する。

一九二二年（大正11）

・冨名腰義珍が文部省主催「第一回古武道体育展覧会」において空手資料紹介のため上京。

・講道館において冨名腰義珍がクーサンクー、儀間真僅がナイハンチと約束組手の演武を紹介。

一九二四年（大正13）

・嘉納治五郎が那覇市久米町に講道館支部として尚道館柔道場開きに来沖。

一九二六年（昭和元）

・「沖縄唐手倶楽部」を若狭町に建設。当時の空手家の大家から若手まで月に二回集まり、空手の研究会を開く。

一九二七年（昭和２）

・屋部憲通ハワイにおいて空手紹介。

・嘉納治五郎が柔道有段者会に来沖（一月三日～七日）。この時、摩文仁賢和や宮城長順等に、空手の全国への普及をすすめる。

一九二八年（昭和３）

・昭和天皇御大典祝賀による集団棒スーマチを

行う。
・柔道・剣道は学校において正課としたが、唐手は少しも振るわなかった。

一九三〇年（昭和5）
・新里仁安が明治神宮鎮座祭で演武。流派名を問われる。

一九三二年（昭和7）
・仲宗根源和の企画による空手演武会を開催。那覇昭和会館、中頭地方事務所、糸満小学校において本部朝基、喜屋武朝徳、宮城長順、知花朝信、城間信繁、宮城嗣吉らが演武。
・上地完文が和歌山で「パンガヰヌーン流空手術研究所」開設。
・宮城嗣吉が北海道・東京・京都を空手行脚。
・久高幸利（後の小林寺流拳行館唐手の祖）が満州で空手紹介。

一九三三年（昭和8）
・十二月二十六日、大日本武徳会支部に昇格する。同時に唐手道が日本武徳会本部の認可を受ける。
・東恩納亀助が陸奥瑞穂とハワイにおいて空手紹介。

一九三四年（昭和9）
・宮城長順ハワイにおいて空手紹介。
・宮城嗣吉が日本海軍に空手紹介。

一九三五年（昭和10）
・剛柔流、松濤館流、糸東流、和道流が初めて流派を名乗る。

一九三六年（昭和11）
・十月二十五日に琉球新報「沖縄空手大家の座談会」において「空手表記」について話し合いがなされる。

一九三七年（昭和12）
・沖縄県空手道振興協会発足・空手道基本型十二段を制定。
・支那事変が始まると唐手は学校体育から姿を消し、警察のみに行われようになる。

一九四〇年（昭和15）

・紀元二千六百年奉祝天覧武道大会。六月、神武天皇即位二六〇〇年を祝い皇居済寧館で開催。種目は剣道、柔道、弓道を実施。（空手演武はない）

一九四一年（昭和16）

・太平洋戦争開戦勝利祈願して集団棒スーマチを行う。

一九四五年（昭和20）

・終戦。

二〇〇五年（平成17）

・10月25日を「空手の日」に制定。

二〇一七年（平成29）

・3月4日、沖縄空手会館が開設。

●写真所蔵・提供者一覧（敬称は略させていただきました）

口絵1　万国津梁の鐘　沖縄県立図書館・美術館

口絵2　松村宗昆の遺訓　個人蔵／沖縄県立図書館・美術館寄託

P25　司馬江漢「婚礼酒宴の図」　沖縄県立図書館・美術館

P166　空手表記の書物　仲宗根源和編『空手道大観』　榕樹書林

著者／勝連盛豊（かつれん・せいほう）
一九七〇年国士舘大学体育学部体育科卒業。
海外子女教育派遣教員サンパウロ日本人学校三カ年勤務。
海邦国体集団演技中学校班巡回指導講師。
㈶沖縄県公園。スポーツ振興協会指導主事。
沖縄県インディアカ協会理事長、うるま市サッカー協会会長、
沖縄ブラジル協会会長、中学校校長を歴任。
世界若者ウチナーンチュ連合会支援実行委員会代表。
世界の兄弟へ三線を贈る運動代表。
●主な著書
沖縄タイムス出版文化賞特別賞受賞
『沖縄あそびの図鑑』沖縄出版　一九九七年
国立青少年教育振興会機構「子どもゆめ基金助成活動」平成二五年度
『つなげよう沖縄昔あそび』ＤＶＤ企画監修委員長

検証　沖縄武術史　沖縄武技―空手
二〇一七年九月三〇日　第一刷発行
著　者……勝連 盛豊
発行者……徳元 英隆
発行所……有限会社 沖縄文化社
那覇市松川二―七―二九　〒九〇二―〇〇六二
☎０９８（８５５）６０８７
Ⓕ０９８（８５４）１３９６
振替〇二〇七〇―一―二四八七四
印　刷……株式会社 東洋企画印刷
Ⓒ Seihou Katurenn 2017
ISBN978-4-902412-31-4 C0075
落丁・乱丁本はお取り替え致します。
禁無断転載